잠수네
초등 3,4학년
공부법

잠수네
초등3,4학년
공부법

1판 1쇄 발행 2016년 2월 4일
1판 12쇄 발행 2024년 5월 7일

지은이 이신애

발행인 양원석 **편집장** 김건희
디자인 강소정, 김미선 **영업마케팅** 조아라, 정다은, 이지원, 한혜원

펴낸 곳 ㈜알에이치코리아
주소 서울시 금천구 가산디지털2로 53, 20층 (가산동, 한라시그마밸리)
편집문의 02-6443-8902 **도서문의** 02-6443-8800
홈페이지 http://rhk.co.kr
등록 2004년 1월 15일 제2-3726호

ISBN 978-89-255-5845-5 (04370)

잠수네 초등 3,4학년 공부법

이신애 《잠수네 커가는 아이들》 대표 지음

상위 1%로 직행하는
엄마표 공부법의 기준

RHK
알에이치코리아

〈잠수네 커가는 아이들〉(이하 잠수네)은 아이들 교육을 고민하는 부모들이 모인 곳입니다.

잠수네에는 17년간 축적된 콘텐츠와 교육정보, 잠수네 회원들의 경험이 쌓여 있습니다. 그동안 출간한《잠수네 교육로드맵》,《잠수네 수학공부법》,《잠수네 영어공부법 통합로드맵》,《잠수네 프리스쿨 영어공부법》,《잠수네 초등 1, 2학년 공부법》은 이런 방대한 콘텐츠와 정보, 경험을 토대로 한 책입니다. 이번에 펴내는《잠수네 초등 3, 4학년 공부법》역시 초등 3, 4학년 자녀를 둔 부모에게 필요한 내용을 담았습니다.

1부 영어 편에서는 초등 3, 4학년에 초점을 맞춰 잠수네 영어 실천방법을 제시합니다. 아이 수준에 맞춰 따라 할 수 있도록 각 과정별(적응1, 2/발전 1, 2/심화1, 2, 3) 핵심 포인트와 추천교재, 사례를 실었습니다. 또한 각 과정마다 주제별 컬렉션을 추가해 영어DVD와 영어책을 찾는 데 도움을 주고자 했습니다. 초등 3, 4학년은 잠수네 영어에 집중할 수 있는 최적기입니다. 잠수네 영어에 대한 확고한 믿음과 실천이 있으면 빼어난 영어실력을 갖게 될 것입니다.

2부 수학 편에서는 수학을 잘하는 아이부터 힘들어하는 아이까지 수준에 맞는 진행방법을 4단계로 나누어 구체적으로 제시했습니다. 수학은 아이들 간의 편차가 커서 잘하는 아이가 하는 방법이나 교재를 무작정 따라 하는 것이 무의미하기 때문입니다. 또한 3학년부터 복잡해지는 연산에 어려움을 느끼는 아이를 위해 아래 학년에서 구멍 난 부분을 메꾸고 제 학년 수준의 연산을 잘할 수 있는 방법도 담았습니다. 단원별로 추천하는 수학동화책은 아이들이 수학을 좀 더 친근하게 느끼도록 해줄 것입니다.

3부 국어 편에서는 초등 3, 4학년 국어교과서에서 알아두면 좋을 핵심내용과 한글책 추천도서를 실었습니다. 한글책 추천도서 가운데 국내창작은 잠수네 3, 4학년 아이들이 재미있게 본 책을 엄선했고, 외국창작 중 영어 원서가 있는 책은 번역본과 원서를 같이 넣었습니다.

4부는 사회 편과 과학 편으로 나누었습니다. 사회 편에서는 사회과목을 쉽고 재미있게 느낄 방법과 함께 사회교과서 내용과 공부방법을 실었습니다. 학년별, 단원별로 실은 사회 연계도서는 사회교과서를 좀 더 폭넓게 이해하는 데 도움이 될 것입니다. 또한 우리나라 역사에 쉽게 접근할 수 있도록 시대순으로 역사 추천도서를 넣었으며, 세계 문화와 역사 추천도서도 함께 실었습니다. 어떤 역사책을 보여주면 좋을까 고민된다면 이 책부터 읽게 하면 좋을 것입니다.

과학 편도 사회 편과 비슷한 구성입니다. 과학을 친근하게 느끼게 도와줄 방법, 과학교과서 내용과 공부방법이 들어 있습니다. 과학 연계도서는 단원별로 넣었습니다. 이 책들은 단원을 시작하기 전에 봐도 좋고, 학교에서 공부하고 난 후 더 깊이 알고 싶을 때 봐도 유익한 참고도서입니다. 과학 베스트는 잠수네 3, 4학년 아이들이 즐겨 본 책을 선별했습니다.

잠수네에서는 한글책 읽기를 매우 강조합니다. 책을 통해 세상을 넓고 깊게 이해하는 힘을 키울 수 있다고 보기 때문입니다. 미래를 살아갈 아이들에게 영어는 최소한의 도구입니다. 잠수네 영어는 아이들이 자라서 세계 어디서나 살아갈 수 있는 경쟁력을 갖게 하는 데 목표가 있습니다. 잠수네 수학은 아이 스스로 문제를 해결하는 힘을 기르는 데, 국어는 다른 사람의 말과 글을 이해하고, 내 생각을 표현하는 능력을 키우는 데 초점이 맞춰져 있습니다. 사회/과학 역시 학교성적을 뛰어넘어 상식과 시야를 넓혀가는 과정이라고 봅니다.

무료가 대부분인 인터넷 세상에서 유료회원제로 운영하는 잠수네에 가입하는 이유는 영어나 수학 등 교육정보를 얻기 위해, 잠수네 영어로 성공한 아이들의 소문을 듣고 궁금해서, 체계적으로 정리된 한글책/영어책 정보를 알고 싶어서 등 각자 다를 것입니다. 그러나 가입하고 한 해, 두 해 세월이 흐르면 공부 이전에 아이의 눈을 보며 아이의 생각과 마음을 공감하는 것이 더 소중하다는 것을 알게 됩니다. 아이 교육 때문에 가입했지만 부모도 함께 성장하는 것이지요.

이 책에 실린 내용이 잠수네에서 초등 3, 4학년을 위한 맞춤 정보를 찾기 어려웠던 잠수네 회원뿐 아니라, 잠수네에서 지향하는 교육방법을 시도해보려고 생각하는 분들께 나침반 역할을 해주기 바라는 마음입니다.

함께 가면 길이 보입니다.

2016년 2월 이신애

차
례

1

초등 3, 4학년을 위한
잠수네 영어공부법

2

초등 3, 4학년을 위한
잠수네 수학공부법

3

초등 3, 4학년을 위한
잠수네 국어공부법

4

초등 3, 4학년을 위한
잠수네 사회, 과학공부법

1. 용어 정리

- 오디오북: 책의 내용을 Tape/CD/MP3 등으로 녹음한 교재
  (🎧: 오디오북이 있는 교재)

- DVD: 영어방송, VOD, DVD 등 영상물 전체

- 잠수네 단계
  - 잠수네 영어책 단계: J1~J10 (자세한 내용은 48쪽 참고)
  - 잠수네 DVD 단계: JD1~JD9 (자세한 내용은 40쪽 참고)
  - 잠수네 한글책 단계: JK1~JK10
    JK1(1~4세), JK2(5~7세), JK3(초1)~JK8(초6), JK9(중등), JK10(고등)
    ※ 잠수네 단계는 조금씩 변동될 수 있습니다.

2. 사례글

이 책에는 초등 3, 4학년 때 잠수네 영어·수학·국어를 진행한 〈잠수네 커가는
아이들〉 회원들의 글이 실려 있습니다.

- 자녀의 학년 표시
  - 글을 쓴 시점의 학년과 현재 학년을 병기했습니다.
  - 최근에 쓴 글은 현재 학년만 표시했습니다.
- 리얼리티를 살리기 위해 맞춤법에 어긋나더라도 그대로 둔 부분이 있습니다.

- 사례글에 나오는 약어
  - 포폴: 〈잠수네 포트폴리오〉의 약자
  - 적응방, 발전방, 심화방, 고수방: 〈잠수네 영어교실〉의 적응·발전·심화·고수 과정의 약자
  - 집듣, 흘듣 : 집중듣기, 흘려듣기의 약자
  - 영교: 〈잠수네 영어교실〉의 약자
  - 팀방: 〈잠수네 함께하는 팀〉의 약자
  - 코페: 〈잠수네 코칭페이퍼〉의 약자
  - 잠토링: 〈잠수네 멘토링〉의 약자. 잠토(멘토)와 잠티(멘티)가 있음

3. 참고사항

1) 이 책에 실린 영어책, 한글책 중 절판되거나 구입이 어려운 책은 도서관을 이용해주세요.
2) 음원이 있다고 표시된 책(🎧)이라도 때에 따라 음원을 구하기 어려울 수 있습니다.
3) 이 책에 사용한 〈수학동화책〉은 수학그림책과 수학동화책을 모두 일컫습니다.
4) 〈잠수네 커가는 아이들〉 프로그램

잠수네 프로그램 10가지		
1	잠수네 포트폴리오	전체학습 기록 관리
2	잠수네 영어교실	영어 테스트, 영어학습 코칭페이퍼
3	잠수네 수학교실	수학 테스트, 수학학습 코칭페이퍼
4	잠수네 책벌레	한글책/영어책 읽기 동기 부여
5	잠수네 책나무	한글책/영어책/DVD 교재정보
6	잠수네 연산	초등 연산 문제은행
7	잠수네 받아쓰기, 잠수네 Dictation	한글/영어 받아쓰기
8	잠수네 프린트센터	과목별 교육자료와 양식
9	잠수네 파피루스	한글/영어 글쓰기 지원
10	잠수네 상장	칭찬, 격려, 동기부여용

초등 3, 4학년을 위한

잠수네
영어공부법

1

초등 **3, 4** 학년을 위한

잠수네 영어
입문편

초등 3, 4학년 아이들을 둔 부모들의
영어 고민 5가지

• • • •

고민1) 잠수네 영어 아무나 못한다는데

"잠수네 영어 어때요?" 주변에 물어보면 "그거 아무나 못해요"란 답변
이 돌아오는 경우가 많습니다. 그러나 잠수네 영어를 실제로 진행하는
분들은 물밑에서 조용히, 소문내지 않고 시작합니다. 잠수네 영어 모토
인 '많이 듣고, 많이 읽기'를 성실하게 실천한 집의 성공 사례를 눈으로
직접 확인했기 때문입니다. 조카나 같은 동네 아이의 잠수네 영어 진
행과정을 바로 옆에서 지켜본 주변 사람들이, 자기 학교 학생의 뛰어
난 영어실력 비결이 잠수네 영어에 있다는 것을 안 선생님들이 따라나
서는 거죠.

영어유치원 출신에, 영어학원을 몇 년씩 다녔어도 제자리걸음하는

영어실력에 회의를 느끼다 서점, 도서관에서 잠수네 책을 보고 '바로 이거야!'라고 무릎을 치며 바로 실행에 옮기는 분도 많습니다. 영어학원은 절대 안 가겠다고 뻗대는 아이 때문에 고민하다 잠수네 영어를 선택하는 집도 적지 않습니다. 해외에서 잠수네 영어를 진행하는 분도 수두룩합니다. 영미권 나라에 산다고 영어가 저절로 늘지는 않으니까요.

'영어를 못하니 나는 안 돼' 하며 시작도 하기 전에 마음을 접는 분도 있습니다. 지레 겁먹고 포기하지 마세요. 알고 보면 잠수네 영어로 성공한 부모들 중 영어울렁증이 심한 분이 아주 많습니다. 잠수네 영어를 접한 뒤 쿵쾅거리는 가슴을 부여안고 뜬눈으로 밤잠을 설친 분이라면 잠수네 영어를 할 자격이 충분합니다.

고민2) 듣고 읽기만으로 영어가 될까?

잠수네 영어를 해볼까 마음먹었어도 여전히 불안해하는 분이 많습니다. '듣기만 해서 어떻게 읽을 수 있지? 주구장창 읽는다고 내용까지 알게 될까? 단어를 따로 짚어주지 않아도 되나? 문법은? Speaking과 Writing은 어떻게 하지?'와 같은 의문이 꼬리에 꼬리를 물고 떠오릅니다. 잠수네 영어를 진행하면서도 매일매일 똑같은 일상을 되풀이하다 보면 아이가 얼마나 알고 듣고 읽는지, 실력이 얼마나 늘었는지 의심이 갑니다. 혼자 외롭게 터널 속을 헤메이는 기분이 듭니다.

잠수네 영어의 진가는 시기에 따라 자연스럽게 나타납니다. 아이 입에서 영어말이 툭툭 튀어나올 때, 힘들게 단어를 외우지 않았어도 생각

외로 많은 단어를 알 때, 엄마아빠는 알아듣지 못하는 DVD를 깔깔거리며 볼 때, 발갛게 상기된 모습으로 방금 읽은 영어책의 재미있는 장면을 이야기할 때 영어를 즐기며 익히고 있다는 사실에 흐뭇해집니다. 언제 볼까 싶었던 두꺼운 영어책을 손에 들고 독서삼매경에 빠진 모습을 보면 이대로 죽 가도 되겠다는 확신이 듭니다.

예나 지금이나 중고등 6년과 대학 4년, 사회에 나와서까지 영어공부를 해도 외국인과 말 한마디 제대로 하지 못하는 사람들이 대다수입니다. 단어 암기, 독해 연습, 문법 위주의 영어교육만 해서는 진짜 영어실력을 키우지 못합니다. 모국어인 한글도 많이 듣고 읽어야 늘듯 영어도 마찬가지입니다. 영어말을 알아들어야 대화할 수 있고, 영어로 된 글을 많이 읽어야 영어글을 쓸 수 있습니다. DVD 보기, 영어책 듣고 읽기야말로 진짜 영어실력을 익히는 지름길입니다. 처음에는 느리게 가는 듯 보여도 그것이 가장 효과적인 방법입니다.

고민3) 사교육으로 무장된 아이들에게 밀리지 않을까?

잠수네 방법에 대한 확신은 있지만, 자기자신을 못 믿는 분들도 있습니다. 제대로 하지 못할 거면 학원 보내는 편이 낫지 않나, 학원 보내서 중간이라도 하게 해야 하는 것이 아닌가 걱정되어 자다가도 벌떡 일어날 정도로 불안해합니다. 영어학원을 다닌 아이들이 학원 테스트에서 좋은 성적을 낸다는 말을 들으면, 이러다 내가 아이를 망치는 게 아닐까 죄책감까지 듭니다.

이런저런 사교육을 다 해본 분들이 왜 잠수네 영어를 시작할까요? 영어학원에 보내는 것만으로는 영어실력이 늘지 않는다는 사실을 뒤늦게 깨닫기 때문입니다. 학원을 한 번도 가보지 않아서 미련을 못 버리겠다면 방학을 이용해 보내보세요. 영어실력을 제대로 갖추지 않은 상태에서 무작정 학원만 보내고 부모가 신경을 쓰지 않으면 돈과 시간만 허비할 뿐 효과가 없습니다. 단어 시험 보고 책 내용을 확인하는 수업방식에 질려 아예 영어를 기피하게 될 수도 있습니다. 숙제 양도 만만치 않고요. 잠수네 영어와 학원을 병행하다 포기하는 분도 많습니다. 도저히 둘 다 잘할 시간이 나오지 않아서요.

잠수네 영어로 충분히 많이 듣고 읽은 후 학원에 가면, 오히려 학원에서 아이가 어떻게 영어를 배웠는지 묻습니다. 학교 원어민 선생님도 영미권에서 살다 온 줄 압니다. 미국, 캐나다에 가면 어떻게 여기 아이들보다 영어책을 더 잘 읽느냐며 놀랍니다.

영어교육의 기본은 많이 듣고 읽기입니다. 학원은 영어실력이 차올랐을 때 적절하게 이용하는 곳이지, 영어 고민을 모두 해결해주는 곳이 아닙니다. 필수가 아니라 여러 선택사항 중 하나일 뿐입니다.

고민4) 영어 3시간이 진짜 가능한지?

'매일 3시간씩 영어에 투자하면 아이랑 영어만 하다 하루를 다 보낼 것인가?' 다들 한번쯤 가진 의문일 겁니다. 아무리 사교육을 줄여도 영어 3시간은 도저히 안 나온다고요. 피아노, 바이올린 등 악기 하나는 해야

겠고, 태권도, 축구, 수영 등 운동도 뺄 수 없습니다. 종이접기, 미술, 한자, 논술, 로봇, 레고 등 엄마가 시키고 싶은 것과 아이가 원하는 영역 한두 가지만 더해도 일주일이 빡빡합니다. 하루 24시간은 정해져 있는데 시간을 늘릴 수도 없고 무엇을 빼야 할지 갈피를 못 잡습니다.

하지만 영어 3시간 확보는 그리 어렵지 않습니다. 학교 수업 외에 하는 것을 다 적어보세요. 별로 하는 것이 없어 보여도 (일주일에 1번 하는 것까지 모두 포함하면) 적게는 3~4가지, 많게는 10가지가 넘을 겁니다. 이 중 꼭 해야 할 것 1~2가지만 빼고 모두 정리하세요. 건강을 위한 운동 하나, 감성을 키우기 위한 악기 하나만 남기고 다 그만두면 충분히 3시간이 나옵니다.

아이가 하고 싶어하는 것, 노는 시간을 확보하는 방법은 '아침 일찍 일어나기, 주말 활용, 재미 찾기' 3가지입니다. 아침에 평소보다 1~2시간 일찍 일어나는 습관을 들여주세요. 오후 시간이 여유로워지고 하루 종일 시간에 쫓겨 종종거리지 않아도 됩니다. 토요일 오후, 일요일에는 아이가 원하는 만큼 실컷 놀게 해주세요. 기분 좋게 일주일을 보낼 수 있습니다. 또한 재미있는 DVD와 영어책을 꾸준히 찾아주세요. DVD 보기, 영어책 읽기가 공부가 아닌 노는 시간, 휴식 시간이 됩니다.

고민5) 아이가 따라주지 않는데……

아이를 설득하지 못해 처음부터 벽에 부딪히는 경우가 있습니다. 친구들이 학원 다니는 것이 부러워 자기도 학원을 가고 싶다는 아이도 있고,

내가 왜 이렇게 지루한 잠수네 영어를 해야 하느냐며 거부하는 아이도 있습니다. 하고 싶은 것이 많아 영어에 들일 시간이 나오지 않는 아이도 있습니다. 신체적으로 빨리 성장하는 아이들은 사춘기 초기 증상을 보이며 부모가 하는 말에 시큰둥하거나 반항합니다.

원하는 것을 하는 데 드는 시간과 비용을 구체적으로 알려주세요. 놀고 싶어하는 아이는 할 일과를 일찌감치 마무리하면 마음껏 놀 수 있다고 말해주고요. 느리고 산만한 아이는 일과체크표로 하루 일정을 눈에 보이게 해주는 노하우가 필요합니다.

초등 3, 4학년은 잠수네 영어를 할 수 있는 최적기입니다. 초등 졸업 때까지 2~3년만 제대로 해보세요. 중고등 가서 웃는 날이 옵니다.

> ### 시작하는 분들을 위한 나의 잠수 영어 원칙들
> 작성자: 동이세상 (중1, 중1) … 현재 중2, 중2

잠수네 들어와 지켜온 저만의 원칙들을 소개합니다.

- **내가 절실할 때가 가장 빠른 때이다**

저는 애들이 초3 때 잠수네에 가입했어요. 그 당시 우리 애들은 빡센 학원에서 몸과 정신이 황폐해질 대로 황폐해져서 영어학원이라면 치를 떠는 수준이었어요. 우리 애들이 3살 때 잠수네를 처음 알았지만 사이트에 들어와보니 유료라 조용히 닫고 나갔었어요. 그 이후에도 애들 유치원부터 초2 때까지 동네 놀이수학 선생님께서 잠수네 얘기를 몇 번이고 했지만 전혀 와닿지 않았어요. 영어를 집에서 한다는 사실이 현실적이지 않아서. 그런데

애들이 영어학원에 너무 지치고 평생 영어를 해야 하는 이 시대에 벌써 이렇게 지겨워하는 건 아니다 싶어 다른 방법을 찾았어요. 그렇다고 집에서 하는 건 꿈도 못 꾸던 그때, 동네 친구가(이 친구는 잠수 전혀 안 하는 친구) 지나가는 말로 '잠수'라는 말을 하는데 그 말이 크게 제 머리를 쿵! 치더군요. 그 강렬한 느낌을 지금도 잊을 수가 없어요. 그래서 그날로 책 2권 모두 주문하고 잠수네 유료 결제를 합니다. ^^

많은 분이 조금만 더 일찍 알았더라면 좋았을걸 후회도 많이 하는데요. 심지어 유아방 6살짜리 엄마가 "너무 늦은 거 아니에요?"라는 질문을 해요. 저도 더 일찍 들어왔더라면 하는 생각도 했지만 그렇다고 우리 애들이 더 열심히 하고 더 빨리 〈심화〉, 〈고수〉과정이 됐을 것 같진 않아요. 제가 절실히 무언가 필요로 할 때 들어왔기에 더 파고들고 몰입했던 거 같아요. 그러니 늦었다고 생각하시는 분들, 지금이 가장 빠른 때라 여기고 열심히 하셨으면 좋겠어요.

• 양다리 걸치지 않기

지금도 잠수네 게시판에 종종 올라오고 있지요? '뭔선생과 병행하면 안 될까요? 혹은 학원과 병행하면 안 될까요?' 등등. 엄마나 아이가 시간이 남아돌아 어떻게 써야 할지 모르겠고 책을 사도 돈이 남아돈다면 한번 해보세요. 아님 그냥 잠수 그만두시고 편하신 대로 학원 보내라고 하고 싶어요. 위와 같이 질문한다는 것은 아직 엄마가 잠수네에 대한 확신이 없고 자신도 없어 남에게 책임을 미루고 싶다는 의미예요. 그런 마음으로 잠수하려면 안 하시는 것만 못해요. 자신도 확신하지 못하면서 어떻게 아이에게 확신을 줄 것이며 남편을 이해시키겠어요? 그런 자신감 없는 태도로 하니까 시도 때도 없이 불안감에 시달리며 "이 길이 맞나요?"와 같은 아무도 답을 줄 수 없는 의미 없는 질문을 올리는 거랍니다.

잠수네에서도 학원을 무조건 보내지 말라는 것은 절대 아니에요. 잠수식 영어로 어느 정도 궤도에 올랐을 때 학원을 가야 얻는 것도 있답니다. 콘텐츠 공부를 해보고 이 길이 맞다 생각되면 간 보지도 말고 양다리 걸치지도 말고 그냥 몰입해서 빠져드세요. 그렇게 해야 성공합니다.

• 단호해지기

중학생 이상이면 모를까 초등학생은 엄마가 휘어잡아야 합니다. 휘어잡는 다는 것이 강압적으로 아이를 누르거나 공포감을 조성한다는 뜻은 절대 아니구요. 엄마가 선택한 방법에 대해서는 단호하게 밀고 나가는 힘이 있어야 한다는 말입니다. 초등 저학년인데도 아이한테 질질 끌려다니는 엄마들이 너무 많아요. 그러면 엄마가 이끌어야 하는 잠수네 영어 못해요. 단호할 때는 단호해야 합니다. 해야 할 건 하도록 만들어야 어느 정도 수준에 오르고, 그래야 재미를 알게 됩니다.

잠수네 기본은 재미라고 하니까 무조건 즐겁게, 재밌게만 하려고 생각하는데요. 어느 정도 알아야 재미도 느껴지지 아무것도 모르는데 어떻게 재미를 알겠어요? 그렇다고 아이와의 관계가 나빠지지 않아요. 티격태격 힘들었던 건 다 잊고, 오히려 나중에 엄마한테 고마워합니다. 영어책 읽게 해줘서, 이렇게 영어공부를 해주게 해줘서 고맙다고. ^^ 저는 영어를 하는 데 있어서는 타협도 없었어요. 그러다 어느 순간, 애들이 스스로 재미를 느끼니 영어가 저절로 굴러간다는 맛을 알았습니다.

• 심플하게 하기

전 계획적이지도 분석적이지 않으며 복잡한 것을 못하고 싫어합니다. 아들 둘을 데리고 잠수를 하려면 최대한 단순하게 가야 한다고 생각했어요. 잠수식 영어라는 건 간단하잖아요? 정말 이렇게 간단한 줄 알았다면 더 일찍 시작했을 거예요. 어떤 분들은 잠수네 영어가 너무 어렵다고 하는데 이것처럼 단순한 영어공부 방법이 어디 있어요?

듣고 읽고 끝!!이잖아요. 엄마한테 밤새 무지개 물고기를 만들라고 하나, 초록 괴물 가면을 만들라고 하나, 게임을 하라고 하나, 부직포를 오리라고 하나, 노래에 맞춰 춤을 추라고 하나, 그거 아니잖아요. 확인도 하지 말라 하지, 워크북도 하지 말라 하지, 이렇게 단순한 방법이 어딨어요? 제가 엄마표 영어에 대한 거부감이 있었는데 어느 사이트에 들어갔더니 저런 활동만 잔뜩 써 있길래 질려서 나왔던 기억이 나요.

이 길에 대한 확신만 있으면 되잖아요? 일단 처음 오신 분들 복잡하게 이것저것 다 하려고 하지 말고 〈잠수네 책나무〉 들이파서 책 고르고 듣고 읽고 이것만 신경 쓰세요. 그래야 오래합니다.

• 멀리보기

처음 잠수네 시작할 때 이 방법이 과연 맞을지, 진정 효과가 있을지 몰라 약간 망설이다 딱 1년만 해보기로 했어요. 대신 제대로 해보자고요. 초등 때 1년 별거 아니잖아요. 그렇다고 완전 노는 것도 아니구요. 그 1년 안 한다고 평생 영어 못하지도 않아요. 아니면 다른 길을 찾으면 되잖아요.

그런데 요즘 들어오시는 더 어린아이들 둔 어무이들 보면 너무 따져요. 조급해하고 불안해하고. 유치원, 초등 때 영어점수가 중요한 것도 아니구요. 영어 좀 늦게 시작했다고 수능 때 대망하는 것도 아니에요.

저는 중고등 때 내신 100점, 수능 100점 맞으려고 잠수네를 시작한 게 아니었어요. 그렇게 영어를 오래하고 실력을 키우려 시간과 돈을 투자했어도 여전히 영어가 인생의 걸림돌인 저를 보며 평생 가져가야 할 영어를 편하게 즐기게 할 방법이 잠수네란 걸 깨달았죠. 우리 애들한테는 영어를 공부로만 생각하며 벌써부터 영어에 질리게 하지 말자란 생각으로 시작했어요. 당장의 점수가 아니고 조금 더 멀리 보고 잠수네 영어를 하셨으면 좋겠어요.

지금은……
우리 애들 3~4줄짜리 영어책 읽을 때 매직트리는 껌이라며 들고 다니던 학원 다니는 아이들이 몇 년이 지나도 여전히 챕터북 1권 겨우 읽는데, 우리 애들은 1000페이지 넘는 소설 재밌다며 읽습니다(물론 판타지지만~~ㅎㅎ). 요즘은 영어책이 진정한 휴식이(현실 도피인지ㅜㅜ) 되어주는 것 같습니다. 제발 영어책 좀 읽지 말라고 책을 뺏는 일까지 있어요. 수학하다가 머리 식힌다며 영어책 집어 듭니다. "엄마, 영어책 읽으면 안 돼?" 눈치 보며 물어봅니다. 전 물론 단 한마디 "안 돼, 수학 해!"로 무시하지만요~. ㅋ 어떤 때는 영어책 읽다 몇 시에 잤는지도 모를 만큼 영어책에 푹 빠져 있습니다.

직장맘의 잠수네 영어 노하우
작성자: 수선화에게 (초4, 5세) … 현재 초5, 6세

아이가 초1 입학하기 두어 달 전에 잠수네 가입해서 올해로 4년차 된 직장맘입니다. 직장맘으로서 잠수네 진행하며 어려운 점도 많았지만 그래도 지금까지 잘 견뎌왔던 노하우를 살짝 공개해볼까 해요.

1. 시기별로 집중했던 것
• 초등 1학년: 학교생활 즐겁게 하기
잠수 진행은 서서히 워밍업하면서 엄마는 열심히 콘텐츠 공부. 그러다 가을 무렵부터 포트폴리오 작성하고 진행 시작.

- 초등 2학년: 한글책 폭설

학년이 올라갈수록 영어에 대한 비중이 높아지고 한글책 읽을 시간이 부족할 거라 판단해서 작정하고 한글책을 읽힘. 책벌레 1위를 목표로 총 251,877쪽, 책벌레 1위 달성. ^^

- 초등 3학년: 영어와 한글책 2마리 토끼 잡기

3학년부터는 영어에 집중할 시기로 잡고 한글책은 책벌레 욕심 버리고 좋은 책 제대로 읽기. 그리하여 한글책 12만 쪽, 영어책 20만 쪽 폭설.

한글책 단계별 보기(한글 책벌레)

(단위: 쪽수)

분류	2013년										2014년		누계
	3월	4월	5월	6월	7월	8월	9월	10월	11월	12월	1월	2월	
JK1	–	–	–	–	–	–	–	–	–	–	–	–	–
JK2	–	–	–	–	–	–	–	–	–	–	–	–	–
JK3	280	30	68	46	194	56	–	–	56	62	–	–	792
JK4	3,827	669	446	579	825	1,737	1,110	412	144	40	201	58	10,048
JK5	5,877	5,167	3,950	4,679	6,295	4,688	2,770	1,918	1,255	1,564	1,717	1,407	41,287
JK6	5,265	5,829	4,359	5,699	4,062	3,082	4,263	4,886	2,690	3,307	8,330	2,840	54,612
JK7	1,400	719	1,038	491	372	1,173	823	3,207	1,264	–	1,851	1,120	13,458
JK8	236	–	–	153	168	211	–	158	–	–	2,719	1,473	5,118
JK9	–	–	–	–	–	–	–	231	–	–	–	–	231
JK10	–	–	–	–	–	–	–	–	–	–	119	–	119
JK–	–	–	–	–	–	–	–	–	–	–	–	–	–
총계	16,885	12,414	9,861	11,647	11,916	10,947	8,966	10,812	5,409	4,973	14,937	6,898	125,665

영어책 단계별 보기(영어 책벌레)

(단위: 쪽수)

분류	2013년										2014년		누계
	3월	4월	5월	6월	7월	8월	9월	10월	11월	12월	1월	2월	
J0	–	–	–	–	–	–	–	–	–	–	–	–	–
J1	1,412	2,558	–	–	–	34	–	150	1,147	1,599	–	1,496	8,396
J2	6,481	5,880	3,035	2,844	2,460	600	904	918	2,136	2,496	434	1,236	29,424
J3	3,953	4,804	7,663	11,260	11,477	6,548	2,397	4,326	6,114	4,175	4,308	2,391	69,416
J4	3,561	3,896	6,537	7,954	6,866	7,001	5,959	7,540	9,971	7,295	7,276	6,331	80,187
J5	158	166	586	2,095	640	409	1,650	1,230	2,732	2,335	1,456	1,786	15,243
J6	–	–	–	236	267	192	–	128	394	44	736	287	2,284
J7	–	–	–	–	–	–	–	–	–	–	–	217	217
J8	–	–	–	–	–	–	–	–	–	–	–	–	–
J9	–	–	–	–	–	–	–	–	–	–	–	–	–
J10	–	–	–	–	–	–	–	–	–	–	–	–	–
J–	–	–	–	32	18	–	–	–	24	–	16	16	106
총계	15,565	17,304	17,821	24,421	21,728	14,784	10,910	14,292	22,518	17,944	14,226	13,760	205,273

- 초등 4학년: 영어 〉 한글책 〉 수학 비중으로 진행 중

2. 직장맘의 책 공급

직장맘이다 보니 매일 도서관 다니기는 현실적으로 힘들더라구요. 그렇다고 모든 책을 다 사자니 그것도 부담이고. 그래서 아이 초1부터 주말 도서관을 다녔어요. 주중엔 매일 북렌탈(유료)에서 책을 빌렸어요. 월 5만 원 정도로 조금 비싸긴 했지만 회사 바로 옆 건물에 있었고 유료라서 오히려 본전 생각에 매일 가게 되더라구요. 영어책 포함 하루 13권씩 꼬박 빌렸구요. 읽지 않는 책은 며칠 기다렸다 그냥 반납했어요. 바로바로 읽을 책들은 북렌탈에서 빌려 매일 반납하고 회전했구요. 지식책과 조금 두께감 있는 책들은 도서관에서 빌려 2주 정도 집에 두고 읽혔어요. 그리고 반응 좋았던 책들은 즉시 구입해 반복해서 읽혔어요.

3. 아이와의 관계

직장맘에게 가장 중요한 건 아이와의 관계와 믿음입니다. 엄마가 없는 사이에도 영어 진행이 이루어져야 하니까요. 직장맘이지만 엄마는 늘 너에게 관심이 있고 너를 위해서 이만큼 노력한다는 걸 보여줄 필요가 있더라구요. 그래야 아이도 엄마를 믿고 잘 따라오는 것 같아요.

- 커플링

여자아이라 그런지 요거 엄청 좋아하더라구요. 문구점에 같이 가서 반지를 산 뒤 둘만의 커플링이라고 했더니 무척이나 소중하게 생각하고 서로 힘들 때 커플링을 보고 힘을 내자고 했어요. ㅎㅎ 여자아이라면 커플링 강추해요~.

- 아이 친구들과의 시간

1년에 한두 번 정도는 휴가 내고 아이 친구들과 재밌는 시간 보내요. 맛있는 점심도 사주고 아이스크림도 사주면서 친구들 사이에서 우리 아이는 어떤지, 학교생활은 어떤지도 들어보고, 아이랑 친구들에게 점수도 팍팍 딸 수 있어요. 아이도 직장 다니는 엄마가 소중한 시간 내서 친구들까지 챙겨주는 모습 보고 감동받더라구요. 그때 받은 감동이 6개월은 갑니다. ㅎㅎ 평소에 직장맘으로서 아이 친구들 초대하는 게 힘든데 저는 아이들이 일찍 끝나는 방학식이나 아님 다른 날이라도 휴가 내고 아이 친구들에게 맛있는 거 쏘고 점수 좀 땄어요.

- 교환일기

교환메모라고 하는 게 맞겠지만 그날그날 계획표 밑에 간단하게 아이가 엄마한테 하고 싶은 말을 적게 하고 저는 그에 대한 코멘트를 다음 날 아이가 일어나기 전에 적어줬어요. 지금은 못하고 있지만 교환일기 쓰는 동안 아이가 정말 좋아하더라구요. 엄마도 가끔은 힘들고 지친다는 것도 자연스레 알려주고 그럼 아이가 또 저를 위로해주고, 평소 말로 할 수 없던 것들을 나눌 수 있어 좋더라구요.

- 책 같이 읽기

책 읽어주면서 얘기 나누는 것도 좋지만 같은 책을 2권 사서 나란히 읽고 얘기 나누거나, 엄마가 읽고 정말 좋았던 책에 별표하고 줄 긋고 그 부분만 아이가 읽어보게 하는 방법도 엄마와 많이 통한다고 생각해서 정말 좋아하더라구요.

4. 낮 동안의 진행

아무래도 낮에 혼자 있다 보니 어떻게 진행해야 될지 참 고민이 많았어요. 몇 번의 시행착오 끝에 저희 집은 요즘 하루 진행이 이렇게 됩니다.

• 아침: 집듣 → 집듣만큼은 엄마가 지켜야 한다고 생각해서 주로 아침에 하고 있지만 컨디션 봐서 잠이 덜 깬 날은 한글책이나 흘듣만 하기도 해요. 집듣하다 조는 것보다는 그날그날 컨디션에 맞게 진행해요.

• 오후: 영어책, 한글책, 숙제 → 학교 다녀와서 영어책 1시간은 가장 우선으로 읽어두게 하구요, 그다음 한글책, 숙제 순으로 진행해요. 이렇게 하면 시간이 없는 날도 영어책 1시간은 꼭 챙기게 되더라구요.

• 저녁: 영어책 읽기, 수학, 기타 → 퇴근 후 저녁 먹고 가장 바쁜 시간이지만 만사 제쳐두고 저녁 영어책 읽기는 함께합니다. 1줄씩 같이 읽기도 하구요. 낮에 혼자 읽은 영어책을 100% 믿을 수 없으니(어쩔 수 없이 의심병) 저녁에는 꼭 함께 읽어요. 4학년 올라와서는 하루 2시간 읽기를 목표로 오후에 1시간 읽었으면 저녁에 엄마랑 1시간, 오후에 1시간 30분 읽었으면 저녁엔 30분 함께 읽어요. 영어책도 낮에 아이가 읽을 땐 읽고 싶은 책으로, 저녁에는 엄마의 추천 책도 섞어서 읽게 하고 있어요(주로 그림책).

5. 점심시간 활용

직장맘이다 보니 점심때에 할 일이 얼마나 많은지. 잠수네 글을 읽고 출력하고 〈잠수네 책나무〉 보고 책 반납까지. 잠수네 처음 들어왔을 때는 정말 잠수네 모든 글을 출력하겠다는 마음, 저녁 시간엔 오로지 아이와 함께하겠다는 마음이었어요. 그래서 점심도 안 먹고 앉아서 주구장창 읽고 출력만 했어요. 4년째 되니 출력할 것도 많이 줄더라구요. ^^

6. 나를 위한 보상

직장맘으로 사는 것도 힘든데 잠수맘까지 하려면 정말 보통 체력과 보통 마음가짐으로는 힘들어요. 직장맘도 사람이라 지칩니다. 그런 저를 위해서 1년에 몇 번씩은 꼭 자신만을 위한 휴가를 써요. 아이나 가족 행사 때문이 아니라 오로지 저를 위해. 나를 위한 시간 꼭 내보세요.

> **잠수네 하면서 생긴 엄마, 아빠, 아이의 변화**
> 작성자: 팔불출엄마 (초4) ⋯ 현재 중1

- 잠수네 하면서 생긴 엄마의 변화

1. 아침형 인간이 되었어요

잠수네 할 시간을 확보하기 위해서는 아침 시간을 최대한 활용하는 것이 유리하겠구나 싶어서 일찍 일어나기 시작했어요.

2. 꼼꼼해지고 꾸준함이 생겼어요

워낙 덜렁거리는 성격에 한 건망증 하는지라 항상 옆지기(아이 아빠)에게 메모 좀 하라는 말을 많이 듣곤 했지요. 잠수네하면서 꾸준히 하는 게 중요하다는 걸 많이 느꼈고요. 그래서 아이의 포폴이나 제 운동일지 같은 것도 일일이 기록하고 한번 시작하면 절대 빼뜨리지 말자고 다짐하게 되더군요.

3. 사교육에 목숨 걸지 않아요

중, 고등학생 자녀를 둔 친구들 만나면 어디가 좋다더라, 뭘 해야 하더라는 이야기들을 참 많이 들었지요. 그래서 사교육을 하지 않으면 절대 안 되는 줄 알았어요. 특히나 영어는 빨리 시작해야 한다고 해서 영어유치원도 덜컥 보냈었거든요. 잠수네를 빨리 알았더라면 좀 더 행복한 유년기를 보낼 수 있지 않았을까 싶어 후회가 되기도 해요. 제 동생이 결혼해서 아이를 낳으면 꼭 잠수네 가입해서 진행하라고 할 거예요. 아이와 함께하면서 겪는 시행착오들, 여기서 얻는 보석 같은 정보들, 아이와 행복하게 지낼 방법들을 꼭 알게 하고 싶어요.

4. 아이와 많은 대화를 하게 되었어요

전에는 아이가 어리니 무슨 스트레스가 있겠냐 싶었어요. 뭐든 본인이 좋아하는 것만 시키고 있는 줄 알았어요. 그런데 아이와 대화해보니 아이도 스트레스를 받고 하기 싫은 것도 있다는 걸 알게 되었죠. 이제는 눈빛만 봐도 알겠어요. 아이가 뭘 원하고 뭐가 싫은지.

• 잠수네 하면서 생긴 아빠의 변화

1. 아이와 함께 있을 때는 책을 보거나 신문을 봐요

옆지기의 별명은 테돌이예요. 집에 들어오면 TV부터 켜고 TV 프로가 재미없으면 영화라도 보는 미디어 중독자라고 할까요? 그랬던 옆지기가 또롱이가 잠수네를 본격적으로 시작하면서부터 TV를 껐어요. 주말엔 편하게 뒹굴거리며 TV를 보고 싶을 텐데 아이가 책 보고 있으면 옆에서 신문을 보거나 책을 읽으니 또롱이도 좋아하네요.

2. 당근과 채찍을 적절히 사용할 줄 알게 되었어요

옆지기는 공부는 하고 싶은 사람이 하는 거지 하기 싫으면 절대 안 되는 거라는 생각이 강했어요. 그런데 또롱이를 키우면서, 그리고 잠수네를 하면서 적절한 당근과 채찍이 필요하다는 걸 느끼게 되었지요. 시험기간이면 집중해서 공부하고 놀 때는 딴생각이나 걱정 없이 실컷 노는 아이의 모습이 무척 보기 좋더라나요?

그래서 열심히 했을 때는 당근으로 아빠와 하는 여러 가지 놀이로 스트레스를 풀게 해줘요(야구장 나들이, 자전거 타기, 야구, 농구, 게임 등). 대신 집중력이 없어지고 산만해지면 그에 대한 벌칙이 가해지죠(주로 게임 못하게 하기, 야구 하이라이트 못 보게 하기). 주말에 놀 때만큼은 아빠가 확실하게 해주니 또롱이도 그 맛에 열심히 하려는 모습을 자주 보여주네요.

• 잠수네 하면서 생긴 아이의 변화

1. 스스로 할 일을 챙기게 되었어요

처음부터 그런 건 아니고 어느 순간부턴가 바뀌더군요. 제가 아이의 영어일지를 쓰기 시작하면서 날마다 해야 할 목록을 만들어주었어요. 처음엔 귀찮아하더니 해보니 그리 힘들지 않고 재밌기도 하고 거기다 할 일을 마친 후의 꿀맛 같은 놀이시간까지. ㅋㅋ 그래서 그런지 이제는 습관이 되어 체크표를 작성하지 않아도 알아서 챙겨요.

2. 한글책의 재미에 빠지게 되었어요

영어유치원을 나와서 그런 건지 또롱이는 한국말보다는 영어가 쉽다고 하고 영어를 더 좋아하는 아이였어요. 그래서 한글책도 읽으라 하면 그 재미를 충분히 느끼지 못했었지요. 그런데 잠수네에서 많은 분이 영어를 잘하려면 한글책을 많이 읽어야 한다길래 쉬운 책부터 차근차근 재촉하지 않고 읽으라고 했어요. 시간이 흘러 아이는 한글책도 재밌다며 스스로 집어오는 날이 늘어나더군요. 요즘은 영어책보다는 되려 한글책을 더 좋아하는 현상이 나타나고 있어요.

저는 개구쟁이 에너자이저인 초3 외동아들을 초1 4월부터 잠수키즈로 키우고 있습니다. 지금 한 달 예정으로 친정 여동생 집인 호주의 작은 도시에 와 있습니다.

도착 첫날 수영장에 갔어요. 저는 물엔 안 들어가고 조카 둘과 저희 아들을 챙기는 중이었습니다. 그런데 말입니다. 아이가 안전요원한테 가서 말을 겁니다. 그것도 한참 이야기를 합니다. 웃기까지 하네요. 옆에 앉아있던 여동생이 놀라서 입이 벌어집니다.

동생 : 언니~ 여기 한 3년 산 아이 같아. 뭘 시킨 거야? 헐~.
저 : 뭘 시키긴 뭘 시켜? 집에서 DVD 보고 놀았지…….

여동생 왈, 한국에서 온 보통 아이들은 영어로 입 떨어지는 데 보통 6개월에서 1년이 걸린다네요. 돌아오는 차에서 감격 먹어서 시차 때문에 몽롱하던 잠이 다 깼습니다. 집에 온 조카 첼로선생님(원어민)도 조카한테 "니 사촌, 영어 잘한다"는 말까지 하네요.
잠수키즈로 잘 커주고 있는 아들을 확인하게 되니 너무 뿌듯했습니다. 예전에 잠수네를 하는 저를 보고 "언니, 그냥 학원 보내. 피곤하게 살지마~" 이렇게 말하던 여동생이 이젠 잠수네에 대해 묻습니다.

아~ 이건 잠수네 엄마들에게 이야기해줘야 해…….^^

잠수네 영어
3종 세트란?

* * * *

잠수네 영어 3종 세트는 〈흘려듣기, 집중듣기, 책읽기〉를 말합니다.

1. 흘려듣기

잠수네 영어에서 〈흘려듣기〉는 주로 자막 없이 애니메이션이나 영화를 보는 것을 말합니다(DVD 흘려듣기). 단, 아이가 좋아하면 영어노래, 영어책 오디오CD, DVD의 영어소리를 따로 들어도 됩니다(오디오 흘려듣기). DVD흘려듣기는 필수, 오디오 흘려듣기는 선택사항인 셈입니다.

흘려듣기의 효과

1) 논다는 느낌으로 스트레스받지 않고 재미있게 영어를 익힐 수 있습니다.

2) 영어소리에 노출되는 시간을 많이 확보할 수 있습니다.

3) 영어말을 알아듣는 귀가 트입니다.

4) 어휘, 문장의 의미를 유추하는 능력이 늘어납니다.

5) 〈집중듣기〉나 〈영어책 읽기〉를 하다 들어본 어휘, 문장과 마주치면 완전히 자기 것이 됩니다.

6) 외국에서 살았던 아이처럼 발음이 좋아집니다.

7) 긴 문장도 거침없이 말합니다.

8) 실제 사용하는 영국식, 미국식 표현을 자유롭게 구사합니다.

9) 영미권 아이들의 생활(집, 학교)을 잘 알게 됩니다.

10) 역사적 사건이나 사회적 이슈를 다룬 영화, 다큐멘터리를 보며 배경지식을 쌓을 수 있습니다.

2. 집중듣기

영어책을 펴고 손가락이나 연필로 오디오CD가 읽어주는 곳을 따라가며 듣는 것입니다. 처음에는 아이가 혼자 짚지 못할 수 있습니다. 스스로 짚겠다고 할 때까지 매일 엄마가 같이 해주세요.

※ 짚는 도구는 종이 접은 것, 자, 나무젓가락 등 아이가 좋아하는 것으로 바뀌도 됩니다.

집중듣기의 효과

1) 발음이 좋아집니다.

2) 누가 안 가르쳐줘도 혼자 글을 읽게 됩니다.

3) 저절로 단어, 문장의 의미를 알게 됩니다.

4) 우리말 해석 단계 없이 바로 이해하게 됩니다.

5) 한글책 읽는 속도로 영어책을 읽게 됩니다.

6) 자기 실력보다 약간 높은 책을 보는 견인차가 됩니다.

7) 관심이 덜한 분야의 책을 읽을 때 도움이 됩니다.

8) 집중력이 좋아집니다.

3. 영어책 읽기

단어암기, 문법학습, 문장해석 없이 영어책을 한글책처럼 죽죽 읽는 것을 말합니다.

영어책 읽기의 효과

1) 단어 암기를 안 해도 어휘가 늘어납니다.

2) 문법을 몰라도 글을 이해할 수 있습니다.

3) 듣기 이해력이 올라갑니다.

4) 정확한 말하기가 됩니다.

5) 영어글을 술술 쓰고, 영어적 표현도 자유롭게 구사하게 됩니다.

6) 영어를 공부가 아닌 생활로 받아들이게 됩니다.

7) 각종 영어시험 준비에 많은 시간을 들이지 않아도 됩니다.

DVD 단계를 알면
시행착오를 줄일 수 있습니다

• • • •

'재미'있는 DVD를 '반복'해서 보면 귀가 뚫리고 말이 툭툭 튀어나오는 효과가 있습니다. 그러나 영어학습에 효과가 있다고 무작정 DVD를 보여주는 것이 능사는 아닙니다. 처음부터 화려한 화면과 강렬한 효과음, 속사포처럼 말하는 DVD를 보여주면 내용은 거의 알아듣지 못하고 허송세월하기 쉽습니다. DVD단계를 정한 것은 이런 시행착오를 최소화하자는 의도에서입니다.

잠수네 DVD 단계

JD1단계: 그림책을 간단한 동영상으로 만든 것

JD2단계: 천천히 말하는 TV애니메이션

JD3단계: 약간 빠르게 말하는 TV애니메이션

JD4단계: 빠르게 말하는 TV애니메이션 & 잔잔한 극장 애니메이션

JD5단계: 아주 빠르게 말하는 TV애니메이션 & 대부분의 극장 애니메이션

JD6단계: 정서 수준이 높은 애니메이션, 초등생이 볼 만한 TV드라마 & 영화

JD7단계: 초등 고학년 이상에게 권하는 TV드라마 & 영화

JD8~JD9단계: 중학생 이상에게 권하는 TV드라마 & 영화

DVD 종류

그림책DVD: 그림책을 간단한 동영상으로 만든 것

TV애니메이션: 미국(PBS나 닉켈로디언), 영국(BBC) 등에서 방영한 TV시리즈

애니메이션: 극장 개봉 애니메이션, DVD로만 출시된 애니메이션

TV드라마, 영화: 영미권에서 방영한 TV드라마나 영화

초등 3, 4학년에게 권하는 DVD 단계와 종류

구분	JD1	JD2	JD3	JD4	JD5	JD6	JD7	JD8	JD9
그림책DVD									
TV애니메이션									
애니메이션									
TV드라마									
영화									

DVD 흘려듣기, 아이들의 반응에 따른 대처 방법은?

DVD 흘려듣기의 효과는 쉬운 내용을 반복해서 볼 때 가장 큽니다. 그러나 초등 3, 4학년이면 말이 느리고 화면 변화가 거의 없는 DVD를 재미있게 보기란 쉽지 않습니다. 다음과 같은 반응을 보인다면 우선 아이들의 의견을 존중하고, 서서히 학습효과를 높이는 방향으로 유도해주세요.

❶ 낮은 단계(JD2~JD4) DVD는 유치하다고 재미없어한다

학년이 있는 만큼 낮은 단계는 어린아이들 대상이라고 안 보려는 아이가 많습니다. JD5단계 이상의 자극적인 애니메이션을 많이 봤거나 한글TV에 장시간 노출되어 있기 때문입니다. 영어학습 효과는 높은 단계(JD5단계 이상)보다 낮은 단계(JD2~JD4단계)를 보는 것이 더 큽니다. 낮은 단계 DVD가 말이 또박또박 들리고 이해도 훨씬 잘되니까요.

JD2~JD4단계의 DVD가 생각 외로 많습니다. 내가 아는 범위에서만 찾지 말고, 잠수네에서 소개하는 많은 DVD의 샘플을 유튜브에서 찾아보세요. 이렇게 해도 JD5단계 이상만 보려고 한다면 일단 아이가 재미있어 하는 것을 보여주세요. 대신 낮은 단계를 보여주려는 노력을 계속해야 합니다. 영어실력이 올라가고 DVD 내용을 이해하게 되면 언제 그랬냐는 듯 낮은 단계 DVD에 푹 빠져서 보게 되니까요.

❷ 재미있게 보지만 계속 새것을 원한다

JD2~JD4단계 DVD를 잘 보지만 계속 새것을 원하면 같은 시리즈 중에피소드가 다른 것을 죽 보여주세요. 같은 등장인물, 비슷한 배경과 줄거리가 나오니 이해도 잘되고 반복의 효과도 얻을 수 있습니다.

아이 성향상 반복을 별로 안 하는 경우도 있습니다. 영어책을 읽는 수준이 높다면 아이가 보고 싶은 JD5단계 이상 DVD를 봐도 됩니다. 이때도 되도록이면 한두 달 간격으로 자연스럽게 반복 시청하도록 유도하는 것이 좋습니다.

JD2~JD4 단계 잠수네 베스트 DVD

다음은 초등 3, 4학년들이 재미있게 보는 JD2~JD4단계 베스트 DVD입니다. 무엇부터 보여주면 좋을지 막막하다면 아래에 추천한 DVD부터 보여주세요(대부분 유튜브에서 샘플을 볼 수 있습니다).

JD2단계

[JD2] Max & Ruby 시리즈 (토끼네 집으로 오세요)　[JD2] Peppa Pig 시리즈 (꿀꿀 페파는 즐거워)　[JD2] Peep and the Big Wide World 시리즈 (호기심 대장 삐악이)　[JD2] Toopy and Binoo 시리즈 (투피와 비누)　[JD2] Meg and Mog 시리즈 (메그와 모그)

JD3단계

[JD3] Berenstain Bears 시리즈 (우리는 곰돌이 가족)　[JD3] Charlie and Lola 시리즈 (찰리와 롤라)　[JD3] The Magic Key 시리즈 (매직키)　[JD3] Clifford 시리즈 (클리포드)　[JD3] Curious George TV 시리즈 (호기심 많은 조지)

JD4단계

[JD4] Arthur
시리즈 (아서)

[JD4] Horrid
Henry 시리즈
(호리드 헨리)

[JD4] Smurfs
시리즈 (개구쟁이
스머프)

[JD4] Jake
and the Never
Land Pirates
시리즈 (제이크와
네버랜드 해적들)

[JD4] A Bunch of
Munsch (Robert
Munsch DVD
컬렉션)

영어책 단계와 종류를 알면
좋은 책을 보는 안목이 생깁니다

● ● ●

잠수네 영어책 단계

J1단계: 쉬운 단어만 있는 책(1줄 정도의 아주 간단한 문장으로 된 책 포함)

J2단계: 쉬운 단어로 쓰인 1~2줄의 간단한 문장

J3단계: 미국 초1 수준

J4단계: 미국 초2 수준

J5단계: 미국 초3 수준

J6단계: 미국 초4 수준

J7단계: 미국 초5 수준

J8단계: 미국 초6 수준

J9~J10단계: 미국 중고등 수준

영어책의 종류

- 그림책

그림 위주로 이야기가 전개되는 책으로 작가가 심혈을 기울여 쓴 문학 작품입니다. 초등학생, 중학생도 재미와 감동을 느낄 만한 수준 높은 그림책이 많습니다.

- 리더스북

읽기를 배우기 위한 책입니다. 연령별, 학년별로 레벨 표시가 되어 있어 자기 수준에 맞는 책을 선택하기 편한 반면, 반복해서 읽을 만큼 재미있는 책이 많지 않습니다.

- 그림책같은리더스북

잠수네만의 독특한 분류입니다. 그림책처럼 재미있으면서 리더스북처럼 쉽게 읽히는 장점을 함께 지닌 책입니다. 아이들이 좋아하는 캐릭터가 나오는 시리즈가 많습니다.

- 챕터북

그림책에서 소설로 바로 넘어가기 어려울 때 징검다리 역할을 해주는 책입니다. 감동적이거나 작품성 있는 책보다는 흥미 위주로 나온 책들이 대부분입니다. 일부 챕터북은 한글책이라면 아이들에게 읽히고 싶지 않은 질이 떨어지는 책도 있습니다.

• 소설

감동과 재미, 생각할 거리를 주는 문학작품입니다. 글씨는 작은데 글밥이 많고 두꺼운 책이 대부분이라 가벼운 흥미 위주의 챕터북만 접한 경우 소설을 읽기 힘들어하는 경향이 있습니다.

• 지식책

사회, 과학, 수학, 음악, 미술 등 정보를 전달하는 책입니다. 문장이 어려운 것은 아니지만 각 영역별로 전문 어휘가 많아 배경지식, 어휘실력이 없으면 이해하기 쉽지 않습니다.

영어책, 어떻게 배합해서 보면 좋을까?

영어책의 분포부터 살펴볼까요?

구분	J1	J2	J3	J4	J5	J6	J7	J8	J9	J10
그림책										
리더스북										
그림책같은리더스북										
챕터북										
소설										
지식책										

　그림책은 J1~J8단계까지 넓게 분포되어 있어 처음 영어를 시작하

는 아이부터, 상당한 수준의 영어실력을 갖춘 아이까지 두루 볼 수 있습니다. 리더스북은 영어책 읽기에 자신감을 갖게 해주는 책입니다. J1~J4단계가 대부분이고 J5단계 이상은 적습니다. 그림책같은리더스북은 J3~J5단계가 많습니다. 어느 정도 읽기가 되어야 재미있게 볼 수 있는 책이지요. 챕터북은 글밥과 두께를 극복할 수 있게 해주는 책입니다. 주로 J3~J5단계에 걸쳐 있습니다(J6단계는 드뭅니다). 소설은 J4~J5단계의 쉬운 수준도 있지만 대부분 J6단계 이상에 포진되어 있습니다. 초등 3, 4학년이 J6, J7단계 소설을 편안하게 읽는다면 영어교육에 성공했다고 자부해도 됩니다. 지식습득이 목적인 지식책은 J1~J10단계까지 펼쳐져 있습니다. 아이가 좋아하는 분야라면 재미있게 읽을 수 있습니다.

영어책별로 어휘량도 다릅니다. 이해하기 쉽게 그림으로 그려봤습니다.

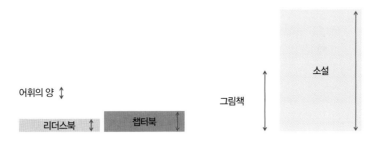

'리더스북 → 챕터북 → 그림책 → 소설' 순으로 어휘량이 많아지는 것이 눈에 확 들어오죠? '리더스북과 챕터북'은 둘 다 읽기연습용으로,

사용하는 어휘와 문장 수준을 제한한 책입니다. 같은 시리즈면 비슷비슷한 어휘가 나오고, 문장도 비교적 쉽기 때문에 읽기 편합니다. 그에 비해 '그림책과 소설'은 작가의 작품입니다. 어휘 제한 없이 작가의 성향에 따라 자유롭게 쓰인 책입니다. 책마다 다른 어휘가 나오고 어렵고 길게 꼬인 문장도 많습니다. 그림이나 문맥 속에서 어휘의 뜻을 계속 유추해야 하고, 문장의 의미를 곱씹어봐야 합니다. 리더스북, 챕터북 위주로 영어책을 보았다면 그림책과 소설을 어려워할 수밖에 없는 구조입니다.

잠수네 영어를 진행할 때도 영어책 배합을 어떻게 하는가에 따라 결과가 달라집니다. 4가지 유형으로 나누어 하나하나 짚어보겠습니다.

유형 ①

영어 읽기를 배우는 책인 '리더스북'만으로 진행하는 유형입니다.

리더스북(J1~J3)

- - - - - - - - → 시간의 흐름

리더스북은 구하기 쉽고 오디오CD가 붙은 제품이 많아 집중듣기, 읽기용으로 두루두루 활용할 수 있습니다. 한 시리즈에 수십 권씩 구성되어 다음에 어떤 책을 볼까 한동안 고민하지 않아도 됩니다. 쉬운 어휘, 간단한 문장으로 된 읽기연습용 책이라 같은 책을 여러 번 집중듣기하면 J1~J3단계 리더스북을 금방 읽을 수 있습니다. 아이에게 자신감을 주기에 그만이지요. 수십 권, 수백 권짜리 리더스북 세트를 왕창 구입해서 다 읽으면 영어실력이 쑥 올라갈 것 같습니다.

　바로 이 점이 리더스북의 함정입니다. 집에 책이 많다고 몇 개 시리즈로만 몇 년씩 반복하는 거죠. 아이가 재미없다고 해도 부모가 억지로 반복시키고, 집에 있는 책을 다 읽을 때까지 재미있는 책을 찾아볼 생각을 하지 않기도 합니다. 이렇게 진행하다 보면 조금만 단어가 어려워지고 문장 길이가 길어져도 아이는 인상을 찌푸리며, 글밥이 많거나 두꺼운 책은 재미없다고(사실은 어려워서) 거부하게 됩니다. 이처럼 리더스북만으로 '가늘고 길게' 가면 금방 한계에 부딪힙니다.

유형 ②

리더스북을 진행하다 영어실력이 조금 오르면 챕터북 읽기로 가려는 분도 있습니다.

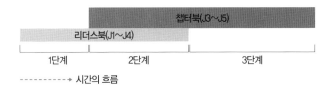

1단계) 리더스북

2단계) 리더스북 + 쉬운 챕터북

3단계) 챕터북

①번 유형으로 진행했어도 다양한 종류의 리더스북을 많이 읽으면

챕터북을 읽을 수 있습니다. 그러나 리더스북만 읽다가 챕터북을 잡는 것이 녹록지 않습니다. 초등 3, 4학년은 아직 누런 갱지가 익숙지 않은 데다 글밥과 두께에 질려 겁부터 먹습니다. 좀 더 쉽게 챕터북에 접근하려면 종이도 희고 그림에 색이 들어간 챕터북, 적은 글밥의 얇고 쉬운 챕터북을 구해야 합니다. 이렇게 최대한 재미있는 챕터북을 찾아 잘 이끌어주면 J4~J5단계 챕터북까지는 읽을 수 있습니다.

이 유형의 문제는 영어책 읽기가 챕터북 수준으로 끝나기 쉽다는 점입니다. 챕터북은 소설로 가기 위한 징검다리 역할을 해줍니다. 어려운 어휘가 많은 소설에 비해 일정한 범위 내의 비교적 쉬운 단어로 쓰였습니다. 시리즈 권수가 많아 글밥, 책 두께에 대한 두려움을 없앨 수 있고 비슷한 등장인물과 배경, 줄거리로 되어 있어 편하게 읽히는 것도 장점입니다. 대신 탐정, 코믹, 공주 등 아이들이 좋아할 만한 주제를 이야기로 만들다 보니 생각할 거리가 풍부한 소설에 비해 가벼운 책이 대부분입니다. 즉 챕터북만 읽어서는 어휘력, 독해력, 사고력이 성장하는 데 한계가 있어 소설로 넘어가기가 쉽지 않다는 의미입니다.

유형 ③
②번 유형의 한계를 깨닫는 분들은 '그림책 읽기'를 추가해서 소설 읽기의 벽을 넘어갑니다.

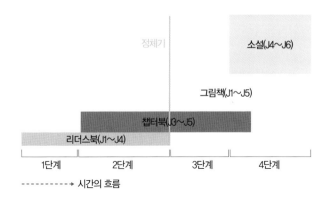

1단계) 리더스북

2단계) 리더스북 + 챕터북 → (정체)

3단계) 챕터북 + 그림책

4단계) 챕터북 + 그림책 + 소설

   초등 3, 4학년 부모들은 영어그림책으로 듣기와 읽기를 한다는 생각 자체를 잘 못합니다. 그림책은 유아용이라는 선입견이 있는 데다 가격도 만만치 않고 구하기도 힘들기 때문입니다. 대부분은 100여 쪽 분량의 챕터북을 잘 읽으면 영어를 좀 한다고 착각하기 마련입니다. 그러다 어느 순간 깨닫습니다. 영어실력이 정체되고 있다는 것을요. 그제서야 주위를 둘러보고 영어그림책의 중요성을 깨닫습니다. 잠수네에서 쑥쑥 실력이 올라가는 집들은 처음부터 '영어그림책'을 같이 읽고 있다는 것을 알게 되는 거죠. 판단이 빠른 분들은 바로 영어그림책을 추가합니다. 이렇게 뒤늦게라도 영어그림책을 읽기 시작하면 소설 집중듣기와 읽기가 서서히 수월해집니다. 영어그림책을 읽으며 새로운 어휘를 유추하는 힘, 어려운 문장을 이해하는 힘이 생기기 때문입니다.

때로는 리더스북과 영어그림책 읽기를 같이했더라면 좋았을 텐데 하는 후회가 들 수도 있습니다. 그러나 처음부터 영어그림책을 넣기는 쉽지 않습니다. 영어그림책의 어휘가 어렵기 때문입니다. 한글그림책(번역본)을 별로 안 봐서 영어그림책이 낯선 아이라면, 먼저 리더스북과 챕터북으로 영어실력을 끌어올린 후 나중에 영어그림책 읽기에 박차를 가하는 것도 나쁘지 않습니다. 시간은 좀 걸리겠지만 유형①, ②에 비해 월등한 실력을 갖출 수 있으니까요.

유형 ④
어린 시절 한글그림책을 많이 봤던 아이, 한글책을 잘 읽는 아이들이 선택할 수 있는 길입니다.

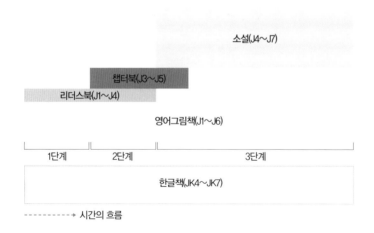

1단계) 영어그림책 + 리더스북

2단계) 영어그림책 + 리더스북 + 챕터북

3단계) 영어그림책 + 챕터북 + 소설

처음부터 영어그림책과 리더스북을 같이 시작하는 경우죠. 영어그림책과 리더스북을 같이 진행하면 이점이 많습니다. 영어그림책 듣고 읽기는 어휘, 문장의 의미를 유추하는 힘을 키워줍니다. 쉬운 리더스북을 반복해서 접하다 보면 서서히 영어책을 읽을 수 있게 됩니다. 영어그림책이 두발자전거라면, 리더스북은 두발자전거를 타기 전 연습용으로 붙이는 뒷바퀴와 같습니다. 그래서 리더스북으로 처음 책읽기의 관문을 넘고 나면 영어그림책 읽기가 훨씬 수월해집니다.

그러나 영어그림책을 술술 읽어도 소설로 바로 가기는 조금 버겁습니다. 글밥과 두께가 주는 두려움은 쉽게 극복되지 않거든요. 이때 챕터북을 살짝 넣어주면 자신감을 심어줄 수 있습니다. 한글책 토대가 탄탄하다면 챕터북을 듣고 읽는 기간이 길지 않습니다. 단순하고 가벼운 내용의 챕터북보다 이야기 구조가 탄탄한 소설을 더 좋아하기 마련이니까요. 소설을 재미있게 보게 되면 영어실력은 자연스레 올라갑니다.

잠수네 영어학습 과정
이해하기

• • •

잠수네 영어학습 과정

잠수네 영어는 영어책을 읽는 수준에 따라 과정을 나눕니다.

1. 〈적응〉과정

영어책을 거의 읽지 못한다 ······▶ 〈적응-1〉

J1단계 영어책을 거의 읽고 이해한다 ······▶ 〈적응-2〉

2. 〈발전〉과정

J2단계 영어책을 거의 읽고 이해한다 ······▶ 〈발전1〉

J3단계 영어책을 거의 읽고 이해한다 ······▶ 〈발전2〉

3. 〈심화〉과정

J4단계 영어책을 거의 읽고 이해한다 ……▶ 〈심화1〉

J5단계 영어책을 거의 읽고 이해한다 ……▶ 〈심화2〉

J6단계 영어책을 거의 읽고 이해한다 ……▶ 〈심화3〉

4. 〈고수〉과정

J7단계 영어책을 거의 읽고 이해한다 ……▶ 〈고수1〉

J8단계 영어책을 거의 읽고 이해한다 ……▶ 〈고수2〉

J9단계 영어책을 거의 읽고 이해한다 ……▶ 〈고수3〉

우리나라 중고등학교 영어교과서와 비교해볼까요?

중1 영어교과서 ……▶ J3단계(미국 초1 수준)

중2~3 영어교과서 ……▶ J4~J5단계(미국 초2~초3 수준)

고1~3 영어 교과서 ……▶ J6~J7단계(미국 초4~초5 수준)

    이를 기준으로 볼 때 잠수네 〈발전2〉과정이면 중1 영어실력쯤 되겠지요? 〈심화2〉라면 중학교 영어수준은 뛰어넘었고, 〈심화3〉이나 〈고수1〉 정도라면 고등학교 영어는 걱정하지 않아도 된다는 의미입니다(물론 문법 등 중고등 시험을 위한 영어공부는 따로 필요합니다).

잠수네 초등 3, 4학년의 분포는?

잠수네에서는 영어교실 회원이 되면 1년에 4회 〈영어 읽기단계 테스트〉를 볼 수 있습니다. 이 테스트 결과를 토대로 초등 3, 4학년들의 영어수준 분포를 그래프로 그려봤습니다(2010년 9월~2015년 9월까지 5년간 자료).

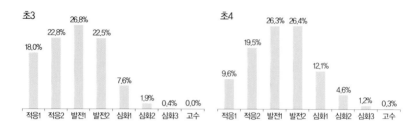

〈적응-1〉과정은 초3이 18%, 초4가 9.6%입니다. 영어를 거의 안 했거나 간단한 단어만 아는 수준입니다. 대부분의 부모들은 테스트 결과 〈적응-1〉이 나오면 기겁을 합니다. 그동안 영어에 퍼부은 것이 얼마인데 이 정도밖에 안 되나 싶어서요. J1단계 영어책을 읽는 수준인 〈적응-2〉과정도 초3이 22.8%, 초4가 19.5%입니다. 상당히 많은 비율입니다. 영어유치원 나오고 영어학원도 몇 년 다녔겠다, 영어책도 좀 읽으니 최소한 〈발전1, 2〉는 되겠거니 생각하다 〈적응-2〉가 나오는 것을 보고 화들짝 놀라는 분이 많습니다.

〈발전1〉과정은 초3이 26.8%, 초4가 26.3%입니다. J2단계를 편안하게 읽는다는 것은 웬만한 리더스북은 쉽게 읽고, 일상적인 대화도 거의 이해한다는 의미입니다. 이 정도만 되어도 지역에서는 상당히 영어를 잘하는 아이로 인정받습니다. 그러나 잠수네 안에서는 평범하다고 느끼는 수준입니다. 〈발전2〉과정은 초3이 22.5%, 초4가 26.4%입니다. 〈발전〉2라

초등 3, 4학년을 위한 잠수네 영어공부법

면 J3단계 영어책을 편안하게 읽는 수준입니다. 우리나라 중1 영어교과서 정도는 거뜬하게 읽는다는 의미입니다. 영어 측면만 보면 3~4년 선행이 되어 있는 셈입니다.

〈심화1〉과정은 초3이 7.6%, 초4가 12.1%입니다. 〈적응, 발전〉과정에 비해 비율이 확 줄어들었네요. 이 과정까지 도달하려면 학원을 다녔든 안 다녔든 영어책을 꾸준히 읽어야 합니다. 〈심화2〉 이상은 더 줄어듭니다. 초3은 2.3%, 초4는 6.1% 정도입니다. 〈심화2〉라면 J5단계 영어책은 편안하게 읽는 수준입니다. J6단계까지도 재미있게 읽는 아이들이죠. J6단계가 미국 초등학교 4학년 수준이니 한마디로 영미권 아이들과 같거나 더 높은 수준의 읽기능력을 갖고 있는 셈입니다.

이런 분포를 토대로 이 책에서는 〈적응1〉, 〈적응2〉, 〈발전1〉, 〈발전2〉, 〈심화1〉, 〈심화2, 3〉으로 나누어 잠수네 영어 진행방법을 설명하겠습니다.

우리 아이는 어느 과정인지 잘 모르겠다면……

초등 3, 4학년이라면 조금씩은 영어를 접했을 겁니다. 그러나 영어학원, 학습지 등을 몇 년 했어도 다 소용없습니다. 앞서 그래프에서 보듯 J1단계 책읽기도 안 되는 아이들이 상당수니까요.

아이의 단계를 잘 모르겠다면 J1단계 영어책부터 읽혀보세요. 잘 읽으면 J2단계, J3단계로 계속 올려보고요. 어느 순간 탁 막히는 단계가 있을 겁니다. 그보다 한 단계 아래가 아이에게 맞는 과정입니다. 예를 들어 J1단계 영어책은 잘 읽는데 J2단계를 살짝 버거워한다면 J1을 편안하게 읽는 〈적응-2〉과정이 아이의 수준입니다. J3단계 영어책은 전부 쉽게 읽지만 J4단계 이상을 힘들어한다면 J3단계를 편안하게 보는 〈발전2〉과정이 맞습니다.

부모 눈에는 내 아이 실력이 높아 보이기 마련입니다. 잠수네 회원들이 잠수네 영어테스트를 치르고 나서 꼭 하는 이야기가 있습니다. 아이의 영어수준이 생각했던 것보다 낮은데 그동안 어려운 교재로 아이를 힘들게 해 미안하고 후회된다고요. 부모가 생각하는 아이의 과정보다 1, 2단계 낮춰서 시작하세요. 쉬운 단계부터 차근차근 밟아가는 것이 영어실력을 올리는 제일 빠른 길입니다.

파닉스, 어휘, 독해, 문법
Speaking, Writing은 언제 하지?

· · · ·

1. 파닉스 학습서

파닉스는 영어권 아이들이 처음 읽기를 배울 때 익히는 영어 단어 읽기 규칙입니다. 우리 아이들도 파닉스 규칙을 알아야 책을 읽을 것 같아서 파닉스 학습부터 해야 한다고 생각하는 분이 많습니다. 영어학원에서도 다 하니까요. 파닉스를 해서 효과를 보는 경우는 영어권 아이들처럼 흘려듣기가 충분히 돼 아는 단어가 꽤 있는 경우입니다. 아는 단어가 별로 없다면 시간은 시간대로 많이 들고 아이만 힘들 뿐 효과는 미미합니다.

파닉스 학습을 해서 쉬운 리더스북 읽기가 조금 수월해진다는 것은 장점입니다. 그러나 파닉스 규칙이 적용되지 않는 단어까지 규칙에 맞쳐 읽거나, 읽기는 해도 무슨 의미인지 모르는 경우가 더 많습니다. 꼭 하고 싶다면 J1단계 영어책을 잘 읽을 때 단기간에 해보세요.

2. 어휘학습서

어휘학습서를 하는 이유는 듣고 읽었던 단어의 뜻, 철자를 정확하게 알기 위해서입니다. 어휘가 영어실력의 척도인 것은 사실입니다. 그러나 어휘학습서로 어휘를 익히려면 외우고 잊어버리고, 다시 암기하는 과정을 반복해야 합니다. 그에 비해 흘려듣기, 집중듣기, 책읽기로 자주 노출된 어휘는 자연스럽게 습득됩니다. DVD를 보며, 영어책을 듣고 읽으며 유추한 어휘의 내용을 이해하고 있다면, 어휘학습서로 가볍게 정리하면서 완전히 내 것으로 갖고 갈 수 있습니다.

　어휘학습서는 어느 정도 영어책을 읽을 수 있을 때 하는 것이 좋습니다. 아무리 빨라도 J2단계 영어책을 편안하게 읽는 〈발전1〉과정 정도는 되어야 합니다. 어휘학습서는 제일 쉬운 단계부터 차근차근 밟아가는 것이 좋습니다. 아이가 편안해하고, 재미있게 하면 진행해도 되지만, 조금이라도 어려워하면 바로 중단하세요. 아이 혼자 하기 벅찬 어려운 단계를 하거나, 시간이 없다고 어휘학습서만 하고 영어책 읽기를 안 하면 영어실력은 올라가지 않습니다.

3. 독해학습서

독해학습서는 국어교과서나 국어문제집과 비슷하다고 보면 됩니다.

주제 찾기, 문맥 파악하기, 추론하고 결론 끌어내기, 요점 이해하기를 익히도록 해줍니다. 정확하게 내용을 파악하는 정독 연습이 되는 것이지요. 덤으로 사회·과학 지문(Nonfiction) 읽기도 되고요. 그러나 독해학습서를 하기 전에 국어공부를 확실하게 하는 것이 먼저입니다. 정독 연습은 우리나라 국어교과서 공부가 우선입니다. 국어도 잘하지 못하면서 독해학습서를 푸는 것은 무의미합니다.

책을 읽는데 영어테스트 결과가 안 좋거나, 너무 빨리 읽어 제대로 읽는지 확인하고 싶을 때 독해학습서를 한번 해보는 것은 나쁘지 않습니다. 그러나 읽기 양이 채워지지 않은 상태에서 독해학습서를 하는 것은 시간낭비입니다. 최소한 J3~J4단계 영어책을 편안하게 읽을 수 있는 〈발전2〉과정 이상에서 생각해보세요. 이때도 책읽기가 우선되어야 합니다. 꼭 하고 싶으면 방학을 이용해서 단기간에 해보세요.

4. 문법학습서

영어문법은 영어글을 정확하게 읽고 쓰기 위해 필요합니다. 그러나 잠수네 영어를 한다면 문법공부를 따로 안 해도 영어글을 읽고 이해하는 데 문제가 없습니다. 문법적으로 정확한 글을 쓰기보다 유창하게 쓰는 것이 먼저입니다. 그러려면 영어책을 많이 읽어 아는 단어와 쓸 수 있는 문장 수준을 올리는 것이 더 중요합니다.

사실 문법공부를 시키는 이유는 중고등학교 영어 내신시험에 대비해야 한다는 불안 때문입니다. 초등 3, 4학년만 되도 주변에서 '문법을 해야 한다, 중등 내신 대비를 해야 한다'라고들 하지만 실상은 의미가 없습니다. 아직은 문법 지식을 제대로 소화하기 어려운 때입니다. 해봐야 금세 잊어버리고 맙니다. 문법은 적기에, 집중적으로 해야 효과가 있습니다. 빨라도 초등학교 6학년 겨울방학입니다. 그전에는 굳이 할 필요가 없습니다.

5. Speaking

영어를 일상에서 사용하지 않는 우리나라에서 말하기만 따로 공부하는 것은 의미 없습니다. 듣기와 읽기가 안 된 상태에서 말하기는 회화 문장을 암기하는 수준을 넘지 못합니다. 많이 듣고 읽다 보면 영어로 말하기는 자연스럽게 해결됩니다. 잠수네 영어를 한 아이는 〈발전1〉과정 정도만 되도 외국인과 말해야 하는 환경에 놓이면 생활영어 수준은 다 합니다. 꼭 시켜보고 싶다면 J5단계 영어책을 편안하게 읽는 정도에서 아이가 말하고 싶어할 때가 좋습니다. 최소한 〈심화2〉과정이 넘어간 다음 생각해보세요.

6. Writing

한글이든 영어든 좋은 글을 쓰려면 많이 읽고, 많이 생각하고, 많이 써봐야 합니다. 단어를 쓸 줄 알고 모르고의 문제가 아니에요. 얼마나 좋은 글과 좋은 문장을 읽어보았는가에 따라 글의 수준이 달라집니다. 영어 글쓰기를 고민하기 전에 좋은 영어책을 얼마나 많이 읽었는가 되돌아보세요. 영어 이전에 한글 글쓰기가 기본입니다. 한글로 많이 써봐야 영어글도 잘 쓸 수 있습니다. 아이들은 자기가 읽는 책 수준보다 두어 단계 아래의 글을 씁니다. 한글, 영어 모두 마찬가지예요. 영어 글쓰기에 대한 고민은 J5단계 영어책을 술술 읽을 수 있는 〈심화2〉과정 이후 생각해도 늦지 않습니다.

페어북 잘 활용하기

잠수네에서 말하는 페어북(Pair Book)은 〈영어책 원서〉와 〈한글번역본〉을 말합니다. 번역본은 잘 활용하면 영어책 읽기에 도움이 됩니다. 그러나 원서가 어떤 책인지 모르면 영어책 읽기에 도움은커녕 한글책 읽기로 얻는 이점조차 놓칠 수 있습니다. 원서와 번역본을 어떻게 활용하면 좋을지 하나씩 짚어볼까요?

1. 유아나 초등 1, 2학년 때 본 한글그림책의 원서를 찾아봅니다

원서의 어휘나 문장은 어려운데, 한글로 쉽게 번역한 책이 많습니다. 아래의 책을 보세요.

[JK3] 줄무늬가 생겼어요
[J5] A Bad Case of Stripes 🎧

[JK3] 멍멍 의사 선생님
[J5] Dr. Dog 🎧

유아나 초등 1, 2학년 때 읽은 책이죠? 둘 다 JK3단계로 잠수네 초등 1학년들이 많이 보는 책이지만, 영어책은 J5단계로 미국 초등학교 3학년 수준입니다. J5단계면 우리나라 중3 영어교과서 수준입니다. 우습게 볼 책이 아니죠? 그러나 어릴 때 한글그림책을 많이 본 아이라면 조금 어려운 원서라도 재미있게 읽을 수 있습니다. 내용을 거의 알고 있거든요. 도서관에서, 서점에서 아이가 본 한글그림책 원서를 찾아보세요. 단어를 몇 개 모른다 해도 재미있게 읽을 수 있습니다. 아직 어렵다면 집중듣기를 하면 됩니다. 엄마가 읽어주면 더 좋습니다.

2. 페어북 연달아 읽기는 절대 금물

'내용을 알면 영어책을 쉽게 읽는다고?' 마음 같아서는 번역본을 싹 읽힌 후, 원서를 들이밀고 싶어지는 분 많으실 겁니다. 여기서 잠깐! 번역본 읽고 바로 원서 읽기로 가면 한글자막 열고 영화 보기, 수학문제 답 보고 풀기와 똑같습니다. 백날 영어책 읽어도 읽기 능력이 늘지 않습니다. 번역본을 읽지 않고 집중해서 읽은 책이 기억에 더 남습니다.

번역본을 읽고 그 원서로 집중듣기를 하거나 읽는다면 진정한 영어책 읽기라고 할 수 없습니다. 바로 읽는 것은 물론 몇 개월 정도 기간을 두고 번역본과 원서를 보는 것도 마찬가지입니다. 내용을 알고 있으니 적당히 끼워 맞출 뿐입니다. 잘 모르면서도 읽었다고 착각하기 딱 좋습니다.

3. 그림책, 소설은 원서/번역본 가리지 말고 보여주세요

좋은 책은 원서든 번역본이든 가리지 말고 보여주세요. 영어책을 읽을 수준이 되면 원서로, 아직 영어책 읽을 수준이 아니라면 번역본으로 읽어도 무방합니다. 좋은 책이란 저자가 정성을 들여 쓴 '문학작품'을 의미합니다. 그림책, 소설에서 잠수네 초등 3, 4학년이 재미있게 본 번역서 중 영어책과 한글책 단계가 비슷한 책을 뽑아봤습니다.

[JK5] 아낌없이 주는 나무
[J4-그림책] The Giving Tree 🎧

[JK5] 멋진 여우 씨
[J5-소설] Fantastic Mr. Fox 🎧

[JK5] 리지 입은 지퍼 입
[J5-소설] Lizzie Zipmouth 🎧

[JK5] 꿈꾸는 레모네이드 클럽
[J5-소설] The Lemonade Club

초4

[JK6] 마틸다
[J6-소설] Matilda 🎧

[JK6] 조금만, 조금만 더
[J5-소설] Stone Fox 🎧

[JK6] 프린들 주세요
[J6-소설] Frindle 🎧

[JK6] 내 이름은 삐삐 롱스타킹
[J6-소설] Pippi Longstocking 🎧

4. 번역본으로 재미있게 읽은 책이 단서! 같은 작가나 시리즈를 찾아봅니다

아이가 재미있어할 만한 책을 찾는 데 번역본이 중요한 단서 역할을 합니다.

아이가 특히 좋아하는 작가나 책이 있는지 유심히 살펴보세요. 좋아하는 작가의 책 중 아직 안 본 원서, 번역 안 된 책을 찾아보세요. 좋아하는 책이 시리즈라면 다음 편은 원서로 읽어볼 수도 있습니다.

5. 챕터북 번역본은 No! 영어로만 보여주세요

"친구들이 많이 봐" 하며 아이가 들고 오는 한글책 중 챕터북 번역본이 상당히 많습니다. 원서가 어떤 책인지 모른다면 한글책을 재미있다고 읽으니 흐뭇할 겁니다. 그러나 챕터북은 상업적인 목적으로 펴내는 경우가 대다수입니다. 돈벌이를 위해 줄줄이 시리즈로 내는 책이 많습니다. 작가가 심혈을 기울인 그림책이나 소설에 비해 문학적 상상력이나 사고력, 어휘나 문장 수준 모두 떨어집니다. 질이 낮은 챕터북 번역본을 보느니 차라리 밖에서 노는 편이 더 나을 수도 있습니다. 아이가 친구들이 재미있어한다고 번역본을 집어 들면 영어책으로 읽자고 잘 다독거려주세요.

6. 진짜 재미있는 원서(잠수네 영어책 베스트)의 번역본은 피하세요

많은 분들이 '대박'이 날 영어책을 발굴하기 위해 〈잠수네 책나무〉, 인터넷 서점을 찾아 헤맵니다. 빠져들 만큼 재미있는 영어책을 만나면 영어실력이 올라가는 것은 시간문제거든요. 이런 책은 아껴야 해요. 번역본과 원서 둘 다 재미있게 보는 아이도 간혹 있긴 합니다. 그러나 대부분의 아이들은 번역본으로 먼저 보면 다 아는 내용이라며 원서는 안 본다고 할 가능성이 매우 높습니다.

7. 마중물, 당근용으로 사용합니다

시리즈로 된 책의 번역본은 영어책을 읽기 위한 마중물 용도로도 활용할 수 있습니다. 낯선 영어책을 두려워하는 경우 시리즈의 1권만 번역본으로 보여주세요. 재미있어하면 2권부터는 영어책을 보자고 하면 되니까요. 단, 영어책을 읽히기 위해 한글번역본을 골라주다 편독하는 습관이 들지도 모릅니다. 영어책 읽기가 버거울 때만 잠깐 활용하는 정도면 좋겠습니다. 아이가 보고 싶어 안달복달하는 책은 약속한 일을 다 마쳤을 때 선물로 활용해보세요.

8. 아이가 재미있게 보는 책의 번역본, 부모도 읽어보세요

아이가 영어책을 너무 빨리 읽어서 고민인 분은 부모가 번역본을 같이 읽으면 좋습니다. '나는 떡을 썰 테니, 너는 글씨를 써라'라고 했다는 한석봉 어머니가 돼보는 것이죠. 읽은 후에 부모가 느낀 점이나 나라면 이렇게 했을 것 같다는 의견을 아이와 나눠보세요. 독후감, 일기 쓰기를 싫어하는 아이라도 이렇게 나눈 이야기를 쓰라고 권하면 깊이 있는 내용으로 신나게 쓸 수 있습니다. 부모가 페어북을 잘 알고 있으면 원서가 믿을 만한 책인지 선별하는 데도 도움이 됩니다. 시간이 없어 번역본을 일일이 읽지 못한다면, 서점에서 번역본의 요약이나 리뷰를 살펴봐도 괜찮습니다.

9. 지식책 페어북은 아이가 좋아하는 책으로!

영어지식책을 읽는 목적은 지식 영역의 어휘를 늘리고자 함입니다. 초등 3, 4학년이 볼 만한 영어지식책 페어북은 유아나 초등 저학년용으로 많이 번역되어 있습니다. 어릴 때 재미있게 본 책이라면 원서로 보여주세요. 번역본으로 1, 2권 재미있게 읽은 책의 원서가 시리즈로 여러 권 있다면 나머지는 영어책으로 읽으면 좋습니다. 아직 실력이 안 된다면 조금 기다렸다가 읽게 해주세요.

1. 한글책 Yes! 영어책 Yes! … 한글책, 영어책 다 봐도 좋아요

[J4] Flat Stanley 시리즈
[JK5] 시공주니어 문고 레벨 1:
스탠리 시리즈

[J4] Magic Tree House 시리즈
[JK5] 마법의 시간여행 시리즈

[J4] Mr. Dunfilling 시리즈
[JK4] 시공주니어 문고 레벨 1:
이 고쳐 선생 시리즈

[J4] Wayside School 시리즈
[JK6] 웨이싸이드 학교 시리즈

[J4] Commander Toad 시리즈
[JK4] 시공주니어 문고 레벨 1:
토드 선장 시리즈

[J4] Mercy Watson 시리즈
[JK4] 난 책읽기가 좋아 1단계:
돼지 머시 시리즈

[J4] Ivy + Bean 시리즈
[JK5] 아이비랑 빈이 만났을 때 시리즈

[J4] Tashi 시리즈
[JK5] 타시의 신기한 모험 시리즈

[J5] Treehouse 시리즈
[JK5] 나무 집 시리즈

[J5] Captain Underpants 시리즈
[JK5] 빰빠라밤! 빤스맨 시리즈

[J5] Toby Tucker 시리즈
[JK6] 토비 터커, 나를 찾아서 시리즈

[J5] Doyle and Fossey, Science
Detectives 시리즈
[JK6] 과학탐정 도일과 포시 시리즈

[J5] Andrew Lost 시리즈
[JK5] 로스트! 어린이를 위한 신나는
과학 동화 시리즈

[J5] Time Warp Trio 시리즈
[JK6] 시간여행 특공대 시리즈

[J6] Magic School Bus 챕터북 시리즈
[JK6] 신기한 스쿨 버스
테마 과학 동화 시리즈

2. 한글책 No! 영어책 Yes! ... 영어책이 너무 재미있는데, 한글책 먼저 보면 안 볼 수 있어요

[J4] Zack Files 시리즈
[JK5] 책의 미스터리 파일 시리즈

[J4] Happy Ever After 시리즈
[JK4] 명작 그 뒷이야기 시리즈

[J4] Kitty and Friends 시리즈
[JK4] 못말리는 키티와 친구들 시리즈

[J4] Ricky Ricotta's Mighty Robot 시리즈
[JK5] 지구를 지켜라! 초강력 로봇 시리즈

[J4] Horrid Henry 시리즈
[JK5] 호기심 대장 헨리 시리즈

[J4] Jake Cake 시리즈
[JK5] 거짓말 같은 3가지 이야기 시리즈

[J5] Geronimo Stilton 시리즈
[JK5] 제로니모 스틸턴 시리즈

[J5] Geronimo Stilton: Fantasy 시리즈
[JK5] 제로니모의 환상 모험 시리즈

[JK5] 드룬의 비밀 시리즈
[J5] Secrets of Droon 시리즈

[J5] Cracked Classics 시리즈
[JK6] 우당탕탕 명작여행 시리즈

[J5] Judy Moody 시리즈
[JK5] 톡톡 개성파 주디 무디 시리즈

[J5] Winnie the Witch 챕터북 시리즈
[JK4] 난 책읽기가 좋아 2단계:
마녀 위니 동화 시리즈

[J5] Popularity Papers 시리즈
[JK6] 인기짱 탐구노트 시리즈

[J5] Encyclopedia Brown 시리즈
[JK6] 과학탐정 브라운 시리즈

[J5] A to Z Mysteries 시리즈
[JK5] 딩크 던컨과 미스터리 수사대
시리즈

[J5] Franny K, Stein 시리즈
[JK5] 엽기 과학자 프래니 시리즈

[J5] Charmseekers 시리즈
[JK5] 참시커 시리즈

[J5] Rainbow Magic 시리즈
[JK4] 레인보우 매직 시리즈

[J5] Go Girl! 시리즈
[JK5] 슈퍼 걸스! 시리즈

[J5] Tiara Club 시리즈
[JK4] Princess Academy at Silver
Towers 시리즈

[J6] Joe Sherlock, Kid Detective 시리즈
[JK6] 꼬마탐정 조셜록 시리즈

3. 한글책 절대 No! 영어책 Yes! … 한글책으로는 보여주고 싶지 않은 책이에요

[J4] Yuck 시리즈
[JK5] 정말 못 말리는 웩 시리즈

[J4] Dirty Bertie 시리즈
[JK5] 꼬질이 버티 시리즈

[J4] Kung Pow Chicken 시리즈
[JK4] 치키치키 쿵푸치킨 시리즈

[J4] Goosebumps 시리즈
[JK6] 구스범스 시리즈

[J5] My Weird School 시리즈
[JK5] 괴짜 초딩 스쿨 시리즈

[J5] Undead Pets 시리즈
[JK5] 좀비펫 시리즈

[J5] Bunnicula 시리즈
[JK5] 버니큘라 시리즈

[J5] Tom Gates 시리즈
[JK6] 톰 게이츠 시리즈

[J6] My Sister the Vampire 시리즈
[JK7] 뱀파이어 시스터 시리즈

● 초등 3, 4학년을 위한 잠수네 영어 입문편

71

서점, 대여점, 도서관 활용

• 영어책과 DVD, 어떻게 조달하나요?
• 다 구입해야 하나요?
• 어디서 빌려야 하죠?
• 싸게 구입할 방법은 없나요?

잠수네 영어를 시작하는 분들이 많이 하는 질문입니다. 마음 같아서는 다 구입하고 싶지만 여건상 쉽지 않죠? 답은 대여와 구입, 2가지를 적절하게 배합하는 것입니다. 아이의 취향을 잘 모르거나, 당장 책 구입이 막막하다면 대여가 좋습니다. 시간 여유가 조금 있다면 도서관에서 열심히 빌려도 괜찮습니다. 그러나 집에 어느 정도 책은 구비해두어야 합니다. 그래야 아이가 원할 때 반복해서 볼 수 있으니까요.

처음에는 매월 영어학원비 정도를 영어책 구입에 쓴다고 생각하세요. 아이가 얇은 책을 읽을 때는 이보다 더 들 수도 있습니다. 그러나 영어실력이 올라가면 지출이 줄어듭니다. 두꺼운 책일수록 책값도 훨씬 싸고, 오디오CD 없이 읽을 수 있는 영어책이 늘어나니까요. 책 두께가 두꺼워지니 읽는 데 시간도 오래 걸리고요.

아이가 좋아할 만한 DVD가 보이면 유튜브를 먼저 검색해보세요. (저작권자가 문제 삼지 않으면) 전체 내용을 볼 수도 있고, 샘플만 있는 경우도 있습니다. 유튜브 화면과 정품 DVD는 화질 면에서 차이가 많이 납니다. 몇 만 원 아끼려다 아이들 시력에 문제가 올 수 있습니다. 클릭 한 번에 엉뚱한 화면을 보기 쉽다는 것도 단점입니다. DVD는 유튜브에서 맛보기로 본 다음 아이가 좋아하면 가급적 구입하세요.

이제 어디서, 어떻게 빌리거나 사는지만 알면 되겠죠?

서점별 특징

1. 일반서점

Yes24, 알라딘, 교보문고, 인터파크도서 등 일반서점에서 웬만한 영어책, DVD를 구입할 수 있습니다. 만 원 이상이면 무료배송이고, 국내 재고가 있는 책은 배송도 빠릅니다. 그러나 해외주문은 1~3주가 걸리고 특가로 판매하는 몇 종류 외에는 영어책 전문서점에 비해 비싼 것이 단점입니다. 1, 2권 꼭 구해야 할 때라면 몰라도 세트나 시리즈는 영어책 전문서점과 가격 비교를 해보세요.

2. 영어책 전문서점

일반서점에 비해 가격이 저렴한 편입니다. 종류는 많지 않아도 유명한 책은 거의 있으므로 좋은 가격에 구입할 수 있습니다. 3~4만 원 이상 주문 시 무료배송이므로 여러 권 구입할 때 이용하세요. 간혹 나중에 사려고 찜해두거나 위시리스트에 담은 책이 품절되어 구입 못하는 경우도 있습니다. '이거다' 싶은 책은 바로 구입하세요.

웬디북 www.wendybook.co.kr

잠수네 베스트책, DVD가 다양하게 구비되어 있습니다. 특히 다른 서점에 없는 그림책이 많습니다. 품절된 책은 입고알림요청을 해두세요.

하프잉글리쉬 www.halfenglish.co.kr

20만 원 이상 주문하면 반값에 영어그림책을 구입할 수 있습니다.

쑥쑥몰 eshopmall.suksuk.co.kr

공동구매 세트 가격이 저렴한 편입니다.

그 밖에 유용한 서점

에버북스 www.everbooks.co.kr

키즈북세종 www.kidsbooksejong.com

도나북 www.donnabook.com

동방북스 www.tongbangbooks.com

인북스 www.inbooks.co.kr

3. 중고서점

중고책은 영어책을 잘 알수록 유리합니다. 영어책을 보는 눈이 있으면 만 원짜리 영어책을 2000원에, 2만 원짜리를 4000원에 살 수 있으니까요. 권당 1000, 2000원에 혹해 왕창 구입하지 말고, 먼저 잠수네 베스트 책 표지를 자꾸 봐서 눈에 익혀두세요. 매의 눈으로 재미있는 책만 쏙쏙 뽑아낼 수 있습니다(잠수네 베스트 책은 십수 년간 잠수네 아이들을 통해 검증된 목록입니다).

하프프라이스북 www.halfpricebook.co.kr

매일 오전 10시, 오후 4시에 새 책이 등록됩니다. 출근하듯 매일 들러 책을 구입하는 분도 있지만, 내가 원하는 책이 나온다는 보장이 없다는 것이 단점입니다. 홈페이지를 잘 뒤지면 재미있는 책을 좋은 가격에 구할 수 있습니다.

북웨어하우스 www.bookwarehouse.kr
주로 오프라인 매장에서 중고영어책을 판매합니다. 종류를 불문하고 상자 크기에 따라 가격이 정해집니다. 좋은 영어책을 골라 담을 수 있는 눈이 있으면 최고지만, 그렇지 않으면 손해를 볼 수도 있습니다. 온라인 구입도 가능합니다. 낡은 책이 많다는 것이 단점입니다.

알라딘 중고서점 used.aladin.co.kr
알라딘 직판, 개인 판매를 막론하고 잠수네 베스트 영어책이 눈에 띌 때마다 장바구니에 담아두세요. 무료배송될 정도로 책이 모이면 구매하면 됩니다.

네이버 중고나라 cafe.naver.com/joonggonara
네이버 카페 앱을 깔고 '잠수네', '노부영', '문진' 등으로 키워드를 설정해두세요. 판매글이 올라올 때마다 알림메시지를 받을 수 있습니다.

Q 영어책을 중고로 구입했는데 소리가 없어요. 어떻게 하죠?
막막해하지 말고 먼저 도서관에서 오디오CD가 있는지 찾아보세요. 근처에 마땅한 도서관이 없으면 인터넷 대여점을 활용해도 좋아요. 유튜브도 검색해보세요. 영어책을 읽어주는 동영상이 상당히 많습니다. 모든 방법을 써도 못 찾으면 부모가 읽어주세요. 아이 스스로 읽을 때까지 조금 기다려도 되고요.

4. 해외 직구
국내에서 원하는 책을 구하기 어려우면 해외에서 찾아보세요. 특히 아이가 정말 원하는 책은 바로 구해주는 것이 좋습니다. 재미있는 영어책 찾기야말로 영어실력 향상의 지름길이니까요.

왓더북 ko.whatthebook.com (영문 홈페이지)
해외 영어책을 구입할 수 있습니다. 가격이 비싸다는 것이 단점입니다. 서울 이태원에 오프라인 서점이 있습니다.

북디포지토리 www.bookdepository.com (영문 홈페이지)
영국의 온라인 서점으로, 1권도 무료배송해주나 비싼 것이 단점입니다. 구하기 어려운 영국책 주문이 가능합니다.

아마존 www.amazon.com (영문 홈페이지)
거의 모든 영어책을 살 수 있습니다. 1~2달러짜리 중고책도 많습니다. 새 책 가격이 비싸지는 않으나 우리나라로 바로 배송하면 고액의 배송료와 작업비가 붙습니다. 직구보다는 배송대행을 추천합니다.

영어책/DVD 대여점

아이가 어떤 분야를 좋아하는지 잘 모를 때 맛보기용으로 활용하세요. 인기 있는 영어책 세트는 대여 중인 경우가 많고, 장기적으로 은근히 돈이 많이 들어간다는 것이 단점입니다. 아이가 잘 보는 책은 구입하는 쪽이 훨씬 낫습니다.

온라인 대여점

민키즈 www.minkids.co.kr

리브피아 www.libpia.com

리틀코리아 www.littlekorea.co.kr

북소리 www.booksory.co.kr

북렌트 www.bookrent.co.kr

도서관 제대로 활용하는 10가지 방법

1. 최소 도서관 3군데는 다니면서 영어책을 대여하세요

도서관별로 구비한 영어책이 조금씩 다릅니다. 도서관별로 책 바구니(또는 가방) 마련은 필수.

2. 식구 수대로 도서관 카드를 만드세요

대여 횟수가 많아 우수 사용자가 되면 1회에 빌릴 수 있는 권수도 늘어납니다.

3. 책 대여목록을 만들고, 청구기호를 도서관 홈페이지에서 미리 찾아두세요

잠수네 베스트 목록을 참조하면, 어떤 책을 빌릴지 우왕좌왕하지 않아도 됩니다.

4. 빌려온 영어책 10권 중 1권이라도 아이가 재미있어하면 '성공'입니다

기껏 빌려왔는데 안 본다고 타박하면 책과 더 멀어질 뿐입니다.

5. 반납하기 2~3일 전 다시 보고 싶은 책이 있는지 물어보세요

재미있게 읽은 책은 한 번 더 보기 마련입니다. 특별히 좋아하는 책은 꼭 구입해주세요.

6. 방학 때는 아이와 같이 도서관으로 출근하세요

DVD도 보고 한글책과 영어책을 읽으며 하루를 알차게 보낼 수 있습니다.

7. 학교도서관 사서 도우미를 해보세요

엄마를 보러 왔다가 아이가 책벌레 되는 것은 시간문제입니다.

8. 원하는 책이 없으면 〈희망도서〉 신청을 하세요

신청자가 최초 대여자가 됩니다.

9. 세트, 시리즈 책은 〈정기구입〉 신청을 하세요

도서관에서 다량 구입 시 참조하게 됩니다.

10. 상호대차서비스를 이용하세요

다른 도서관 책을 집 앞 도서관에서 받을 수 있습니다.

※ 국가상호대차 서비스 〈책바다〉 …… nl.go.kr/nill (전국 도서관 책 대여, 택배비 유료)

※ 지역 상호대차 서비스를 제공하는 도서관 (관내 도서관 책 대여, 택배비 무료)

강남구 통합도서관 library.gangnam.go.kr

관악구 통합도서관 lib.gwanak.go.kr

구로구 통합도서관 lib.guro.go.kr

노원구 구립도서관 nowonlib.kr

도봉구 통합도서관 www.unilib.dobong.kr

성동구립도서관 sdlib.or.kr

서대문구립도서관 lib.sdm.or.kr

은평구립도서관 www.eplib.or.kr

중랑구립도서관 jungnanglib.seoul.kr/library

인천 연수구립 공공도서관 www.yspubliclib.go.kr

성남시 통합도서관 snlib.net

부천시립도서관 bcl.go.kr

안양시립도서관 anyanglib.or.kr

대구 동구구립도서관 donggu-lib.kr

김해통합도서관 lib.gimhae.go.kr

광주시립도서관 lib.gjcity.go.kr

잠수네 회원들이 추천하는 도서관

국립어린이청소년도서관 www.nlcy.go.kr

서울특별시 강남구 테헤란로7길 21 (02-3413-4800)

도봉어린이문화정보도서관 www.kidlib.dobong.kr

서울특별시 도봉구 노해로69길 151 (02-995-4171)

구립서초어린이도서관 kidslib.seocho.go.kr

서울특별시 서초구 효령로 77길 37 (02-3471-1337)

송도 국제어린이도서관 yspubliclib.go.kr

인천광역시 연수구 컨벤시아대로 43 (032-749-8220)

과천시 정보과학도서관 www.gclib.go.kr

경기도 과천시 중앙로 24 (02-2150-3008)

수지도서관 www.yonginlib.or.kr/suji

경기도 용인시 수지구 문정로7번길 23 (031-324-8971)

슬기샘도서관 (장안어린이도서관) skid.suwonlib.go.kr

경기도 수원시 장안구 송정로 9 (031-242-6633)

국립세종도서관 sejong.nl.go.kr

세종특별자치시 다솜3로 48 (044-900-9114)

한라도서관 lib.jeju.go.kr

제주특별자치도 제주시 오남로 221 (064-710-8666)

부산영어도서관 bel.go.kr/main

부산광역시 부산진구 가야대로 734 (051-818-2800)

광주학생교육문화회관 어린이영어도서관 lib.gen.go.kr/gecs

광주광역시 서구 상무 민주로 61 (062-380-8842~4)

영어 진행에 도움이 되는 기기

다음은 잠수네 회원들이 많이 사용하는 기기들입니다. 이것들을 다 구입해야 한다는 압박감을 느끼지 말고, 다른 사람들은 어떻게 활용하는지 정보 수집 차원에서 살펴보세요.

흘려듣기, 집중듣기를 도와주는 기기

DVD플레이어
디빅스가 나오면서 한물간
느낌이지만 화질만큼은 최고.
큰 화면으로 볼 수 있어서 좋고
DVD, CD, USB 모두 사용 가능.

디빅스(DVIX)플레이어
TV와 연결해서 다운받은
애니메이션, 영화나 유튜브 화면을
볼 수 있는 기기. 순식간에
구형TV가 스마트TV로 변신.

DVD재생 플레이어
재미있게 본 애니메이션, 영화
DVD의 소리만 듣고 싶을 때 유용.
TV와 연결하면 DVD 시청도 가능.

휴대용 DVD플레이어(인비오 등)
뚜껑 열고 보면 휴대용 DVD
플레이어, 닫으면 오디오 듣기가
가능. 차량 이동 시나 캠핑 가서
흘려듣기, 집중듣기할 때 편리.

스마트폰
늘 휴대할 수 있는 것이
최대의 장점. 태블릿 기기 대신
활용할 수 있음.

태블릿(아이패드 등) & 노트북
애니메이션, 영화 파일을 담으면
흘듣용. 오디오CD 파일은
집중듣기용으로 활용. 유튜브
시청도 자유자재.

와이파이 · 블루투스 스피커
스마트폰, 전자펜, 태블릿 소리를
크게 듣고 싶을 때, 장소에
구애받지 않고 듣고 싶을 때 활용.

노트북
흘려듣기, 집중듣기 등 다방면으로
활용 가능. 태블릿의 인기에
밀리는 추세.

외장하드, USB
CD롬 없는 노트북 사용 시 DVD,
오디오파일을 따로 담으려면 필수.
PC에 저장공간 부족할 때도 유용.

전자펜(세이펜 등)
연필형 MP3 플레이어. 영어책
오디오CD 갈아 끼우는 불편을
덜어준 제품. 너무 편해지면
오디오CD를 거부하는 것이 단점.

타이머
흘려듣기, 집중듣기 시간 잴 때
있으면 편리. 〈누적타이머〉와
〈큐브타이머〉를 많이 사용.

미러링 기기
TV에 꽂고 앱을 깔면 구형TV가
스마트폰처럼 변신. 최신 스마트TV는
자체기능 내장.

책읽기용 & 책장정리

독서대 · 이동식책상
아이들 눈과 목 보호, 바른 자세
습관 잡기에 효과적.

독서용 소파 · 의자 · 빈백
편안한 분위기에서 책에 푹 파묻혀
읽도록 도와주는 일등공신.

책바구니
오늘 읽은 책, 도서관에서 빌려온
책의 바구니를 따로 마련하면
뒤섞일 염려 끝. 얇은 책 수납에도
안성맞춤.

소형 책꽂이
영어책을 읽고 나서 5점부터
1점까지 점수 순대로 꽂아두면,
영어책 선호도 쉽게 파악(5점이
제일 재미있는 책).

집중듣기용 도구
예쁜 연필이나 펜으로 집중듣기를
즐겁게. 핫도그 막대기에
레고머리를 끼우면 짱.

CD · DVD수납
점점 늘어나는 DVD와 오디오CD
보관을 간편하게.

초등 **3, 4** 학년을 위한

잠수네 영어
실천편

⟨적응1⟩과정

⟨적응1⟩과정의 기준과 핵심

기준	영어책을 전혀 못 읽습니다.
핵심	잠수네 영어 3종세트 습관 잡기

⟨적응1⟩과정의 시간 배분과 진행

구분	초반		후반	
DVD 흘려듣기	JD2~JD3	1시간~ 1시간 30분	JD2~JD3	1시간~ 1시간 30분
집중듣기	J1~J2	5~30분	J1~J3	30분
책읽기	–	–	집중듣기한 J1~J2단계	5~15분

1. 처음에는 DVD 흘려듣기에만 집중하세요

⟨적응⟩과정의 흘려듣기는 DVD 보는 것을 말합니다. 최대한 재미있는 DVD를 찾되, 습관이 될 때까지는 부모가 같이 봐야 좋습니다. 시간이 없다면 아침에 DVD를 틀고 아이들을 깨워보세요. 재미있는 DVD를 볼 욕심에 이불 속에서 뭉그적거리지 않고 벌떡 일어날 겁니다. DVD를 볼 때는 한글자막을 없애야 합니다. 자막을 보면 흘려듣기 효과는 '꽝'입니다.

2. 그다음엔 집중듣기를 추가해주세요

처음엔 5분으로 시작해 1주에 5분씩 늘려갑니다. 첫 주는 J1~J2단계 영어책으로 5분만 합니다. 2주째는 10분, 3주째는 15분······. 이렇게 하면 6주째부터 매일 30분씩 집중듣기를 할 수 있습니다. 처음에 소리를 놓치면 아이 대신 젓가락이나 볼펜으로 짚어주세요. 혼자 잘 짚더라도 꼭 옆에 앉아 있어야 합니다. 아이 혼자 집중듣기하면 시간만 허비할 뿐 남는 것이 없습니다.

3. 집중듣기가 정착되면 책읽기를 시작합니다

DVD 흘려듣기로 아는 말이 많아지고, 집중듣기할 때 글자를 놓치지 않고 잘 따라가면 책읽기를 시도해봅니다. 제일 쉬운 J1단계 리더스북 2, 3권을 골라 집중듣기를 반복해보세요. 읽을 수 있는 책이 하나씩 나타납니다. 처음에는 하루 1~2권, 5분 정도가 적당합니다. 익숙해지면 매일 15분 정도 소리 내서 읽게 해주세요. 알파벳을 몰라도, 완벽하게 읽지 못해도 괜찮습니다. 조금 틀리더라도 잘 읽는다고 격려해주세요.

〈적응1〉과정의 흘려듣기

1. 되도록 낮은 단계 DVD를 보여주세요

영어를 전혀 모르는 아이들은 JD2~JD3단계부터 보는 것이 좋습니다. 비교적 천천히 말하고 발음도 또렷한 DVD가 많기 때문입니다. 처음에는 잘 알아듣지 못할 수 있습니다. 그러나 자꾸 듣다 보면 아는 말이 늘어납니다. 알아듣는 내용이 많아지면 낮은 단계도 재미있게 볼 수 있습니다.

2. 쉬운 단계는 재미없다고 높은 단계를 고집하는 아이라면……

많은 아이들이 극장 개봉 애니메이션(JD5단계)을 좋아합니다. 애니메이션은 유치하다고 실사 영화(JD6~JD7단계)만 보겠다고 하기도 합니다. 단계가 높을수록 화면 전환이 빠르고 자극적이기에 무슨 말인지 알아듣지 못해도 재미있게 볼 수 있습니다. 그러나 이런 종류는 반복을 좋아하는 귀가 예민한 소수를 제외하고는 몇 년을 봐도 못 알아듣는 경우가 태반입니다. 정 원하면 보고 싶어 하는 것을 보여주세요. 처음부터 마찰이 생기면 시작도 하기 전에 지치니까요. 대신 낮은 단계를 중간중간 끼워 넣어주세요. 낮은 단계에도 초등 3, 4학년이 재미있게 볼 수 있는 것이 많거든요. 알아듣는 말이 많아지고 책 읽는 수준이 올라가면 낮은 단계도 재미있어집니다.

3. 내용 이해를 못하는 것 같아 걱정된다고요?

DVD 흘려듣기의 목적은 우선 영어소리에 익숙해지는 것입니다. 자꾸 보다 보면 알아듣는 말이 하나둘 생깁니다. 믿음을 갖고 꾸준히 보여주세요.

코칭 123 〈적응1〉과정의 집중듣기

1. 집중듣기를 처음부터 좋아하는 아이는 거의 없습니다

내용을 거의 이해 못하는 데다 쉬운 단계의 영어책(주로 리더스북)이 썩 재미있는 편이 아니기 때문입니다. 그래서 부모가 많이 도와주어야 해요. 지금은 재미없지만 조금만 참고 따라 하다 보면 책을 읽게 되니까 꾸준히 해보자고 이야기해주세요. 조금이라도 재미를 느끼도록 그림이 예쁘거나 아이 성향에 맞는 그림책을 집중듣기할 때 끼워 넣어주고요. 소리에 맞춰 잘 짚으면 칭찬도 듬뿍 해주세요.

2. 글자는 안 보고 그림에만 눈이 가 있다면

집중듣기하기 전 책을 먼저 충분히 보도록 해주세요. 그래도 그림만 본다면 지금은 글씨를 봐야 책을 읽으니까 글자에 집중하자고 이야기해주어야 합니다.

3. 집중듣기 반복 횟수는 이렇게

J1~J2단계 영어책은 8~32쪽 정도 분량의 얇은 책이 대부분입니다. 30분 집중듣기를 하려면 5~10권을 들어야 합니다. 이 중 제일 쉬운 하나만 골라 그 책을 읽을 때까지 반복해서 들으세요. 나머지는 아이가 원하는 만큼만 반복합니다. 읽을 수 있는 책은 집중듣기 목록에서 빼는 것 잊지 마시고요.

초등 3, 4학년을 위한 잠수네 영어 실천편

1. 반복해서 집중듣기한 쉬운 책부터 읽기 시작합니다

흘려듣기, 집중듣기만 하고 책읽기를 안 하면 몇 년이 흘러도 제자리입니다. 아이가 책읽기를 싫어한다고 미루다 보면 결국 책읽기와 멀어질 수밖에 없습니다. 집중듣기한 책 중 아주 쉬운 책부터 읽도록 도와주세요. 읽을 수 있는 책이 하나둘 쌓이면 책읽기에 자신감이 생깁니다. 빨리 읽기를 해야겠다는 마음에 준비도 안 된 아이에게 억지로 읽으라고 하면 영어가 싫어집니다. 스스로 읽을 수 있다고 책을 집을 때까지 인내심을 갖고 기다려주세요.

2. 비슷한 단어를 헷갈리는 것이 정상입니다

많은 아이들이 비슷한 단어를 헷갈려 합니다. 이 책에서 잘 읽은 단어를 저 책에서 못 읽는 일도 비일비재합니다. 단어를 외우게 한들 시간만 허비하고 아이와 관계만 나빠질 뿐 별로 도움이 안 됩니다(외운 단어는 금방 잊어버려요). 흘려듣기, 집중듣기를 계속하다 보면 아는 말, 아는 글자가 늘어나고 혼동하는 일도 차차 줍니다.

3. 반복을 좋아하는 아이는 많지 않습니다

좋아하지 않는 책을 억지로 반복하는 것을 반기는 아이는 어디에도 없습니다. 아이와 먼저 약속하세요. 소리 내서 정확하게 읽을 수 있다면 책읽기 목록에서 빼다고요. 반대로 틀리게 읽거나, 버벅거리며 읽으면 잘 읽을 때까지 반복하기로 하고요(틀렸다고, 버벅거린다고 화내는 것은 금물). 물론 재미있다고 또 읽고 싶어하는 책은 더 읽어도 괜찮습니다.

흘려듣기 (JD2~JD3)

[JD2-TV애니] Max & Ruby 시리즈 (토끼네 집으로 오세요)
[JD2-TV애니] Toopy and Binoo 시리즈 (투피와 비누)
[JD2-TV애니] Meg and Mog 시리즈 (메그와 모그)
[JD3-TV애니] Berenstain Bears 시리즈 (우리는 곰돌이 가족)
[JD3-TV애니] Little Bear 시리즈 (리틀베어)
[JD3-TV애니] Charlie and Lola 시리즈 (찰리와 롤라)
[JD3-TV애니] WordWorld 시리즈 (워드월드)

집중듣기 (J1~J3): 그림책

[J1-그림책] Hooray for Fish! 🎧
[J1-그림책] Piggies 🎧
[J1-그림책] Rosie's Walk 🎧
[J1-그림책] Blue Sea 🎧
[J1-그림책] The Foot Book 🎧
[J2-그림책] Go Away, Big Green Monster! 🎧
[J2-그림책] Five Little Monkeys Jumping on the Bed 🎧

[J2-그림책] Brown Bear, Brown Bear, What Do You See? 🎧
[J2-그림책] Snow 🎧
[J2-그림책] Monster, Monster 🎧
[J2-그림책] Today is Monday 🎧
[J2-그림책] If I Had a Dragon 🎧
[J3-그림책] Pants 🎧
[J3-그림책] King Bidgood's in the Bathtub 🎧

집중듣기 (J1~J3): 리더스북

[J1-리더스북] Oxford Reading Tree 시리즈: Stage 2 (49권) 🎧
[J2-리더스북] Little Critter First Readers 시리즈: Level 1 (10권) 🎧
[J2-리더스북] I Can Read Book 시리즈: Biscuit (19권) 🎧
[J2-리더스북] Ready to Read 시리즈: Eloise (16권) 🎧
[J3-리더스북] Usborne First Reading 시리즈: Level 3~4 (44권) 🎧

책읽기 (집중듣기한 J1~J2단계 영어책)

처음 2개월은 흘려듣기와 집중듣기만 해주세요. 집중듣기했던 책 중에서 아이가 읽을 수 있다고 신호를 보내면 그때부터 매일 5분씩 1, 2권을 읽기 시작합니다.

※ 〈적응1〉과정의 집중듣기 〈잠수네's PICK〉 추천교재만으로 부족하면 다음 책들을 추천합니다.

리더스북

[J1-리더스북] Oxford
Reading Tree 시리즈:
Stage 1~1+ (66권) 🎧

[J1-리더스북] Learn
to Read 시리즈:
Level 1 (49권) 🎧

[J2-리더스북] Usborne
First Reading 시리즈:
Level 1~2 (41권) 🎧

[J2-리더스북] Clifford
Phonics Fun 시리즈
(74권) 🎧

[J2-리더스북] Oxford
Reading Tree 시리즈:
Stage 3 (44권) 🎧

[J2-리더스북]
Scholastic Reader
시리즈: Noodles
(24권) 🎧

[J2-리더스북] I Can
Read Book 시리즈:
My First (22권) 🎧

[J2-리더스북] Ready
to Read 시리즈: Robin
Hill School (29권) 🎧

[J2-리더스북] Wishy
Washy Readers
시리즈 (36권) 🎧

[J2-리더스북] Ready
to Read 시리즈: Dora
(24권) 🎧

그림책

[J1-그림책] Rain 🎧

[J1-그림책] Freight
Train 🎧

[J1-그림책] On Market
Street 🎧

[J1-그림책]
The Accidental
Zucchini 🎧

[J1-그림책] Monkey
and Me 🎧

[J1-그림책] Big Hugs,
Little Hugs 🎧

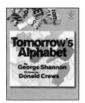

[J1-그림책]
Tomorrow's
Alphabet 🎧

[J2-그림책] Hop on
Pop 🎧

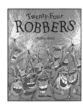

[J2-그림책] Twenty-
four Robbers 🎧

[J2-그림책] Walking
Through the
Jungle 🎧

그림책

[J2-그림책] Dear Zoo 🎧

[J2-그림책] Lots of Feelings 🎧

[J2-그림책] The Other Day I Met a Bear 🎧

[J2-그림책] Yes Day! 🎧

[J2-그림책] Finding Jack 🎧

[J2-그림책] Far Far Away! 🎧

[J2-그림책] Click, Clack, Quackity-Quack 🎧

[J2-그림책] Read Anything Good Lately? 🎧

[J2-그림책] A Cat and a Dog 🎧

[J2-그림책] The Farmer in the Dell 🎧

[J2-그림책] Rosie's Hat 🎧

[J2-그림책] Dinosaur Roar! 🎧

[J2-그림책] I Can Be Anything 🎧

[J2-그림책] Lunch 🎧

[J2-그림책] Two Little Witches 🎧

[J2-그림책] There were Ten in the Bed 🎧

[J2-그림책] Can You Keep a Secret? 🎧

[J2-그림책] Chocolate Mousse for Greedy Goose 🎧

[J2-그림책] Beans on Toast 🎧

[J2] I'm the Biggest Thing in the Ocean 🎧

※ 신나는 노래가 나오는 영어그림책입니다. 집중듣기 후 노래를 따로 들어도 되고, 노래를 먼저 듣고 집중듣기를 해도 괜찮습니다. 아이가 원하는 대로 해주세요.

[J1-그림책] I Like Books 🎧

[J2-그림책] It Looked Like Spilt Milk 🎧

[J2-그림책] Jamberry 🎧

[J2-그림책] See You Later, Alligator! 🎧

[J2-그림책] Not a Box 🎧

[J2-그림책] Snail, Where are You? 🎧

[J2-그림책] Ten Fat Sausages 🎧

[J2-그림책] A Bear-y Tale 🎧

[J2-그림책] Where Is the Green Sheep? 🎧

[J2-그림책] Colour Me Happy! 🎧

[J3-그림책] The Wheels on the Bus 🎧

[J3-그림책] My Crayons Talk 🎧

[J3-그림책] Inside Mary Elizabeth's House 🎧

[J3-그림책] My Dad 🎧

[J3-그림책] Go Away Mr Wolf! 🎧

[J3-그림책] Balloonia 🎧

[J3-그림책] Clippity-Clop 🎧

[J3-그림책] I Got Two Dogs 🎧

[J3-그림책] My Friends 🎧

[J3-그림책] Henny Penny 🎧

[J3-그림책] Presto Change-O 🎧

[J3-그림책] The Doorbell Rang 🎧

[J3-그림책] Down by the Station 🎧

[J3-그림책] Baghead 🎧

[J3-그림책] The Carrot Seed 🎧

[J3-그림책] We All Go Traveling by 🎧

[J3-그림책] Up, Up, Up! 🎧

[J3-그림책] I am the Music Man 🎧

[J3-그림책] The Great Big Enormous Turnip 🎧

[J3-그림책] My Cat Likes to Hide in Boxes 🎧

[J3-그림책] Peanut Butter and Jelly: A Play Rhyme 🎧

[J3-그림책] Animals should Definitely Not Wear Clothing 🎧

[J3-그림책] Creepy Crawly Calypso 🎧

[J3-그림책] Magic Shoelaces 🎧

[J3-그림책] The Ants Go Marching! 🎧

[J3-그림책] Mr. Brown Can Moo! Can You? 🎧

[J3-그림책] Mr Wolf's Week 🎧

[J3-그림책] The Shape Song Swingalong 🎧

[J3-그림책] Frog in the Kitchen Sink 🎧

[J3-그림책] Mouse Count 🎧

집중듣기 싫은 아이, 우리 집은 이렇게~
작성자: 화선화정맘 (초3, 6세) … 현재 초4, 7세

1. 집중듣기 싫어하는 아이, 이렇게 시작

집중듣기 싫어하는 조를 키우면서 참 고민이 많았어요. 10분 들으면 그 때부터 몸을 비비 꼬니 이러다 스트레스로 틱장애 같은 것에 걸리지 않을까 걱정도 많이 했어요. 안절부절못하며 하는 아이 보기가 정말 괴로웠어요. 왜 이것도 못하느냐며 혼내기도 많이 했어요. 그래서 집듣할 때 《ORT(Oxford Reading Tree)》1권으로 시작했어요(최대한 아이에게 부담 안가게). 그리고 일주일 지나면 은글슬쩍 1권을 추가해 2주째에는 2권으로 들어요. 그리고 5일 뒤에 은글슬쩍 2권을 더 추가해 19일 정도쯤엔 4권이 되지요(갈수록 몇 권 추가하는 기간도 짧아지고, 권수도 팍팍 늘려요). 그다음은 기존 권수에 3권을 추가해 7권으로 집듣하면 20분 정도 됩니다.

이런 식으로 권수를 슬쩍 늘렸지요. 《ORT》는 1권에 2분 정도니 1, 2권 늘린다고 부담스럽지 않거든요. 이렇게 하면 어느새 10분인 것이 1달 뒤에는 20분으로 늘어요. 30분으로 늘리기까지는 2달도 안 걸렸던 것 같아요. 아이가 집듣을 싫어해 슬럼프가 자주 와요. 참 힘들었는데 그럴 때는 노래가 신나는 그림책으로 1주 하고 나면 어느새 슬럼프는 사라지고 제자리로 돌아오더라구요.

2. 집듣 대기 목록을 언제나 15권 가지고 있어야 한다

조는 시리즈를 시작했다고 쭉 듣는 법이 없어요. 새로운 책만 집듣하고 시리즈도 4권 이상 이어서 집듣하지 않아요. 그러니 목록을 대기하고 있어야 해요. 항상 15권 펼쳐놓고 고르라고 해요. 그러면 본인이 골랐다는 생각에

조금 싫어도 참고 들어요.

3. 30분 365일 집듣하기

조는 명절, 여행 가서도 집듣해요. 남편님이 여행 와서까지 해야 하냐며 투덜대지요. 저는 딱 잘라서 무조건 해야 한다고, 아니면 여행은 안 간다고 말해요. 집듣을 싫어하는 아이들은 했다가 안 했다가 하면 더 투정 부리고 하기 싫어해요. 오늘은 안 하고 싶다부터 시작해서 이유가 10000가지니까요. 그러나 365일 하면 불평이 사라져요. 여행이나 명절에는 어수선한 분위기 때문에 일부러 자동차 안에서 해요. 단둘이 오붓하게 있어서 집중도 잘되구요. 오디오 장비도 따로 챙길 필요 없어요. 잠수는 그날그날 아이의 컨디션이 다르니 엄마가 조절해주는 게 제일 중요한 듯해요. 학교에서 시험도 많이 보고 지친 하루를 보냈다면, 그래서 잠수를 안 하는 게 아니라 꼭 해야 하는 것은 실천할 수 있도록 이끌어줘서 무슨 일이 있어도 잠수는 하는 습관을 들였어요.

> #### 제가 진행한 읽기 유도하는 집듣 방법 ✉
> 작성자: 현지율 (초4, 7세)

잠수할 때 아이가 능동적으로 참여하게 하려면 1글자든 2글자든 아는 단어가 생기는 게 좋은 듯합니다. 뭔가 아는 게 생기면 그때부터는 글자를 보며 읽으려 하거든요. 제가 한 방법 알려드릴게요.

지금 집듣 2달 반쯤 된 거 같은데 1단계 1줄짜리 책은 술술 잘 읽습니다. 집듣할 때 긴 반복을 하면서 1권 정도는 매일 반복할 수 있게끔 유도해주어야 합니다. 반복 싫어하는 아이도 일주일에 1, 2권쯤은 진행해보세요. ^^;;

그렇게 반복한 책을 영어책 읽기 시간에(아직은 읽을 수 있는 게 없으니 엄마가 읽어주는 시간이 필요합니다) 엄마가 읽어주면서 이 글씨 읽을 수 있겠느냐고 물어보면 글씨는 못 읽더라도 그림을 보면서 대충 외워서 읽을 수 있을 거예요. 이 작업을 계속하다 보면 읽을 수 있는 글자가 늘어나구요. 읽을 수 있는 글자가 늘어나면 영어책을 읽는 시간이 늘어나네요. 저도 5분 정도로 시작했다가 지금은 30분까지 늘어났어요.

2달이 지난 후 아는 글씨가 많아진 지금은 집듣 방법을 조금 바꿔서 소리 듣기 전에 미리 읽어보기도 해보고, 소리 듣고 따라 말하기도 하며 다양한 방법으로 진행 중입니다. 무조건 1줄짜리 책만 하고 있구요.

6개월 정도까지는 1, 2단계 책들로만 집듣하려고 합니다. 처음 집듣할 때는 3, 4단계까지도 섞어가면서 했는데요. 장기적으로 봤을 때는 소리가 쌓이는 작업이라 허튼 시간은 아니지만 〈적응1〉과정에서 6개월 정도는 1, 2줄짜리 책들로 충분히 소리와 글자에 노출시켜주어야 아이가 읽을 수 있게 되면서 자신감이 오르고 능동적인 참여가 이뤄지는 듯합니다. 이렇게 기본적으로 읽을 수 있는 단어가 있을 때 새로운 어휘 확장이 가능합니다. 반복하여 본 글자는 다 읽을 수 있으니 처음 본 어휘는 눈에 띄기 마련이거든요. 처음에 3, 4단계 섞어가며 했을 때보다는 훨씬 읽는 속도가 빨라진 거 같아요(물론 〈적응1〉에서 3, 4단계 집듣도 장기간으로 봤을 때는 나쁘지 않습니다).

〈적응2〉과정

〈적응2〉과정의 기준과 핵심

기준	J1단계 영어책을 거의 읽고 이해합니다.
핵심	잠수네 영어 3종 세트 균형 잡기

〈적응2〉과정의 시간 배분과 진행

DVD 흘려듣기		JD2~JD4	1시간~1시간 30분
집중듣기	쉬운 집중듣기	J2~J3	10분
	어려운 집중듣기	J4	30분
책읽기		J1~J2 집중듣기한 J3 추가	30분

1. 흘려듣기, 집중듣기, 책읽기 중 하나도 빼먹지 말고 진행합니다

영어실력이 죽죽 성장하는 집은 3종 세트가 탄탄하게 진행됩니다. 반대로 오랜 기간 지지부진한 집을 보면 DVD 흘려듣기는 우선순위에서 밀리고, 집중듣기는 하다 말다 들쑥날쑥, 영어책 읽기는 음독 없이 대충 읽는 데다 빼먹는 날이 더 많습니다. 잠수네 영어는 3가지가 맞물릴 때 시너지 효과가 극대화됩니다. 흘려듣기가 집중듣기를 편안하게 해주고, 집중듣기가 책읽기를 끌어올립니다. 집중듣기와 책읽기 덕분에 흘려듣기 할 때 내용 이해가 더 잘되고요.

2. DVD 흘려듣기는 주중 1시간, 주말 1시간 30분 정도가 적당합니다

주중에는 아이의 취향에 맞는 JD2~JD4단계 TV 애니메이션 시리즈가 좋습니다. 10~30분 정도 분량이라 짬짬이 보여주기에 그만이라서요. 조금 긴 분량의 DVD는 시간 여유가 있는 주말에 보여주세요.

3. 〈쉬운 집중듣기〉와 〈어려운 집중듣기〉를 병행합니다

쉬운 책 집중듣기는 쉬운 책을 읽기 위한 준비과정입니다. J2단계 중 제일 쉬운 책들을 골라 반복해서 집중듣기해보세요. 읽을 수 있는 책이 나오면 집중듣기 목록에서 빼고 다른 책을 넣고요. 이렇게 진행해서 J2단계 책읽기가 만만해지면 J3단계 집중듣기로 넘어갑니다. J4단계 집중듣기 책은 아이들에게 부담을 덜 주는 재미있는 책이 좋습니다. 처음에는 그림도 많고 글밥과 쪽수도 적은 리더스북, 그림책같은리더스북으로 시작하세요. 챕터북 역시 컬러판에 글밥이 적고 쪽수가 적은 책으로 골라 보고요.

4. 쉬운 집중듣기한 책, 집중듣기 안 한 J1~J2단계 책을 소리 내서 읽습니다

반복 집중듣기한 J2단계 책 중 읽을 수 있는 책이 1권, 2권 늘어나면 집중
듣기 안 한 J1단계 책을 같이 읽을 수 있습니다. 마찬가지로 집중듣기한
J3단계 책을 읽을 수 있으면, 집중듣기 안 한 J2단계도 읽게 됩니다. 어떤
책을 읽을지는 아이에게 선택권을 주되, 쉬운 책읽기 30분은 꼭 지키세
요. 잘 읽는 책은 눈으로 읽어도 됩니다. 그러나 처음 읽는 책은 소리 내
서 읽는 것이 좋습니다(음독 15분, 묵독 15분).

〈선택사항〉 파닉스학습서

파닉스 학습은 필수가 아닌 선택입니다. 파닉스 규칙에 맞는 단어는 극
소수입니다. 파닉스를 한다고 영어단어나 영어책을 술술 읽는 것도 아니
고, 파닉스를 안 해도 영어책을 잘 읽는 아이들이 많습니다. 파닉스 학습
을 할까 말까 고민된다면 J1단계 영어책을 능숙하게 읽을 때 파닉스학습
서 1, 2권을 해보는 정도면 충분합니다.

추천 파닉스학습서

Steck-Vaughn Phonics 시리즈 (Level K, A)
PEARSON Phonics 시리즈 (Level K, A)
Modern Curriculum Press Phonics 시리즈 (Level K, A)
Scholastic Phonics 시리즈 (Level K, A)
Lippincott Phonics 시리즈 (Level R, A)

〈적응2〉과정의 흘려듣기

1. 새로운 DVD만 찾는다면 반복의 효과를 얻기 힘듭니다

새로운 DVD를 찾는 이유는 잘 못 알아듣기 때문입니다. 그럼 위주로만 보니 이해하는 데 한계가 있는 거죠. 반복의 효과를 얻으려면 TV애니메이션 시리즈처럼 같은 등장인물과 배경이 나오는 애니메이션을 보여주는 것이 좋습니다. 어휘나 문장이 많이 반복되기 때문입니다.

2. DVD 흘려듣기를 싫어하면 취향에 맞는 DVD를 최대한 찾아보세요

DVD 내용을 못 알아들으면 재미없어하는 아이들도 있습니다. 그러나 싫어하더라도 DVD 흘려듣기는 꼭 해야 합니다. 아이의 취향에 맞는 DVD를 찾아보세요. 대박 DVD는 꼭 있다는 확신을 갖고서요. 유튜브 샘플을 찾다 보면 관심 있어하는 것이 반드시 나타날 겁니다.

3. 오디오 흘려듣기는 잠수네 영어 3시간에서 열외입니다

DVD 보기는 빼먹고 오디오 흘려듣기만 하는 집도 있습니다. 오디오 흘려듣기는 어릴 때부터 충분한 듣기가 되어 있거나, 아주 재미있어하는 영어책이나 DVD 소리라야 효과가 있습니다. 내용을 이해하니까요. 둘 다 아니라면 DVD 보는 시간을 아까워하지 마세요. 흘려듣기로 아는 말이 많아져야 집중듣기, 책 읽기가 편해집니다.

〈적응2〉과정의 집중듣기

1. 책을 읽기 위한 쉬운 집중듣기는 반복이 꼭 필요합니다

J2~J3단계 쉬운 집중듣기를 하는 것은 읽기로 연결시키기 위해서입니다. 반복이 꼭 따라주어야 해요. 책을 읽기 위해서는 반복해서 들어야 한다고 아이에게 친절하게 설명해주세요. 반복을 싫어하는 아이라면 쉬운 집중듣기하는 책의 반은 단계에 맞춰 읽을 수 있을 때까지 반복하고, 나머지 반은 아이가 원하는 책을 넣어주세요. J4단계 어려운 집중듣기는 반복해서 들어도 읽기로 연결되기 어렵습니다. 어려운 집중듣기는 반복을 강요하지 말고 아이가 원하는 대로 듣게 해주세요.

2. 집중듣기할 때 단어 뜻을 묻는다고 바로 답해주지 마세요

성향상 확실하게 짚고 넘어가기를 원하는 아이들이 있습니다. 아이가 뜻을 물어보면 네 생각은 어떠냐고 되물어보세요. 그림이 있는 책은 쉽게 유추할 수 있습니다. 때로는 내용을 거의 짐작하는데 단어 하나에 걸려 이해를 못하는 경우도 있습니다. 이때는 연필로 밑줄을 그어두고 정 궁금한 단어만 나중에 사전을 같이 찾아보세요. 단, 뜻을 모른다고 억지로 다 찾게 하는 것은 금물입니다.

3. 어려운 집중듣기할 때 오디오 속도를 잘 따라가는지 살펴보세요

오디오 소리를 놓친다면 오디오CD 속도가 너무 빠르거나 모르는 단어가 많이 나오는 어려운 단계입니다. 속도가 조금 느린 책, 쉬운 단계로 집중듣기하는 책을 바꿔야 합니다.

〈적응2〉과정의 책읽기

1. 쉬운 단어도 모른다고 답답해하지 마세요

쉬운 단어를 짚어준다며 암기나 해석을 시키면 나아질까요? 외운 단어는 금방 잊어버리고, 우리말로 해석시키면 해석 없이 영어로 바로 이해하는 길에서 멀어집니다. 시간은 시간대로 허비하고 관계만 안 좋아질 뿐입니다. 책읽기는 점점 더 싫어지고요. 쉬운 단어를 못 읽는 아이라도 부모가 보기에 어려운 단어를 잘 읽기도 합니다. 꾸준히 집중듣기하고, 쉬운 책읽기를 하세요. 지금 하는 고민이 자연스럽게 해결되는 날이 옵니다.

2. 15분 소리 내어 읽기를 하면 아이의 성장을 확인할 수 있습니다

아이가 영어책을 빨리 읽으면 제대로 읽는지, 알고나 읽는지 미심쩍은 생각이 들기 마련입니다. 책읽기할 때 15분은 음독하는 규칙을 세우세요. 음독하는 책은 아이에게 고르라고 하고요. 아이와 번갈아 읽는 방법도 좋습니다. 부모가 일부러 살짝 틀리게 읽으면 잘못 읽는 부분을 찾아낼 마음에 집중해서 더 잘 읽을 거예요. 조금만 지나면 확인하고 싶어도 못할 때가 옵니다. 아이가 읽는 영어책 수준이 부모 실력을 훌쩍 뛰어넘으니까요. 아이를 믿고 기다려주세요.

3. 쉬운 영어그림책을 읽으려면 집중듣기한 책부터 시작합니다

리더스북은 단어와 문장이 쉬워 집중듣기하지 않은 J1~J2단계의 쉬운 책읽기가 수월합니다. 그에 비해 영어그림책은 같은 단계라도 단어와 문장이 어렵게 느껴집니다. 집중듣기할 때 재미있고 쉬운 그림책을 1권씩 넣어주세요. 오디오CD가 없다면 유튜브에서 읽어주는 동영상을 찾아보거나 부모가 읽어주세요. 자꾸 듣다 보면 읽게 됩니다.

흘려듣기 (JD2~JD4)

[JD2-TV애니] Peppa Pig 시리즈 (꿀꿀 페파는 즐거워)
[JD3-TV애니] Clifford 시리즈 (클리포드)
[JD3-TV애니] Octonauts 시리즈 (옥터넛)
[JD3-TV애니] Curious George TV 시리즈 (호기심 많은 조지)
[JD4-TV애니] Arthur 시리즈 (아서)
[JD4-TV애니] Pippi Longstocking TV 시리즈 (말괄량이 삐삐)
[JD4-TV애니] Eloise TV 시리즈 (엘로이즈)

집중듣기

쉬운 집중듣기 (J2~J3)

[J2-그림책] Who Stole the Cookies from the Cookie Jar? 🎧
[J2-그림책] Bear Hunt 🎧
[J2-그림책] What's the Time, Mr. Wolf? 🎧
[J2-그림책] From Head to Toe 🎧
[J3-그림책] Bark, George 🎧
[J3-그림책] Willy the Dreamer 🎧
[J3-그림책] Dinnertime! 🎧

[J2-리더스북] Oxford Reading Tree 시리즈: Stage 4 (48권) 🎧
[J2-리더스북] I Can Read Book 시리즈: Little Critter (17권) 🎧
[J3-리더스북] Little Critter First Readers 시리즈: Level 3 (10권) 🎧
[J3-그림책같은리더스북] Froggy 시리즈 (27권) 🎧

어려운 집중듣기 (J4)

[J4-그림책] The Napping House 🎧
[J4-그림책] The Gruffalo 🎧
[J4-그림책] Love You Forever 🎧
[J4-그림책] Winnie the Witch 시리즈 (22권) 🎧
[J4-그림책] The Little Mouse, the Red Ripe Strawberry, and the Big Hungry Bear 🎧
[J4-그림책] Owl Babies 🎧
[J4-그림책] The Very Hungry Caterpillar 🎧

[J4-리더스북] Happy Families 시리즈 (20권) 🎧
[J4-리더스북] I Can Read Book 시리즈: Amelia Bedelia (29권) 🎧
[J4-그림책같은리더스북] Arthur Adventure 시리즈 (32권) 🎧

책읽기 (J1~J2)

[J1-그림책] 10 Minutes Till Bedtime
[J1-그림책] David 그림책 시리즈 (4권)
[J1-그림책] Simpkin
[J1-그림책] Susan Laughs
[J2-그림책] Elephant and Piggie 시리즈 (24권)
[J2-그림책] Not Now, Bernard
[J2-그림책] Ethan Long: Duck 시리즈 (4권)

[J1-리더스북] Sight Word Readers 시리즈 (25권)
[J1-리더스북] Brand New Readers 시리즈 (59권)
[J2-리더스북] Curious George Phonics 시리즈 (13권)
[J2-리더스북] I Can Read! 시리즈: Biscuit Phonics Fun (12권)
[J2-리더스북] Snapdragons 시리즈: Stage 1~2 (12권)

[JD2-TV애니] Max & Ruby 시리즈 (토끼네 집으로 오세요)

[J3-그림책같은 리더스북] Max and Ruby TV 시리즈 (25권)

[JD2-TV애니] Caillou 시리즈 (까이유)

[J3-그림책같은 리더스북] Caillou 시리즈 (37권) 🎧

[JD2-TV애니] Peppa Pig 시리즈 (꿀꿀 페파는 즐거워)

[J3-그림책같은 리더스북] Peppa Pig 시리즈 (31권)

[JD2-TV애니] Dora the Explorer 시리즈 (도라도라 영어나라)

[J2-리더스북] Ready to Read 시리즈: Dora (24권) 🎧

[JD2-TV애니] Meg and Mog 시리즈 (메그와 모그)

[J3-그림책] Meg and Mog 시리즈 (19권)

[JD2-TV애니] Clifford's Puppy Days 시리즈 (클리포드 퍼피 데이 시리즈)

[J3-그림책같은 리더스북] Clifford's Puppy Days 시리즈 (12권)

[JD2-TV애니] Tilly and Friends 시리즈 (틸리와 친구들)

[J3-그림책] Tilly & Friends 시리즈 (12권)

[JD2-TV애니] Toopy and Binoo 시리즈 (투피와 비누)

[J2-리더스북] Toopy and Binoo 시리즈

[JD2-TV애니] BaBar: King of the Elephants 시리즈 (코끼리왕 바바)

[J5-그림책] Babar 시리즈 (13권)

[JD3-TV애니] Little Bear 시리즈 (리틀베어)

[J4-리더스북] I Can Read Book 시리즈: Little Bear (7권) 🎧

[JD3-TV애니]
Berenstain Bears
시리즈 (우리는 곰돌이
가족)

[J5-그림책같은
리더스북] Berenstain
Bears 시리즈
(97권) 🎧

[JD3-TV애니] The
Magic Key 시리즈
(매직키)

[J3-리더스북] Oxford
Reading Tree 시리즈:
Stage 6~7 (40권) 🎧

[JD3-TV애니] Clifford
시리즈 (클리포드)

[J3-그림책같은
리더스북] Clifford
시리즈 (52권)

[JD3-TV애니]
Madeline TV 시리즈
(매들린)

[J4-그림책] Madeline
시리즈 (13권) 🎧

[JD3-TV애니] Charlie
and Lola 시리즈
(찰리와 롤라)

[J4-그림책같은
리더스북] Charlie and
Lola 시리즈 (35권) 🎧

[JD3-TV애니]
Strawberry Shortcake
시리즈 (스트로베리
숏케잌)

[J4-그림책같은
리더스북] Strawberry
Shortcake 시리즈
(27권)

[JD3-TV애니]
Angelina Ballerina
TV 시리즈 (안젤리나
발레리나)

[J4-그림책같은
리더스북] Angelina
Ballerina 시리즈
(20권)

[JD3-TV애니] Little
Princess 시리즈
(리틀 프린세스)

[J4-그림책같은
리더스북] Little
Princess TV 시리즈
(14권) 🎧

[JD3-TV애니]
Curious George TV
시리즈 (호기심 많은
조지)

[J4-그림책같은
리더스북] Curious
George 시리즈
(53권) 🎧

[JD3-TV애니]
Octonauts 시리즈
(옥토넛)

[J5-그림책같은
리더스북] The
Octonauts 시리즈
(6권)

[JD3-TV애니] Dumb
Bunnies 시리즈
(바보 토끼가족)

[J4-그림책] Dumb
Bunnies 시리즈 (4권)

[JD3-TV애니] Olivia
시리즈 (올리비아)

[J4-그림책] Olivia
시리즈 (8권) 🎧

[JD3-TV애니] Paw
Patrol 시리즈 (강아지
구조대)

[J3-리더스북] Step
into Reading 시리즈:
Paw Patrol (3권)

[JD3-TV애니]
Backyardigans
시리즈 (꾸러기
상상여행)

[J3-리더스북] Ready
to Read 시리즈:
Backyardigans (16권)

[JD3-TV애니]
Moomin 시리즈 (무민)

[J4-그림책] Moomin
그림책 시리즈 (5권)

[JD3-TV애니]
Veggie Tales 시리즈
(야채극장 베지테일)

[J3-리더스북] I Can
Read Book 시리즈:
VeggieTales (9권)

[JD3-TV애니] Doc
McStuffins 시리즈
(꼬마의사 맥스터핀스)

[J4-그림책같은
리더스북] Doc
McStuffins 시리즈 (5권)

[JD3-애니메이션]
Curious George
(2006년 개봉작)
(큐어리어스 조지)

[J4-그림책] Curious
George 🎧

[JD3-TV애니] Large
Family 시리즈
(덩치 가족)

[J4-그림책] Large
Family 그림책 시리즈
(6권)

[JD3-TV애니]
Angelina Ballerina
(3D) TV시리즈
(안젤리나 발레리나)

[J3-리더스북] All
Aboard Reading
시리즈: Angelina
Ballerina (4권)

리더스북 & 그림책같은리더스북

[J3-리더스북] Oxford
Reading Tree 시리즈:
Stage 5 (36권) 🎧

[J3-리더스북] Ready
to Read 시리즈:
Henry and Mudge
(32권) 🎧

[J3-리더스북] Little
Critter First Readers
시리즈: Level 2
(10권) 🎧

[J3-리더스북] I Can
Read Book 시리즈:
Fancy Nancy
(23권) 🎧

[J3-리더스북]
Banana 시리즈:
Green (12권) 🎧

[J3-그림책같은
리더스북] Arthur
Starter 시리즈
(16권) 🎧

[J3-그림책같은
리더스북] Little
Princess 시리즈
(21권) 🎧

[J3-그림책같은
리더스북] Usborne
First Experiences
시리즈 (10권) 🎧

[J3-그림책같은
리더스북] D. W.
시리즈: Arthur
(9권) 🎧

[J3-그림책같은
리더스북] Clifford
시리즈 (52권) 🎧

[J4-리더스북]
Usborne Young
Puzzle Adventures
시리즈 (10권) 🎧

[J4-리더스북] Young
Cam Jansen 시리즈
(18권) 🎧

[J4-리더스북] I Can
Read Book 시리즈:
Frog and Toad
(6권) 🎧

[J4-리더스북] I Am
Reading 시리즈
(38권) 🎧

[J4-리더스북]
Banana 시리즈: Blue
(36권) 🎧

[J4-리더스북] I Can
Read Book 시리즈:
Arnold Lobel (7권) 🎧

[J4-그림책같은
리더스북] Little Miss
시리즈 (57권) 🎧

[J4-그림책같은
리더스북] SpongeBob
TV 시리즈 (24권) 🎧

[J4-그림책같은
리더스북] Berenstain
Bears: Living Lights
시리즈 (26권) 🎧

[J4-그림책같은
리더스북] Another
Sommer-Time Story
시리즈 (25권) 🎧

그림책

[J3-그림책] Handa's
Surprise 🎧

[J3-그림책] To
Market, to Market 🎧

[J3-그림책] Who is
the Beast? 🎧

[J3-그림책] Kitten's
First Full Moon 🎧

[J3-그림책] The Pig
in the Pond 🎧

[J3-그림책] Water 🎧

[J3-그림책] Jasper's
Beanstalk 🎧

[J3-그림책] Hattie
and the Fox 🎧

[J3-그림책] Silly Suzy
Goose 🎧

[J3-그림책] The Very
Busy Spider 🎧

[J4-그림책] Mole
Music 🎧

[J4-그림책] Papa,
Please Get the Moon
for Me 🎧

[J4-그림책] Don't
Laugh at Me 🎧

[J4-그림책] Dry
Bones 🎧

[J4-그림책] The
Incredible Book
Eating Boy 🎧

[J4-그림책] Gorilla 🎧

[J4-그림책] The
Gruffalo's Child 🎧

[J4-그림책] John
Denver's Sunshine
On My Shoulders 🎧

[J4-그림책] Waking
Up is Hard to Do 🎧

[J4-그림책] Five Little
Fiends 🎧

J1 리더스북

[J1-리더스북] Step into Reading 시리즈: Step 1 (52권)

[J1-리더스북] Potato Pals 시리즈 (12권)

[J1-리더스북] Reading Adventures 시리즈: Sofia the First (10권)

[J1-리더스북] Sunshine Readers 시리즈: Level 1 (12권)

[J1-리더스북] Ready to Read 시리즈: Twins (4권)

[J1-리더스북] Floppy's Phonics 시리즈: Stage 1~2 (24권)

[J1-리더스북] Red Nose Readers: Red (8권)

[J1-리더스북] Bob Books 시리즈: Set 1 (12권)

[J1-리더스북] Project X 시리즈: Band 1 (10권)

[J1-리더스북] Reading Adventures 시리즈: Winnie the Pooh (10권)

J2 리더스북

[J2-리더스북] First Little Readers 시리즈: Level A (25권)

[J2-리더스북] Read at Home 시리즈: Level 1~2 (12권)

[J2-리더스북] Puffin Easy-to-Read 시리즈: Harry (4권)

[J2-리더스북] I Can Read! 시리즈: My Little Pony Phonics Fun (12권)

[J2-리더스북] Ready to Roll 시리즈: Jon Scieszka's Trucktown (11권)

[J2-리더스북] Scholastic Reader 시리즈: Magic Matt (4권)

[J2-리더스북] Step into Reading 시리즈: Richard Scarry (5권)

[J2-리더스북] Bright and Early Books 시리즈: Berenstain Bears (11권)

[J2-리더스북] Sunshine Readers 시리즈: Level 2 (12권)

[J2-리더스북] Ready to Read 시리즈: Max & Mo (5권)

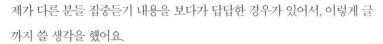

집중듣기에 관한 의견과 책들

작성자: 흰민들레 (초5, 초2)

제가 다른 분들 집중듣기 내용을 보다가 답답한 경우가 있어서, 이렇게 글까지 쓸 생각을 했어요.

개인적 경험에 의한 남아 중심, 저학년 기준의 의견이에요. 집중듣기를 《ORT》만 죽어라 하면 실력이 안 늘어요. 몇 가지 책만 해도 안 돼요. 여러 책을 다양하게 집중듣기하고 읽어야 해요.

《ORT》는 권수가 많아요. '1+'가 36권이면 36권을 1번씩만 들어도 그 안에서 반복이 돼요. '1+' 안의 36권을 며칠씩 반복하지 마세요(전 너무 답답해요 ^^;). 36권 전체를 한 바퀴 돌려서 듣기를 권합니다.

또한 읽을 수 있을 때까지 집중듣기하지 마세요. 예를 들어, J2단계 이 책 저 책 집중듣기하다 보면 J2 수준의 단어들을 전체적으로 익히게 돼요. 몇 번을 집중듣기해도 다 읽지 못하는 게 당연한 거예요. 몇 단어 모르는 건 그냥 넘어가세요. 자주 안 나오는 단어는 기억을 못해요. 하지만 오래 진행하다 보면 나중에 다 알게 돼요. 집중듣기 반복 여부는 아이에게 먼저 물어보세요. "또 할래, 아니면 다른 책 할래?" 무한정 새 책으로 할 수는 없지만, 할 책이 없어서 했던 책을 계속하는 것도 안 되죠(영어책은 무척 많으니까요). 집중듣기 수준을 엄마가 맞춰줄 필요는 있지요. 너무 어렵거나 너무 쉬운데 고집을 부릴 수도 있을 테니까요.

1. 쉬운 책으로 집중듣기 습관 잡기

짧고 쉬운 내용의 책을 찾아보세요. 집중듣기를 해보고 반응이 좋은 책들은 읽기용으로 구입하세요. 아이가 좋아하면 몇 번 반복해도 되구요, 싫다고 하면 반복하지 마세요. 좋다 싫다가 별로 없다면, 전 그냥 돌아가며 합니다.

2. 집중듣기 발전시키기

속도가 너무 느리면 알송으로 속도 조절해가며 들었어요. 처음 들을 땐 속도가 빠르게 느껴지니 느리게 들었어요. 내용이 점점 길어지면서 긴 내용에 익숙해지는 용도로 참 좋아요(좋아한다면요).

J2단계부터는 아이가 좋아할 만한 내용으로 골라서 쉬운 내용부터. 같은 시리즈라도 내용이 적은 책이 있어요. 시작은 쉬운 느낌의 책부터 하는 게 좋겠죠.

집중듣기를 너무 반복하지 마세요. 반복은 읽을 때 하면 돼요. 아이가 원한다면 괜찮지만, 그래도 적당히 하세요. 외울 정도인데 계속 원하면 혼자 보라고 하면 되지요. 반응이 괜찮은 책은 여러 번 집중듣기하구요, 별로인 책은 한번 해보고 나중에 다시 하고, 전 그렇게 해요.

그림책은 아이가 좋아하는 책으로, 〈잠수네 책나무〉 베스트는 최대한 구입해서 진행하세요. 제가 유명한 그림책만 산 게 J4는 96권, J3은 75권, J2는 50권, J1은 20권 정도예요. 꾸준히 진행 시간을 채우다 보면 〈발전1〉이 돼요. 레벨 올라가는 시점은 아이마다 다르지만 듣고 읽는 게 채워지면 다 올라가요. 물론 아이가 좋아하는 책으로 골라야겠죠.

저희 집은 내용을 모르면 자꾸 물어대서 난이도를 조금씩 올려가며 집중듣기를 하려고 했어요. 전 항상 속도 조절을 하며 들어요. 아이의 실력보다 속도가 빠르면 당연히 따라가기 힘들고요, 속도가 너무 느려도 집중듣기를 싫어하게 돼요. 아이의 실력이 늘면 빨랐던 속도가 느려져요. CD가 원래 없는 책은 엄마가 읽어주면 돼요. 하지만 꼭 짚어야 하구요. 발음이 안 좋다구요? CD로 듣는 게 훨씬 많을 테니, 엄마 발음 걱정은 안 해도 되지 않을까요?

책의 기준은 아이가 좋아하는 책이구요, 책이 웬만큼 있어야 하니 싫어하
는 책만 빼면 돼요(집중듣기 했던 책들은 읽기용으로 다 쓰이게 돼요. 집중듣기
만 하고 마는 게 아니죠). '싫다=어렵다'일 수도 있으니 그런 부분은 엄마가
신경 써야 하구요. 어려운 책은 나중에 하면 돼요.

3학년에 적응이어도 절대로 늦지 않아요
작성자: 아라리요 (초4, 6세) … 현재 중1, 초2

잠수 시작하고 거의 1년을 적응방에서 허우적댔던 포뇨가 지난 9월 턱걸
이로 심화방까지 왔습니다.

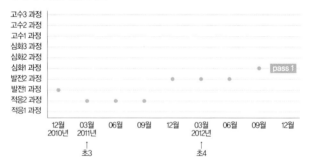

그래프에서 보여주듯 포뇨 2학년 12월에 찍신 강림하야 〈발전1〉 턱걸이로
영교에 들어왔습니다. 사실은 적응방 실력이었죠. 그 뒤 3학년 내내 적응방
이었습니다. ^^;; 3학년에 적응이어도 절대로 늦지 않아요. 잠수 테스트하
기 3개월 전인 그해 9월부터 그림책 집듣 15분으로 시작한 잠수네 영어가
이젠《Little House》나《A Series of Unfortunate Events》를 집듣할 수

있을 정도로 엉덩이 힘이 길러졌습니다. ㅎㅎ

영교에 들어와서도 하루 3시간은 꿈도 못 꿨지요. 시험이라서, 주말이라서 빠지는 일이 부지기수였습니다. 그래도 서서히 아이가 시간을 늘려주더니, 올 7월 이후에야 제대로 3시간 진행을 하게 되었네요(지금도 주말은 3시간 채우기가 사실은 쩨매 힘들어요. ^^;; 저희 집도 주말은 '놀러가자!'가 원칙이라). 포뇨는 잠수 이전에는 전혀 영어 노출이 없었던 아이입니다. 겁도 없이 알파벳만 겨우 아는 정도, 파닉스도 한 적이 없네요. 포뇨의 영어실력은 순전히 잠수로 커왔다 해도 과언이 아닙니다. 쫌 늦게 시작해서 항상 친구들을 따라가는 중이지만, 그래도 조금씩 꾸준히 자라고 있는 게 보이니 감사할 따름이지요.

이런 대책 없고 어리바리한데다 날라리 아짐이기까지한 제가 포뇨랑 잠수하면서 제일 잘했던 일은 방학마다 잠수네 읽기팀에 들어가 그때만이라도 반짝 열심히 한 것이구요. 그 잠친과 선배들이 이끌어주신 덕분에 이만큼 올 수 있었다고 생각합니다.

그다음으로 잘한 일은 아이가 리더스를 싫다고 해 과감히 포기하고 그림책으로 진행한 것인데요. 처음 잠수 시작하고 저희 집도 순탄하지 않았어요. 들이미는 리더스마다 재미없다, 싫다고 해 어찌할 바를 몰랐거든요. 근데 그림책은 반응이 좋은 겁니다. 그래서 그때부터 소리 있는 그림책은 도서관에서 CD까지 빌려와 무조건 돌렸지요. 또 그림책을 무지 샀습니다. 아직도 그림책 살 땐 가격을 무시하는 게 버릇으로 남아 있어요. ㅋㅋ 포뇨가 적응방에 있을 때 계속해서 그림책으로 진행한 것이 지금 생각해도 정말 잘한 일 같아요. ^^ 그림책을 위주로 진행하니, 적응방일 때도 리더스는 대박들이 나오기 시작했어요.

포뇨는 잠수 이전에 영어 노출이 거의 없었던 만큼 한글책은 많이 읽은 편이었어요. 그게 영어 진행에도 도움되지 않았을까 생각합니다. 포뇨가 챕터북에서 소설로 쉽게 넘어간 것이 한글책 덕분인 듯하거든요. 오히려 단계 낮은 리더스랑 챕터북을 너무 싫어라 해요. 버려진 잠수네 베스트 3, 4단계 챕터북들을 과감히 뒤로하고, 그냥 소설로 뛰어넘을 수 있었던 게 바로 한글책 덕분 같아요. 참 공주, 요정 시리즈도 챕터북으로는 하나도 사랑받지 못했습니다.

발전방에 오고 나서부턴 챕터북도 대박들이 나오기 시작하더군요. 4학년 9월 테스트를 보고 심화방 턱걸이로 들어왔습니다. 심화방에 와서는 집들 책 중 실패하는 경우가 거의 없었습니다. 포뇨가 이제야 조금 알아들을 만한 실력이 되었다는 거겠지요. 선배님들 말씀처럼 재미있는 소설은 전부 다 6, 7, 8 단계에 포진되어 있으니까요. 그래서 이 거품의 구멍 메우고, 다지기를 해야 할 거 같아서 책장에서 착하게 기다리고 있는, 원래 예정이었던 아래 단계 책들을 줄 세워보려 합니다.

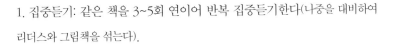

간단하지만 잘 지켜지지 않는 적응방의 비밀
작성자: 얌얌트리 (초4, 초2)

1. 집중듣기: 같은 책을 3~5회 연이어 반복 집중듣기한다(나중을 대비하여 리더스와 그림책을 섞는다).

2. 읽기: 집중듣기 반복했던 책을 음독으로 바로 읽는다(집중듣기 반복이 끝난 다음 날부터 읽는다. 횟수는 아이의 유창함에 따라 결정, 100%가 아닌 90% 정도의 유창함을 목표로 한다).

그림책과 리더스 3단계까지 이렇게 하면 〈발전1〉은 그냥 나옵니다. 4단계 책을 안 읽어도 나옵니다. 달팽이과 아이들이 아닌 대부분의 아이들이 저 2가지만 지켜도 〈발전〉까지 6~9개월이면 나옵니다(안정적인 〈발전〉단계가 되려면 또 다른 것이 필요하구요). 처음 진행해보심 양도 안 쌓이고 굉장히 지루한데요, 몇 개월 지나면 그래도 굴러가구요. 또 거기서 몇 개월 지나면 속도감이 느껴질 정도로 굴러갑니다. 이 방법은 잠수네 몇 분들도 해본 방법입니다.

주의점은 화내지 않는다, 혼내지 않는다, 비교하지 않는다는 것입니다. 무척 어렵습니다~~. ㅋㅋㅋ 더불어 아이가 노력하고 있고, 열심히 하고 있다는 사실을 알아줘야 합니다. 칭찬해주고, 북돋아주고, 앞으로 나아가고 있다고 장하다고 말씀해주세요. '얘는 고래구나~~' 생각하고 항상 칭찬해주세요. 진행만 단호하면 되지, 아이들 대하는 자세까지 단호할 필요는 없습니다. 제가 영어책들을 읽어봐도 아이들이 대견합니다. ^^

음독 횟수도 아이마다 다르고, 읽겠다고 책 잡을 때까지 대기 기간도 아이들마다 다를 수밖에 없는 잠수. 아이가 학습으로 받아들이는가 쉬는 시간이 되는가는, 곁에서 진행해주는 엄마의 자세에 따라 달라진다고 봅니다.

〈발전1〉과정

〈발전1〉과정의 기준과 핵심

기준	J2단계 영어책을 거의 읽고 이해합니다.
핵심	쉬운 책으로 읽기 양 늘리기 (1000권 읽기)

〈발전1〉과정의 시간 배분과 진행

DVD 흘려듣기		JD3~JD5	1시간
집중듣기	쉬운 집중듣기	J3	10분
	어려운 집중듣기	J4	30분
책읽기		J1~J3	1시간

1. DVD 흘려듣기 1시간, 어려운 집중듣기 30분, 책읽기 1시간을 꼭 지키세요

잠수네에서 제시한 방법대로 성실하게 실천했다면 〈발전1〉과정까지 순
탄하게 올 수 있습니다. 이제부터는 읽기 '양'을 채워야 합니다. 〈적응〉
과정이 듣기 중심이었다면, 〈발전〉과정부터는 읽기로 무게중심이 옮겨
가는 거죠. 학기 중에는 매일 1시간씩 책을 읽고, 주말이나 방학에는 읽
기 비중을 더 늘려주세요. DVD 흘려듣기도 매일 1시간은 유지해야 합니
다. 어려운 집중듣기 30분과 함께 쉬운 집중듣기 10분도 꼭 지켜주세요.

2. 초반은 쉬운 집중듣기와 병행, 후반은 어려운 집중듣기만 합니다

초반에는 〈적응2〉과정과 동일하게 J3단계 쉬운 집중듣기와 J4단계 어려운 집중듣기를 병행합니다. J3단계 책을 거의 읽으면 쉬운 집중듣기는 중단하고, J4단계 집중듣기만 진행해도 됩니다. 아이들은 취향과 수준에 맞는 재미있는 책을 만나면 '이 시리즈를 또 듣고 싶다', '오늘 더 듣고 싶다'라는 반응을 보이기도 합니다. 아이가 원해서 집중듣기 시간을 늘리는 것은 환영할 만합니다. 그러나 억지로 늘리지는 마세요. 자칫 영어가 싫어질 수 있으니까요.

3. 쉬운 책 1000권 읽기를 본격적으로 진행합니다

1000권 읽기는 100일간 J1~J3단계 책읽기를 목표로 합니다. J1~J3단계 영어책은 8~48쪽 정도로 얇기 때문에 하루 10권씩 읽으면 충분히 가능합니다. 1000권 읽기를 하려면 대여나 구입 등 다양한 방법으로 최소한 100권 정도는 준비하는 것이 좋습니다. 쉬운 리더스북만 읽으면 어휘력, 문장 이해력이 자라기 어렵습니다. 리더스북 외에 쉽고 재미있는 그림책과 그림책같은리더스북을 꼭 섞어주세요(그림책은 리더스북보다 한 단계 아래 책을 넣으면 읽기가 편합니다). 아이의 영어실력에 맞게 J1~J3단계 영어책 비율도 조금씩 조정해보세요. 자신감과 실력을 동시에 키울 수 있습니다.

〈선택사항〉 쉬운 그림사전 읽기

대부분의 아이들이 그림이 많은 쉬운 리더스북, 그림책을 읽다 보면 그림을 통해 어휘의 의미를 유추합니다. 책만으로 어휘유추가 잘 안 되는 듯하면 J1~J2단계 쉬운 그림사전을 같이 읽어보세요. 쉬운 책읽기 양과 단어를 모두 챙길 수 있습니다. 단, 그림사전 읽기를 싫어한다면 강요는 하지 마세요. 그림사전에 나온 단어를 외우게 하는 것도 피해주세요. 효과도 별로 없고 아이와 관계만 안 좋아집니다.

추천 J1~J2단계 쉬운 그림사전

| [J1] Maisy's Amazing Big Book of Words | [J1] Usborne First Thousand Words | [J2] First Thousand Words | [J2] Oxford First Picture Dictionary |

추천 J3단계 그림사전 (발전1 후반부, J3단계 영어책을 편하게 볼 때 읽어보기 권합니다.)

| [J3] The Cat in the Hat: Beginner Book Dictionary | [J3] Curious George's Dictionary | [J3] Clifford's Big Dictionary | [J3] Longman Children's Picture Dictionary |

〈발전1〉과정의 흘려듣기

1. 좋아하는 DVD가 나타나면 원하는 만큼 반복해서 보여주세요

무한 반복할 정도로 좋아하는 작품이 나오면 대성공입니다. 내용을 다 알겠다고 신나하며 주인공 흉내를 내고, 노래를 따라 부르기도 합니다. 줄거리를 이야기하고 싶어 입이 근질근질거립니다. 자연스럽게 아는 어휘가 늘고, 대사가 입에서 튀어나옵니다. 발음도 저절로 해결됩니다. 계속 같은 것만 본다고 걱정하지 말고 원할 때까지 보여주면서 다음 타자를 준비해주세요.

2. 아직까지는 낮은 단계 DVD를 보는 것이 영어 습득 면에서 더 효과적입니다

아이가 원하면 JD5단계 극장 개봉작을 봐도 됩니다. 그러나 반복의 효과를 얻고 싶다면 JD3~JD4단계 DVD를 더 찾아보세요. 아이가 좋아할 만한데 싫다고 거부했던 TV애니메이션 시리즈를 살짝 보여주면 "이렇게 재미있는 것을 그동안 왜 안 봤지?" 하며 보는 경우가 많습니다.

3. DVD 흘려듣기를 빼먹지 마세요

DVD 흘려듣기가 자유로우면 영어소리를 듣는 데 거부감이 없어집니다. 집중듣기 시간을 늘리고 싶다면 DVD 흘려듣기를 건너뛰거나 빼먹지 마세요.

1. 너무 어려운 책으로 집중듣기를 하면 읽기로 연결하기 어렵습니다

한 과정에서 오랜 기간 정체되는 집을 보면 너무 어려운 책으로 집중듣기를 한다는 공통점이 있습니다. 아이들은 한글책으로 읽은 책, DVD를 봐서 내용을 알거나 자기가 좋아하는 분야의 영어책은 J5단계 이상의 어려운 책이라도 듣고 싶어합니다. 원하면 들어도 괜찮습니다. 단, 어려운 집중듣기만 하면 읽기와 연결이 잘 안 됩니다. 쉬운 단계 집중듣기를 꼭 병행하고, 원하는 책을 다들었으면 J4단계 책으로 다시 돌아와야 합니다. 잠수네에서 제시하는 단계를 늘 유념해주세요.

2. 읽을 수 있는 책은 집중듣기에서 빼주세요

J3단계 쉬운 집중듣기를 하다 보면 시리즈 앞부분만 듣고 뒤는 읽겠다고 하는 경우가 있습니다. J4단계라도 그림책은 집중듣기를 여러 번 하고 나면 비교적 쉽게 읽습니다. 읽을 수 있는 책은 빼주세요. 군이 집중듣기할 필요가 없습니다.

3. 집중듣기에 푹 빠지게 하려면……

좋아하는 분야의 책을 최대한 구해주세요. 재미있는 책을 만나면 뒤의 내용이 궁금해서 1시간이 넘는 오디오CD를 앉은 자리에서 다 듣기도 하고, 집중듣기한 책을 반복해서 읽기도 합니다. 그동안 대여만 했다면 일정 양은 구입하는 것이 좋습니다. 또 보고 싶을 때 바로 볼 수 있도록요. 처음 집중듣기하는 챕터북은 글밥과 쪽수가 적은 컬러판 시리즈가 좋습니다.

〈발전1〉과정의 책읽기

1. 재미있는 책을 무한 공급해주세요

"영어책 읽기 시간을 어떻게 늘려야 하나요?"라고 묻는 분이 많습니다. 해법은 딱 하나, 재미있는 책을 찾는 것뿐입니다. 아이가 좋아하는 캐릭터가 나오는 책, 좋아하는 주제나 시리즈, 작가의 책을 찾아보는 거죠. 그러나 한글책을 안 읽는 아이라면 영어책 읽기가 매우 힘듭니다. 한글책의 재미를 같이 느끼도록 도와주세요. 동기부여가 되도록 북트리를 활용해도 좋습니다.

2. 특정 분야 책만 읽는 편독은 자연스러운 현상입니다

지금은 편독을 해도 될 시기입니다. 아이가 좋아하는 영역이 있다는 것만으로 도 행복한 거예요. '이래도 흥, 저래도 흥' 재미있는 책이 별로 없는 것에 비하 면 양반입니다. 공주나 요정 책, 공룡이나 자동차가 등장하는 책, 말도 안 되는 코믹 엽기물만 본다고 걱정하지 말고 더 재미있게 보도록 밀어주세요. 좋아하 는 분야가 있으면 책 고르기도 편하고, 아이도 신나게 읽습니다.

3. 묵독하는 아이를 의심하지 마세요

〈발전1〉과정의 책읽기는 자신 있는 책으로 15분 음독, 나머지 책은 묵독으로 읽습니다. 1쪽당 모르는 단어가 1, 2개 나오는 책이 적정한 수준입니다. 이 정 도면 단어를 찾지 않고, 해석 없이 읽을 수 있습니다. 묵독할 때 그림만 본다고 걱정하지 마세요. 그림만 보는 것도 책읽기입니다. 자꾸 보면 그림을 통해 내용 을 이해하고, 어휘와 영어문장의 의미를 깨치게 됩니다. 단, 영어책을 읽을 때 는 부모 옆에서 읽어야 합니다. 아직 아이 혼자 읽는 것은 이릅니다.

흘려듣기 (JD3~JD5)

[JD3-TV애니] Backyardigans 시리즈 (꾸러기 상상여행)
[JD4-TV애니] My Little Pony 시리즈 (마이 리틀 포니)
[JD4-TV애니] A Bunch of Munsch (Robert Munsch DVD 컬렉션)
[JD4-TV애니] The Cat in the Hat Knows a Lot About That! 시리즈 (닥터수스의 캣 인 더 햇)
[JD4-애니메이션] Arthur's Missing Pal (아서의 사라진 강아지 팔)
[JD5-TV애니] Phineas and Ferb 시리즈 (피니와 퍼브)
[JD5-애니메이션] Frozen 시리즈 (겨울왕국)

집중듣기

쉬운 집중듣기 (J3)

[J3-그림책] Silly Sally 🎧
[J3-그림책] We're Going on a Bear Hunt 🎧
[J3-그림책] Suddenly! 🎧
[J3-그림책] My Mum 🎧
[J3-그림책] Tooth Fairy 🎧
[J3-그림책] Five Little Monkeys Sitting in a Tree 🎧
[J3-그림책] Don't Do That! 🎧

[J3-리더스북] I Can Read Book 시리즈: Danny the Dinosaur (5권) 🎧
[J3-리더스북] Ready to Read 시리즈: SpongeBob Squarepants (23권) 🎧
[J3-그림책같은리더스북] Little Critter 시리즈 (90권) 🎧

어려운 집중듣기 (J4)

[J4-그림책] Green Eggs and Ham 🎧
[J4-그림책] Martha Speaks 🎧
[J4-그림책] Farmer Duck 🎧
[J4-그림책] Little Beauty 🎧
[J4-그림책] Caps for Sale 🎧
[J4-그림책] Pigsty 🎧
[J4-그림책] Diary of a 시리즈 (3권) 🎧

[J4-그림책같은리더스북] Lady Who Swallowed 시리즈 (11권) 🎧
[J4-그림책같은리더스북] Curious George 시리즈 (53권) 🎧
[J4-챕터북] Seriously Silly Colour 시리즈 (8권) 🎧
[J4-챕터북] Horrid Henry Early Reader 시리즈 (32권) 🎧

책읽기 (J1~J3)

[J1-그림책] Shh! We Have a Plan
[J1-그림책] Big, Bigger, Biggest
[J2-그림책] Far Far Away!
[J2-그림책] Cat the Cat 시리즈 (4권)
[J3-그림책] When I Was Five
[J3-그림책] Aaaarrgghh, Spider!
[J3-그림책] Pigeon 시리즈 (8권)

[J2-리더스북] Ready to Read 시리즈: Puppy Mudge (5권)
[J3-리더스북] Curious George TV Readers 시리즈 (13권)
[J3-리더스북] Green Light Readers 시리즈: Martha Speaks (3권)
[J3-그림책같은리더스북] Fly Guy 시리즈 (15권)
[J3-그림책같은리더스북] Penny 시리즈 (3권)

※ 1000권 읽기는 〈적응1〉, 〈적응2〉, 〈발전1〉과정의 〈잠수네's PICK〉과 〈컬렉션〉에 있는 영어책으로 시작합니다.
더 많은 책을 원하면 다음 책들을 추천합니다.

리더스북/그림책같은리더스북

[J2-리더스북] Learn to Read 시리즈: Level 2 (48권)

[J2-리더스북] Step into Reading 시리즈: Step 2 (72권)

[J2-리더스북] All Aboard Reading 시리즈: Level 1 (37권)

[J2-리더스북] I Can Read! 시리즈: Fancy Nancy Phonics (12권)

[J2-리더스북] Scholastic Reader 시리즈: Level 1 (73권)

[J2-리더스북] Puffin Easy-to-Read 시리즈: Tiny (5권)

[J2-리더스북] Step into Reading 시리즈: Pooh (8권)

[J2-리더스북] Bright and Early Books 시리즈 (27권)

[J2-리더스북] My Books 시리즈 (9권)

[J2-리더스북] Green Light Readers 시리즈: Level 1 (32권)

[J2-리더스북] First Little Readers 시리즈: Level B (25권)

[J2-리더스북] First Little Readers 시리즈: Level C (25권)

[J2-리더스북] Reading Adventures 시리즈: Disney Princess (10권)

[J2-리더스북] All Aboard Reading 시리즈: Max and Ruby (6권)

[J2-그림책같은 리더스북] Biscuit 시리즈 (36권)

[J2-그림책같은 리더스북] Read Me Beginners 시리즈 (10권)

[J3-리더스북] Ready to Read 시리즈: Olivia (16권)

[J3-리더스북] Oxford Reading Tree 시리즈: Stage 6~7 (40권)

[J3-리더스북] Iris and Walter 시리즈 (10권)

[J3-리더스북] I Can Read Book 시리즈: Pinkalicious (14권)

[J3−리더스북] Scholastic Reader 시리즈: Level 2 (37권)

[J3−리더스북] Zig Zag 시리즈 (22권)

[J3−리더스북] I Can Read Book 시리즈: Big Max (3권)

[J3−리더스북] All Aboard Reading 시리즈: Strawberry Shortcake (12권)

[J3−리더스북] Ready to Read 시리즈: Annie and Snowball (12권)

[J3−리더스북] Step into Reading 시리즈: Barbie (42권)

[J3−리더스북] New Wishy Washy Readers 시리즈 (30권)

[J3−리더스북] Puffin Easy−to−Read 시리즈: Fox (9권)

[J3−리더스북] Read at Home 시리즈: Level 3~5 (18권)

[J3−리더스북] Step into Reading 시리즈: Step 3 (53권)

[J3−리더스북] Beginner Books 시리즈

[J3−리더스북] Clifford Big Red Reader 시리즈 (19권)

[J3−리더스북] Folk & Fairy Tale Easy Readers 시리즈 (15권)

[J3−리더스북] Step into Reading 시리즈: Frozen (4권)

[J3−리더스북] Superhero Phonic Readers 시리즈 (10권)

[J3−리더스북] I Can Read Book 시리즈: Berenstain Bears (20권)

[J3−리더스북] Step into Reading 시리즈: Berenstain Bears (10권)

[J3−리더스북] I Can Read Book 시리즈: Morris (4권)

[J3−그림책같은 리더스북] Fancy Nancy 시리즈 (18권)

[J3−그림책같은 리더스북] Monster and Frog 시리즈 (7권)

그림책

[J1-그림책] Red Rockets and Rainbow Jelly

[J1-그림책] Yo! Yes?

[J1-그림책] Green

[J1-그림책] Susan Laughs

[J1-그림책] The Tortoise & the Hare

[J1-그림책] Good News Bad News

[J2-그림책] Mole Sisters 시리즈 (11권)

[J2-그림책] The Chick and the Duckling

[J2-그림책] Dogs

[J2-그림책] Coco Can't Wait!

[J2-그림책] It's a Little Book

[J2-그림책] Time to Say Please!

[J2-그림책] Dinosaur vs 시리즈 (5권)

[J2-그림책] Wibbly Pig 시리즈 (13권)

[J2-그림책] Dot

[J2-그림책] Is Everyone Ready for Fun?

[J2-그림책] Skeleton Hiccups

[J2-그림책] What's Wrong with My Hair?

[J2-그림책] Kevin Sherry: Ocean 시리즈 (2권)

[J2-그림책] The Happy Day

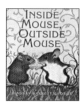

[J2-그림책] Inside Mouse, Outside Mouse

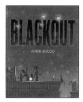

[J2-그림책] Blackout

[J2-그림책] The Other Day I Met a Bear

[J3-그림책] Five Little Monkeys 시리즈 (10권)

[J3-그림책] When Sophie Gets Angry – Really Really Angry…

[J3-그림책] Knuffle Bunny 시리즈 (3권)

[J3-그림책] The Stray Dog

[J3-그림책] The Odd Egg

[J3-그림책] The Secret Birthday Message

[J3-그림책] Pete's a Pizza

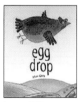

[J3-그림책] Egg Drop

[J3-그림책] Widget

[J3-그림책] My Lucky Day

[J3-그림책] That Is Not a Good Idea!

[J3-그림책] I Miss You Every Day

[J3-그림책] Nick Sharratt: 유머그림책 시리즈 (10권)

[J3-그림책] Each Peach Pear Plum

[J3-그림책] Baghead

[J3-그림책] Merry Christmas, Big Hungry Bear!

[J3-그림책] Spoon

[J3-챕터북]
Dodsworth Adventure
시리즈 (5권)

[J3-챕터북] Ogg and
Bob 시리즈 (2권)

[J3-챕터북] Missy's
Super Duper Royal
Deluxe 시리즈 (4권)

[J3-챕터북] Boris
시리즈 (4권)

[J3-챕터북] Rob
Lewis: Grandpa
시리즈 (4권)

[J4-챕터북] Nate
the Great 시리즈
(26권) 🎧

[J4-챕터북] Usborne
Young Reading
시리즈: Level 1
(61권) 🎧

[J4-챕터북]
Chameleons 시리즈
(20권) 🎧

[J4-챕터북] Starters
시리즈 (16권) 🎧

[J4-챕터북] Mr.
Dunfilling 시리즈
(4권) 🎧

[J4-챕터북] Martha
Speaks 챕터북
시리즈 (14권)

[J4-챕터북]
Commander Toad
시리즈 (7권)

[J4-챕터북] Choose
Your Own Adventure
– Dragonlark 시리즈
(16권)

[J4-챕터북] Perfectly
Princess 시리즈 (6권)

[J4-챕터북] Early
Reader 시리즈 (42권)

[J4-챕터북] Sally
Gardner: Early
Reader 시리즈
(6권) 🎧

[J4-챕터북] Judy
Moody & Stink 시리즈
(4권) 🎧

[J4-챕터북] Kung Pow
Chicken 시리즈 (4권)

[J4-챕터북] Pirate
School 시리즈 (5권)

[J4-챕터북] Gaskitts
Family 시리즈 (4권)

울 아들이 〈발전〉과정 중반쯤 되었을 무렵, 드디어 쉬운 책 1000권 읽기를 할 때가 되었구나 싶더군요. 언젠간 나도 1000권 읽기 시킬 때가 오겠지 하고 〈적응〉과정 시작할 때부터 J1~J3단계의 쉬운 책이 싸게 나올 때마다 사서 쟁겨놓게 되더라고요. 집중듣기하지 않은 책만으로 1000권 채우기는 경제적으로 힘든 것 같고 집중듣기한 책과 하지 않은 책을 반반씩 섞었어요. 얼추 집에 있는 책들을 모아보니 650여 권 되더군요. 이걸 2번씩만 읽으면 1000권 되니까 그렇게 할까 하다가 동네 도서관에도 쉽고 좋은 영어책들이 많아서 나머지는 도서관에서 대여해 읽었습니다.

처음엔 하루에 10권씩 딱 100일 동안 진행해보자 마음먹었지만 숙제하느라, 학교시험 공부하느라, 집안 행사나 학교 행사 등으로 피곤해서, 아파서 등 여러 가지 이유로 매일 진행한다는 게 말처럼 쉽지 않더라고요. 그래서 며칠 빠지는 날이 있다 보니 처음 계획했던 100일을 훌쩍 넘길 것 같아 겨울 방학하면서 하루 20권으로 바짝 올렸습니다.

50일째부터 슬슬 아이도 저도 지겨워지기 시작해서 100일까지 넘기면 안될 것 같아 20권으로 했는데 진짜 선배맘 말씀처럼 1000권 읽기 진행은 너무 오래 끌지 말고 짧고 굵게 하는 게 맞는 거 같아요. 아이에겐 다 읽으면 레고를 사주겠다고 약속했는데, 처음엔 신나서 룰루랄라 읽더니만 600권 넘어가면서부터는 점점 지겨워하는 눈치가 보여 중간에 사주고 다 읽고 또 사주어서 간신히 끝냈어요. 그래서 1000권 읽기는 어릴수록 진행하기가 더 수월한 것 같아요~.ㅋㅋ 이런 시책에도 넘어가니 말이에요. 머리 크면 이런 선물도 마다하지 않을까 싶어요.

1000권 읽기를 한 후 확실히 빨리 읽고 많이 읽어서인지 언음이 자연스러워졌어요. 또 학습서를 진행하는데 문법을 배워본 적 없는 아이가 거의 정답을 맞추더라고요. 어떻게 알았느냐고 물어보니 이유를 정확히 말하진 못해도 "그냥 이게 답 같아서"라고 하더군요. 그동안 많이 듣고 읽어놓은 게 머릿속 어딘가에 쌓여가고 있었나 봅니다.

1년 뒤 1번 더 1000권 읽기에 도전해볼까 생각 중이에요. 그다음엔 챕터북 500권, 그다음엔 소설 100권. 아이도 저도 조금씩 조금씩 나아지는 모습을 기대합니다. ^^*

1차, 2차, 3차 1000권 읽기
작성자: 예주서맘 (초3, 초1, 4세) … 현재 초4, 초2, 5세

읽기가 늘 제자리를 맴돌고 있다는 생각이 든 어느 날. 다시 처음부터 집에 있는 가장 쉬운 책부터 읽으며 채워보자는 생각으로 겨울방학 기간을 적극 활용하여 3000권 읽기를 하기로 했습니다.

처음부터 3000권 읽기라 하면 좀 어마어마해 보여 집에 있는 8쪽짜리 쉬운 책으로 1000권 읽기 하자고 하니 엄청 좋아라 했습니다. 그렇게 시작한 1차 1000권 읽기는 15일 만에 완료하였습니다.

· 1차: 2013. 12. 16 ~ 2013. 12. 30 (15일)

J1: 147권 15%

J2: 825권 83%

J3: 26권 3%

J4: 2권 0%

J1, J2단계 책들을 중심으로 1000권 읽기를 했습니다. 500권을 2번 반복해서 읽는 형식으로 1000권 읽기를 했는데, 집에 있는 J1, J2단계 책들은 모두 합쳐도 500권이 안 되어 조금 아깝다는 생각이 들었지만 눈 꼭 감고 새로 200권 정도 구입해서 진행했습니다. 쉬운 책이어도 새로운 책들이 들어오니 관심 있게 읽어 전혀 아깝지 않았답니다.

- **1차 1000권 읽기를 마치며**

1000권 읽기 완성 계획보다 하루 앞당겨 끝냈습니다. 작년 여름에 처음, 이번이 2번째죠. 〈잠수네 책벌레〉에 '도전 책읽기'가 생긴 후로 처음 하는 1000권 읽기, 주렁주렁 매달린 나무 열매들 보며 아이는 함박웃음을 지었습니다. 무엇보다 비록 쉬운 책이었지만 스스로 단시간에 많은 책을 읽어냈다는 게 대단한 자신감과 성취감을 심어준 것 같아요. "1000권 축하합니다!" 스스로 노래도 부르고 할머니에게 전화로 자랑도 하고 하늘을 날아갈 것같이 좋아했습니다.

· 2차: 2013. 12. 31 ~ 2014. 01. 22 (23일)
  J1: 1권 0%
  J2: 7권 1%
  J3: 871권 87%
  J4: 119권 12%
  J5: 2권 0%

1차 1000권 읽기 종료 이후 바로 다음 단계 책들로 2차 1000권 읽기에 들어갔습니다. 1차를 성공적으로 달성해서 자신감에 차 있었고, 엄마가 그 이후에 단계별 읽기를 했을 때 좋은 점에 대해 설명해주니 빨강이도 의욕적으로 다시 도전해보겠다고 했고요. 단계와 글밥이 조금 늘어 기간은 25일

징도로 계획하고 시작했습니다. 1차와 마찬가지로 500권 선정해서 2번 반복으로 1000권 읽기 하였고요. 집에 있는 책들이 부족하지는 않았지만 추가로 새로운 책들 구입해서 재미난 읽기를 지원해주었습니다.

- **2차 1000권 읽기를 마치며**

연이은 1000권 읽기에 피로감이 좀 생겼지만 계획대로 잘 진행해준 빨강이가 무척이나 대견하고 예뻤답니다. 엄마랑 둘이 2000권 읽기 축하 데이트도 하고 도매문구점에 가서 갖고 싶은 것도 마음껏 사고요. 방학이어서 가능했던 진행 같네요. 거의 대부분 집에 있는 책들로 진행했고, 중간에 J3 과학 리더스 넣을까 하다가 잠토링하는 잠토님께서 쉬운 논픽션은 의미 없다 하셔서 과감하게 덮고 그림책 위주로 대출해서 마무리했습니다.

· 3차: 2014. 01. 23 ~ 2014. 02. 28 (37일)
  J3: 22권 3%
  J4: 815권 82%
  J5: 153권 15%

3차 1000권 읽기에 바로 들어갔습니다. J4단계 중심으로 위아래 단계 섞어서 500권을 골라 2번 반복 진행입니다. 집에서 수없이 읽은 리더스들은 제외시켰습니다. 4단계 이상 안 읽은 그림책들이 많아서 이번에 읽고 넘어가려고 의도적으로 그림책을 많이 넣었습니다. 전에는 재미없다며 팽했던 책들도 시간이 지나 읽으니 재미있다는 반응을 보여주었고요. 물론 1, 2차와 마찬가지로 새로운 책들도 공급해주었습니다. 정말 마지막이다 생각하고 아낌없이. ^^

• 1~3차 3000권 읽기를 마치며

아마 가장 쉬운 단계는 잠수하면서 마지막 읽는다는 마음이 들더라구요. 3000권 몰아 읽고 나니 딱히 보이는 건 없어도 그간 생겼던 구멍들이 조금은 매꿔지는 느낌이 들었어요. 전체적으로는 아니더라도 J3단계까지는 좀 촘촘해지지 않았나 싶어요.

아! 이래서 잠수할 맛 난다! 감동의 순간들
작성자: 땡삼이 (초3)

감동 1.

요건 저희 집에서 사랑받는 《Peppa Pig 시리즈》 중 《The Tooth Fairy》라는 그림책의 일부입니다.

3단계 책이라 아직 인뚱님이 이걸 읽을 수준은 안 되구요. 인뚱님의 형 지뚱님이 이 책을 읽을 때였습니다. 이 장면의 윗부분에 보면 'One day after playing their dentist game, Peppa and George were eating their tea. Suddenly fell onto Peppa's plate'라는 문장이 나온답니다. 페파가 tea를 먹는 중에 갑자기 이빨이 빠진다는 이야기인데 지뚱이가 저에게 엄마 그런

데 tea가 뭐야? 하고 묻더라구요. 저는 그림은 제대로 보시 않고 페파가 영국 애니메이션이니까 아마 차를 마시는 모양이다 생각하고는 "응, 영국에서는 티타임이라고 해서 차를 마시는 시간이 있어. 페파도 그거 마시나 봐"라고 대답했지요. 그랬더니 지똥님 왈~. "엄마 그런데 차가 없는데?" 그 말을 듣고 그림을 들여다보니 정말 차가 없는 겁니다. '어~ 이상하네' 하고 찾아보니 간식이라는 의미가 있더라구요. 아이가 좋아하는 애니메이션이 책에서 'tea'라는 흔한 단어가 간식이라는 의미로 쓰인다는 새로운 사실을 스스로 알아가는 모습을 보면서 잠수, 정말 되는 방식이구나 감탄했던 적이 있답니다. ^^ 그래서 그림읽기가 중요하다는 사실을 깨달았구요.

감동 2.

J4단계 중《Captain Flinn and the Pirate Dinosaurs: Smugglers Bay!》의 일부입니다.

 요런 그림책이구요. 혹 해적, 캡틴, 싸움 놀이 좋아하는 아들 두신 분들에게는 권하고 싶은 책이니 표지도 구경하셔요.

이 책을 지뚱님이 넘넘 재미나게 읽어서 저도 어떤 내용인가 궁금해 같이 읽은 적이 있어요. 사진의 윗부분에 보시는 것처럼 'Captain Flinn ducked and grabbed the bottle of tomato ketchup'이라는 표현이 나오더군요. Ducked? 이게 뭐지 싶어 지뚱님과 인뚱님이 놀고 있는데 물어보았지요. "애들아! duck이 오리 말고 다른 무슨 뜻이 있어?" 그랬더니 큰아이가 "응, Duck은 벌이 쏘려고 할 때 Duck 하면 숙이는 거야. 꾸러기 상상 여행에 많이 나와!"라고 대답하더라구요. 옆에 있던 인뚱이도 "맞아. 'Duck!!' 하면 이렇게 숙이는 거야!"라고 몸짓까지 하더라구요. 단어의 다양한 의미를 책 속에서 파악해가며 거부감 없이 영어를 받아들이는 모습에 정말 흐뭇했습니다.

감동 3.
언제 이 책 읽나 한숨 쉬던 게 무색하게 6개월 후 집들으로 내용 파악, 다시 6개월 후 읽기 진행할 때입니다.

[J4] Arthur Adventure
시리즈

요게 바로 그 도서랍니다. 잠수 회원이면 누구나 아시는 잠수 베스트 도서지요. 큰아이가 〈적응1〉이던 시절에 제가 정말 그런 생각을 했더랬어요.

《아서 어드벤쳐》는 주변에서 잠수 진행 안 하는 집도 영어에 관심을 가지면 아는 도서더군요. 도대체 그 책이 뭔가 도서관에서 찾아본 적이 있거든요. 그 글밥에 기가 죽어서 울 아이는 언제쯤 할 수 있을까 걱정하던 기억이 있어요. 그런데 잠수님이 하라는 대로 했더니 몇 개월 후 우리 아이도

하더라구요. 이 책을 들고 읽는데 ㅗ 흐뭇함이란. ^^

어찌 보면 목표를 설정하는 것일 수도 있고, 자성 예언하는 것일 수도 있는데요. 이게 의외로 참 효과가 좋습니다. 잠수 구력 어지간히 가지고 계신 분들은 댁에다《해리포터》나 아이가 읽었음 좋겠다 하는 책을 미리 장만해두신다네요. 그 책을 들여다보며 저 책을 읽고 즐기는 그 순간을 위하여, 뭐 이럼시롱 아이와 함께 행복한 미래를 꿈꾸시는 모양인데 정말 그 순간이 왔을 때 상당한 기쁨이 있더라구요.

마지막으로 아이가 "엄마 우리 반 누구는 학원이 넘넘 싫대. 난 학원에 안 다니고 잠수해서 좋아"라고 할 때 감동적입니다. 현재 내 아이의 레벨이 성에 안 차도, 또 테스트에서 레벨이 출렁여도 엄마가 흔들리지 않도록 잡아주는 역할을 하기 때문에 이런 감동의 순간이 더욱 소중해요.

우리 집 흘려듣기 팁
작성자: 내사랑남매 (초4, 7세)

1. 아침시간을 활용한다

일어날 시간에 즐겨 보는 DVD나 책들의 음원만 틀어줍니다. 우리 아이는 학교 가기 1시간 전에 일어나 준비하는 덕에 아침에 흘려듣기를 1시간 정도는 하고 나갈 때가 있더라구요. 아침을 먹으면서 아는 대사나 지문이 들리면 중얼거리기도 해요.

2. 블록이나 종이접기, 그림 그리는 시간 등을 활용한다

집에서 잠깐 쉬고 싶어할 때나 주말에 블록이나 종이접기 등을 할 때 음원을 틀어줍니다. 가끔씩 스케치북에 연필로 끼적이며 그림 그리는 것을 좋아하는 우리 딸에게는 이럴 때에도 흘려듣기 하니 좋더라구요.

3. 차 안에서 즐겨보는 영화의 OST를 틀어준다

〈토이 스토리〉, 〈뮬란〉, 〈겨울왕국〉, 〈엘라〉, 〈슈퍼배드〉, 〈한나몬타나〉, 〈마다가스카〉, 〈애니〉, 〈하이스쿨뮤지컬〉 등에는 중간에 나오는 음악이 굉장히 많습니다. 차를 타고 오래 이동할 때 책 음원보다는 이런 음악을 틀어주면 줄줄 다 외워버리고 따라 합니다. 운전할 때도 신나고 애들은 아는 영화에서 나오는 음악을 따라 부르니 즐겁죠.

4. 집에서 음원을 들려주고 싶을 땐 노트북이나 휴대폰과 연동시킨 블루투스를 적극 활용한다

노트북으로는 다운받아 놓은 책 음원을 틀 때 블루투스와 연결시켜 플레이하면 스피커를 원하는 장소에 두고 깔끔한 소리로 볼륨 조절하며 신나게 들을 수 있어요. 그리고 식탁에서 식사하거나 간식 먹으며 유튜브로 영상을 볼 때도 블루투스로 들으면 좋은 소리로 편하게 들을 수 있어요. 유튜브에는 〈아서〉, 〈까이유〉, 〈소피아〉 등 아이들에게 유익한 영상들이 정말 많이 저장되어 있어 짬짬이 시간 날 때 활용하면 정말 편하고 좋더라구요.

〈발전2〉과정

〈발전2〉과정의 기준과 핵심

기준	J3단계 영어책을 거의 읽고 이해합니다.
핵심	읽기 폭설

〈발전2〉과정의 시간 배분과 진행

DVD 흘려듣기	JD4~JD5	1시간
집중듣기	J4~J5	30분
책읽기	J2~J4	1시간 이상

1. 영어책과 연계되는 TV애니메이션 시리즈를 열심히 찾아보세요

이제는 아이들이 알아서 DVD 보기를 챙길 때입니다. 내용을 다 알아듣게 되니 노는 시간 같거든요. 영어책과 연계되는 TV애니메이션 시리즈를 열심히 찾아보세요. DVD로 내용 이해가 되면 집중듣기와 책읽기가 물 흐르듯 편안하게 진행됩니다. DVD를 먼저 보고 집중듣기와 연계시켜도 좋고, 집중듣기한 영어책과 연계된 DVD를 보여주는 것도 좋습니다.

2. 집중듣기에 재미를 붙이면 읽기로 쉽게 연결됩니다

〈발전2〉과정부터는 집중듣기에 재미를 붙이는 아이들이 서서히 나타납니다. 집중듣기가 좋아지면 글밥 많은 책, 두꺼운 책에 대한 두려움이 사라집니다. 조금 어려운 책이라도 선뜻 읽어보려고 합니다. 그래서 책읽기만큼 집중듣기에도 신경을 써야 해요. 아이가 몰입해서 들을 만한 집중듣기 책을 찾아보세요.

3. 엄청난 양의 책을 읽을 때입니다

〈적응2〉과정에서는 쉬운 책읽기의 기반을 다지고, 〈발전1〉과정에서는 쉬운 책읽기로 양을 늘리는 데 목표를 두었습니다. 이제부터는 재미있게 많이 읽을 수 있도록 해주어야 합니다. 학기 중에는 최소 1시간, 주말이나 방학에는 그 이상 진행하도록 도와주세요. 〈발전1〉과정에서 했던 1000권 읽기 외에도 키 높이 쌓기, 책장 비우기 등 다양한 방법을 동원해서요. 단, 아직까지 15분 정도 음독을 할 때입니다. 그 이상은 모두 묵독입니다.

〈선택사항〉 어휘학습서

영어책을 많이 읽었어도 어휘 유추가 힘들다면 방학을 이용해 한차례 어휘를 짚어주는 것도 괜찮습니다. 책은 잘 읽고 이해도 잘하는데 철자를 유독 틀리는 아이도 어휘학습서를 한번쯤 해볼 만합니다. 어휘학습서는 학년별로 나온 교재가 좋습니다(한글 해석이 있는 것은 피해주세요). 아이가 편안하게 읽는 책보다 한 단계 아래 단계를 하면 부모가 봐주지 않아도 아이 혼자 쉽게 할 수 있습니다. 아이 혼자 하기 벅차면 맞지 않는 단계입니다. 더 쉬운 것을 찾아보세요.

추천 어휘학습서

Scholastic 100 Words Kids Need to Know 시리즈 (Grade1~2)

Vocabulary Connections 시리즈 (Level A~B)

Reading for Vocabulary 시리즈 (Level A~B)

Vocabulary Skills 시리즈 (Grade 2)

〈발전2〉과정의 흘려듣기

1. 좋아하는 DVD나 영어책의 소리를 따로따로 들려주어도 됩니다

아이가 좋아하는 영어소리를 짬짬이 들려주면 내용을 알아듣고 재미있어합니다. 단, DVD 흘려듣기 1시간은 꼭 지켜주세요.

2. 영어권 TV드라마는 좀 더 있다가 보여주세요

애니메이션이 유치하다고 TV드라마 위주로 보는 아이들이 있습니다. 부모가 먼저 TV드라마를 보여주는 집도 있고요. 어린이, 청소년을 대상으로 하는 드라마들은 시트콤같이 가볍고 자극적인 오락물이 많습니다. 이런 드라마 위주로 보면 잔잔하고 감동적인 영화는 재미없다고 보지 않을 가능성이 높습니다. 드라마나 영화는 좀 더 영어실력이 차오른 〈심화〉과정 이후, 또는 초등 5, 6학년이 되면 보여주세요.

3. 영어자막을 보고 싶어한다고 열어주지 마세요

잘 안 들리는 말을 확인하고 싶어 영어자막을 열기 원하는 아이들이 있습니다. 아직은 시기상조입니다. 영어자막을 여는 순간 글자에 집중하게 되므로 듣기효과가 반감됩니다. 오디오 소리만 듣고도 내용을 다 이해할 때까지는 자막을 가려야 합니다.

코칭 123 〈발전2〉과정의 집중듣기

1. 글밥 많고 두꺼운 책이 싫다면, 글밥 적고 얇은 책으로 하세요

언제나 아이가 원하는 책을 골라주는 것이 답입니다. 양이 채워지면 글밥이나 두께에 구애받지 않고 자연스럽게 집중듣기를 하게 됩니다. 한글책은 어떤가도 살펴보세요. 한글책도 글밥이나 두께에 두려움이 있다면 한글책부터 챙기는 것이 우선입니다.

2. 집중듣기만 하고 싶어한다면, 당분간은 원하는 대로 해주세요

들어서 내용을 거의 이해하면 집중듣기를 더 하고 싶어하는 경우가 종종 있습니다. 직접 읽는 것보다 이해가 더 잘된다고요. 집중듣기 시간이 늘어나면 책 읽기 시간이 실종되는 터라 걱정될 수 있습니다. 일시적으로 집중듣기에 몰입하는 것은 괜찮습니다. 그러나 읽기는 꼭 해야 합니다. 몰입하는 시리즈가 끝나면 책읽기를 같이 진행하세요.

3. 집중듣기와 책읽기의 단계, 너무 차이 나지 않게 해주세요

특히 DVD로 봤거나 한글책으로 읽었던 책이라면 재미있다고 해도 진짜 알고 듣는 것이 아닙니다. 기억에 의존해서 재미있다고 느낄 뿐입니다. 꼭 J6단계를 듣고 싶어한다면 J4단계를 읽을 때까지 조금 기다리자고 아이를 설득해주세요.

〈발전2〉과정의 책읽기

1. 반복읽기와 새 책읽기를 적절하게 섞어주세요

반복 없이 새 책만 읽으면 실력이 오르지 않습니다. 그러나 반복만 하고 새 책을 넣지 않으면 재미도 없고 어느 순간 한계에 부딪힙니다. 반복은 아이가 원하는 책으로, 새 책은 아이가 원하는 책 반, 부모가 읽었으면 하는 책 반 정도로 균형을 맞추면 좋습니다.

2. 책읽기 거품이 심하다면

〈발전2〉과정은 일명 거품방이라고 합니다. 턱없이 어렵고 두꺼운 책을 읽겠다고 하니까요. 집중듣기로 글밥과 두께에 대한 두려움이 많이 줄어 나타나는 현상이니 걱정하지 마세요. 조금만 지나면 거품이 꺼질 때가 옵니다. 글을 읽는 속도도 느려지고 책 단계도 내려갑니다.

3. 앞으로 3개월간 읽을 책을 미리 준비하세요

아이가 영어책을 정신없이 읽어갈 때 읽을 책이 똑 떨어지면 김이 팍 새버립니다. 읽을 책을 미리미리 준비해두어야 해요. 잠수네 베스트 책목록을 참조해서 아이의 취향에 맞는 책으로 현재 아이가 읽는 책과 같은 단계, 한 단계 위의 책을 같이 준비해주세요. 아이의 취향을 잘 모를 때는 읽은 책의 반응을 기록하면 좋습니다. 그러다 보면 어떤 분야를 좋아하는지, 몇 단계 책을 편안하게 읽는지 눈에 보입니다. 아이의 선호도를 안 다음에는 계속 재미있는 책을 찾아주세요. 아이가 재미있게 읽으면 부모도 영어책 찾기가 보물찾기처럼 재미있어집니다. 선순환이 되는 거죠.

흘려듣기 (JD4~JD5)

[JD4-TV애니] Smurfs 시리즈 (개구쟁이 스머프)
[JD4-TV애니] Jake and the Never Land Pirates 시리즈 (제이크와 네버랜드 해적들)
[JD4-애니메이션] Animated Tales of the World 시리즈 (애니메이션 세계전래동화)
[JD5-TV애니] Geronimo Stilton 시리즈 (제로니모의 모험)
[JD5-TV애니] Wayside School 시리즈 (웨이사이드 스쿨 시리즈)
[JD5-애니메이션] Kung Fu Panda 시리즈 (쿵푸 팬더)
[JD5-애니메이션] The Incredibles (인크레더블)

집중듣기 (J4~J5)

[J4-그림책] The Princess and the Dragon 🎧
[J4-그림책] If You Give a Mouse a Cookie 🎧
[J4-그림책] My Brother 🎧
[J4-그림책] One Fish, Two Fish, Red Fish, Blue Fish 🎧
[J4-그림책] If the Dinosaurs Came Back 🎧
[J5-그림책] Heckedy Peg 🎧
[J5-그림책] Puff, the Magic Dragon 🎧

[J5-그림책] Pumpkin Soup 🎧
[J5-그림책] Tacky the Penguin 🎧
[J5-그림책] Room on the Broom 🎧
[J5-그림책] Doctor De Soto 🎧
[J5-그림책] Chrysanthemum 🎧
[J5-그림책] Tikki Tikki Tembo 🎧
[J5-그림책] The Elephant and the Bad Baby 🎧

집중듣기 (J4~J5)

[J4-리더스북] First Greek Myths 시리즈 (8권) 🎧
[J4-그림책같은리더스북] Mr. Men 시리즈 (76권) 🎧
[J4-챕터북] Mr. Putter & Tabby 시리즈 (23권) 🎧
[J4-챕터북] Marvin Redpost 시리즈 (8권) 🎧
[J4-챕터북] Wayside School 시리즈 (3권) 🎧
[J5-챕터북] Franny K. Stein 시리즈 (7권) 🎧

책읽기 (J2~J4)

[J2-그림책] Ketchup on Your Cornflakes?
[J3-그림책] Joseph Had a Little Overcoat
[J3-그림책] John Himmelman: Rescue 시리즈 (4권)
[J3-그림책] Meg and Mog 시리즈 (19권)
[J4-그림책] Dog Breath
[J4-그림책] Look What I've Got!
[J4-그림책] Dumb Bunnies 시리즈 (4권)

[J3-그림책같은리더스북] Max and Ruby TV 시리즈 (25권)
[J3-그림책같은리더스북] Peppa Pig시리즈 (31권)
[J3-챕터북] Andy Griffiths: Humor 시리즈 (2권)
[J4-리더스북] World of Reading 시리즈: Phineas and Ferb (4권)
[J4-그림책같은리더스북] Robert Munsch 시리즈(48권)
[J4-그림책같은리더스북] Dav Pilkey: Dragon Tales 시리즈 (5권)

[JD4-TV애니] Arthur 시리즈 (아서)

[J4-그림책같은 리더스북] Arthur Adventure 시리즈 (32권) 🎧

[JD4-TV애니] Pippi Longstocking TV 시리즈 (말괄량이 삐삐)

[J5-챕터북] Pippi Longstocking 챕터북 시리즈 (4권)

[JD4-TV애니] Eloise TV 시리즈 (엘로이즈)

[J4-그림책같은 리더스북] Eloise 리더스북 시리즈 (6권)

[JD4-TV애니] Smurfs 시리즈 (개구쟁이 스머프)

[J3-리더스북] Smurfs 시리즈 (7권) 🎧

[JD4-TV애니] Horrid Henry 시리즈 (호리드 헨리)

[J4-챕터북] Horrid Henry 시리즈 (29권) 🎧

[JD4-TV애니] My Little Pony 시리즈 (마이 리틀 포니)

[J5-챕터북] My Little Pony 챕터북 시리즈 (10권)

[JD4-TV애니] A Bunch of Munsch (Robert Munsch DVD 컬렉션)

[J4-그림책같은 리더스북] Robert Munsch 시리즈 (48권) 🎧

[JD4-TV애니] Mr. Men and Little Miss 시리즈 (EQ의 천재들)

[J4-그림책같은 리더스북] Mr. Men 시리즈 (76권) 🎧

[JD4-TV애니] Jake and the Never Land Pirates 시리즈 (제이크와 네버랜드 해적들)

[J3-리더스북] World of Reading 시리즈: Jake and the Never Land Pirates (6권)

[JD4-TV애니] Sofia the First 시리즈 (리틀 프린세스 소피아)

[J4-그림책같은 리더스북] Sofia the First 시리즈 (8권)

[JD4-TV애니] Martha
Speaks 시리즈
(말하는 강아지 마사)

[J4-그림책] Martha
Speaks 그림책
시리즈 (7권)

[JD4-TV애니] The
Littles 시리즈 (리틀즈)

[J5-챕터북] Littles
시리즈 (13권)

[JD4-TV애니] George
Shrinks 시리즈
(조지가 줄었어요)

[J3-그림책] George
Shrinks

[JD4-TV애니] Wilf the
Witch's Dog 시리즈
(윌프 더 위치스 독)

[J4-그림책같은
리더스북] Witch's
Dog 시리즈 (9권)

[JD4-TV애니] Milly,
Molly 시리즈 (밀리,
몰리)

[J4-그림책같은
리더스북] Milly Molly
시리즈 (58권) 🎧

[JD4 – 애니메이션]
Barbie 시리즈 (바비)

[J3-리더스북] Step
into Reading 시리즈:
Barbie (42권)

[JD5-TV애니]
SpongeBob 시리즈
(스폰지 밥)

[J4-그림책같은
리더스북] SpongeBob
TV 시리즈 (24권) 🎧

[JD5-TV애니]
Geronimo Stilton 시리즈
(제로니모의 모험)

[J5-챕터북] Geronimo
Stilton 시리즈
(58권) 🎧

[JD5-TV애니] Avatar:
The Last Airbender
시리즈 (아바타:
아앙의 전설)

[J6-챕터북] Avatar
the Last Airbender
시리즈 (5권)

[JD5-TV애니] Lego
Ninjago: Masters of
Spinjitzu TV 시리즈
(레고 닌자고)

[J4-리더스북] LEGO
Ninjago Reader
시리즈 (9권)

[JD5-TV애니]
Wayside School
시리즈 (웨이사이드
스쿨 시리즈)

[J4-챕터북] Wayside
School 시리즈
(3권) 🎧

[JD5-TV애니]
Phineas and Ferb
시리즈 (피니와 퍼브)

[J4-리더스북] World
of Reading 시리즈:
Phineas and Ferb (4권)

[JD5-TV애니] Time
Warp Trio 시리즈
(시간여행 삼총사)

[J5-챕터북] Time
Warp Trio 시리즈
(19권) 🎧

[JD5-TV애니] Lego
Legends of Chima
시리즈 (레고 키마의
전설)

[J5-리더스북] DK
Readers 시리즈:
LEGO Legends of
Chima (3권)

[JD5-TV애니] Lego
Friends 시리즈 (레고
프렌즈)

[J5-리더스북] DK
Readers 시리즈:
LEGO Friends (5권)

[JD5-애니메이션]
Meet The Robinsons
(로빈슨 가족)

[J5-그림책] A
Day with Wilbur
Robinson 🎧

[JD5-TV애니] Fairly
Odd Parents 시리즈
(요절복통 수호천사
시리즈)

[J4-리더스북] Ready
to Read 시리즈:
Oddparents (7권)

[JD5-애니메이션]
Kung Fu Panda
시리즈 (쿵푸 팬더)

[J5-챕터북] Junior
Novel 시리즈: Kung
Fu Panda

[JD5-애니메이션]
How to Train Your
Dragon 시리즈
(드래곤 길들이기)

[J4-리더스북] Ready
to Read 시리즈: How
to Train Your Dragon
(3권)

[JD5-애니메이션]
Tinker Bell 시리즈
(팅커벨 시리즈)

[J4-리더스북] Step
into Reading 시리즈:
Tinker Bell (13권)

챕터북

[J4-챕터북] Junie
B. Jones 시리즈
(31권) 🎧

[J4-챕터북] Arthur
챕터북 시리즈
(33권) 🎧

[J4-챕터북] Zack Files
시리즈 (31권) 🎧

[J4-챕터북] Horrible
Harry 시리즈(29권) 🎧

[J4-챕터북] Horrid
Henry 시리즈
(29권) 🎧

[J4-챕터북] Garfield
챕터북 시리즈 (5권) 🎧

[J4-챕터북] Ivy +
Bean 시리즈 (10권) 🎧

[J5-챕터북] Rainbow
Magic 시리즈
(162권) 🎧

[J5-챕터북] Katie
Kazoo 시리즈
(35권) 🎧

[J5-챕터북] Andrew
Lost 시리즈 (18권) 🎧

[J5-챕터북] Tiara
Club 시리즈 (46권) 🎧

[J5-챕터북] Secrets
of Droon 시리즈
(36권) 🎧

[J5-챕터북]
SpongeBob 챕터북
시리즈 (14권) 🎧

[J5-챕터북] Judy
Moody 시리즈
(15권) 🎧

[J5-챕터북]
Encyclopedia Brown
시리즈 (29권) 🎧

[J5-챕터북] Thea
Stilton 시리즈
(24권) 🎧

[J5-챕터북] Monster
Manor 시리즈 (8권) 🎧

[J5-챕터북] Time Warp
Trio 시리즈 (19권) 🎧

[J5-챕터북] Jake
Drake 시리즈 (4권) 🎧

[J5-챕터북] Usborne
Young Reading
시리즈: Level 2
(56권) 🎧

그림책

[J4-그림책] Don't
Laugh at Me 🎧

[J4-그림책] Dry
Bones 🎧

[J4-그림책] Papa,
Please Get the Moon
for Me 🎧

[J4-그림책] Mole
Music 🎧

[J4-그림책] Silly
Billy 🎧

[J4-그림책] The
Gruffalo's Child 🎧

[J4-그림책]
Dogs Don't Wear
Sneakers 🎧

[J4-그림책] Five Little
Fiends 🎧

[J4-그림책] The
Giving Tree 🎧

[J4-그림책] Scaredy
Cats 🎧

[J5-그림책] Doctor
De Soto 🎧

[J5-그림책] The Story
of Little Babaji 🎧

[J5-그림책] One of
Each 🎧

[J5-그림책] Over the
Rainbow 🎧

[J5-그림책] The Story
of Ferdinand 🎧

[J5-그림책] Dr.
Dog 🎧

[J5-그림책] A Bad
Case of Stripes 🎧

[J5-그림책] Brave
Irene 🎧

[J5-그림책] Shrek! 🎧

[J5-그림책] Harvey
Slumfenburger's
Christmas Present 🎧

소설

100쪽 미만

[J4-소설] Freckle Juice 🎧

[J4-소설] The One in the Middle Is the Green Kangaroo 🎧

[J4-소설] The Bears on Hemlock Mountain 🎧

[J4-소설] Stuart's Cape 🎧

[J4-소설] Stuart Goes to School 🎧

[J4-소설] Mark Spark in the Dark 🎧

[J4-소설] The Owl Who Was Afraid of the Dark 🎧

[J4-소설] The Guard Dog 🎧

[J4-소설] The True Gift: A Christmas Story 🎧

[J4-소설] The Magic Finger 🎧

100쪽 이상

[J4-소설] Pain and the Great One 시리즈 (4권) 🎧

[J4-소설] Tales of a Fourth Grade Nothing 🎧

[J4-소설] Word After Word After Word 🎧

[J4-소설] Third Grade Angels 🎧

[J4-소설] My Dad's a Birdman 🎧

그림책 보여주기와 일단 책 깔고 보기가 핵심입니다

작성자: 바나나 (초3, 7세) … 현재 초4, 초1

저희는 도서관과 도서 대여, 도서 구입을 섞어서 이용 중입니다.

1. 그림책 보여주기

그림책은 수준이 낮을 줄로만 알았는데, 높은 단계의 그림책도 많고 좋은 문장에 훌륭한 그림들과 내용으로 채워진 책이 무척 많았습니다. 그림책은 도서 대여에서는 힘들고 무조건 도서관이 제일 많은 것 같습니다. 도서관에서 그림책이란 그림책은 잡히는 대로 쓸어오고 아이와 소장하고 싶은 책을 의논해서 정한 양을 읽을 때마다 선물하는 중입니다. 그림책은 정말 유치한 책부터 리더스보다 글밥 많은 녀석까지 골고루, 주제나 그림체 등을 다양하게 보여주려 노력 중입니다. 그림책을 함께 보여주며 단계를 올려가는 게 더 탄탄하다는 글을 보았고 저도 동의하는 바이기에 영어실력 향상, 감성 발달, 책을 보는 눈을 키워주는 여러 용도로 진행 중입니다.

2. 아니면 말고 식의 책 깔기

'잠수 하다 사리 나올 것 같다. 나는 보살이다'라는 생각들 많이 하셨을 겁니다. 저 역시 수도 없이 그런 생각을 했습니다. 아이와 진행 밀당을 하면서도 그러했지만, 편독의 성향이 있고 좋고 싫음이 분명한 애를 독려하여 책을 읽히려니 제가 성질 죽이고 움직이며 돈을 쓰는 방법밖에 없었습니다. 아이 취향을 파악하기까지 도서관에서 책을 종류별로 빌려서 앞에 깔았습니다. 도서 대여하는 곳에서도 마찬가지였습니다. 반응 오는 것 있음 그쪽으로 쭉 밀고 재미없어하면 창고행, 도서관 반납, 택배 반납, 유료 대여점 반납이었습니다. 처음에는 피가 거꾸로 솟는 줄 알았죠. '직장 생활의 꽃인

154   초등 3, 4학년을 위한 잠수네 영어공부법

점심시간도 포기하고 도서관 가서 빌려왔는데, 일주일 계약하고 돈 들어서 배송받았더니, 이걸 반납해?', '퇴근하면서 장바구니랑 같이 대여점에서 빌린 책바구니를 어깨 빠지도록 들고 왔더니 고작 저 몇 권?' 제 체력과 시간과 돈이 줄줄 새는 게 보이니 참기 힘들었습니다.

어느 정도 아이 도서 취향을 파악하고 있었다고 생각했는데, 사춘기님께 다가가며 아이의 취향도 바뀌어가고 변덕도 생기고. 책의 양이 절대적으로 많아지다 보니 이런저런 변수가 있었습니다. 그렇게 한 2주가 지나니 아이의 취향을 대충 파악하게 되었고, 도서 대여도 효율성을 띠게 되었습니다. 처음에는 귀염이 레벨의 책 혹은 그보다 어려운 책을 읽히기 위해 골몰하다 요즘은 더 쉽다고 여겨지는 책들도 같이 읽힙니다. 1000권 읽기를 함께 하고 있어서 격려 효과도 있고, 두꺼운 책 읽다가 한차례씩 얇은 책을 보면 몸과 맘이 개운해지는 듯해 보여 섞어서 진행 중입니다. 장단점이 있는 것 같은데, 귀염이는 얇거나 쉬운 책을 읽었다고 좀 더 두꺼운 책을 거부하지 하지 않아서 부담이 없기도 합니다. 그 두꺼운 책이 자기 입맛에 맞아야 한다는 문제점이 있긴 하지만 말이에요.

무식한 진행 중에 조그마하게 깨달은 점이 하나 있다면, 어려운 책이라고 다 좋은 게 아니다, 쉬운 책이라고 무시할 게 아니다, 아이가 흥미가 없어하는 책은 어쩌면 이해를 못해서일 수도 있다 정도입니다. 별거 아니죠. 다 선배맘들이 하는 말씀이에요. 저는 물에 빠져봐야 물 깊은 줄 아는 귀가 꽉 막힌 사람이었나 봐요~. 이제는 귀도 맘도 확 열었어요.

제일 짜증나는 건 운이 좋게 시리즈로 대여한 책을 안 봐서 눈물을 흘리며 반납했는데, 도서관에서 부분부분 빌려왔더니 번호별로 읽겠다고 떼 부릴 때였어요. 귀염이도 《로버트 먼치》랑 《해피 패밀리즈 시리즈》를 싫다고 싫다고 난리치더니 나중에는 배를 잡고 구르며 봤답니다.

지금부터 귀염이에게 권해 비교적 성공을 거둔 영어책들을 소개합니다.

1. 《ORT》 5~10단계 - 《매직키》 DVD와 더불어 진행하였는데, 웃다가 쓰러지게 좋아했어요.
2. 《Winnie the Witch》 - 마녀 관련 영어책은 구할 수 있는 한에서 다 구해 읽힌 듯.
3. 《Titchy Which》 - 마녀 타령해서 대령한 책, 귀여운 마녀 이야기.
4. 《Starter 시리즈》 - 핑크가 싫다는 이유로 팽했지만, 나중에 배 잡고 읽었던 책.
5. 《Mr. Putter & Tabby 시리즈》 - 문장 좋고 컬러풀하고 얇으나 나름 글이 꽉 차 있어 잘 활용.
6. 《Berenstain 시리즈》 - 베렌이는 항상 옳아요. 문장도 훌륭하고 내용도 따스하고 그림도 아기자기.

발전방에선 양으로 승부!
작성자: 아라리요 (초6, 초1) … 현재 중1, 초2

---

* 초3 12월 ~ 초4 8월: 〈발전2〉

발전방에선 양으로 승부해야 했던 것 같습니다('발전방에선 닥치고 읽어야지!' 하는 말을 잠친들과 농담 삼아 한 적이 있습니다. ㅎㅎ). 포뇨의 영어 진행 시간을 살펴보니, 발전방부터는 일 평균 3시간이 가능해졌는데, 그만큼 읽기 시간이 확보되더군요. 방학 중 팀방에선 읽기 폭설이 내렸어요. 1000권 읽기도 하고, 키높이 쌓기도 해보면서 정말 들이부었던 것 같습니다. 쉬운 리더스부터 시작하여, 챕터북, 쉬운 소설까지 많이 읽었던 것 같아요. 그림책도 함께한 것은 물론이구요. J5, J6단계의 그림이 멋진 그림책들에 빠져 열심히 읽었습니다.

* 집중듣기와 읽기

❶ 아서와 베렌의 진가를 알게 됩니다

[J4]《Arthur 챕터북 시리즈》

서서히 아서의 진가를 알아가더군요. DVD와 함께 이해도가 한층 높아졌어요.

[J5]《Berenstain Bears 시리즈》

베렌은 집듣만 3번 반복, 읽기로도 참 많이 반복했어요. 60권이 아쉬워 베렌이라면 가리지 않고 구해 읽었습니다. ㅎㅎ 베렌을 읽으면서 '아이의 심성도 좋아지지 않았을까?' 생각될 정도로 좋은 점이 많은 고마운 시리즈입니다.

❷ 챕터북도 좋아하게 됩니다

❸ 쉬운 소설도 도전하지요

재클린 윌슨, 쥬디 블룸, 로알드 달 작가의 책들을 좋아했어요. 갱지 챕터북을 극복하더니, 쉬운 소설들은 의외로 손쉽게 듣고 읽으며 챕터북보다 소설이 더 좋다고 이야기해줬어요.

〈빌진2〉에서 심화방으로 올 동안 읽은 책들을 보니 권수로는 약 3000권, 책 벌레 점수로 10만 점 정도 되니 레벨업을 했습니다.

* 초4 9월~ 초5 2월: 〈심화1〉

〈심화1〉에 있는 1년 6개월 동안은 발전방의 실력에서 서서히 제대로 된 심화방의 실력으로 차오르는 숙성기간이었던 것 같습니다. 초4부터 아침 집듣이 정착되고, 서서히 아침 집듣 시간도 늘려가며 집듣의 호흡도 늘리고, 오후에 영어책 읽을 시간을 확보하지요. 〈심화1〉 초기에는 그림책도 계속 사랑하며 열심히 읽었습니다. 포뇨는 집듣형 아이였습니다. 이 시기에 집듣이 읽기의 수준을 끌어올려주면, 읽기로 채워 제 실력으로 만들어나가는 수순이었던 것 같아요. 집듣은 J6 챕터북과 소설을 위주로 하고, 읽기는 낮은 단계부터 꾸준히 시작하여 소리 없이 바로 읽게 되기까지 열심히 읽었습니다. 소설 집듣을 위해 처음에 페어북도 많이 이용했는데요(한동안 이 부분 때문에 많이 고민했었지요) 영어가 더 편안해지니, 더 이상 페어북이 필요치 않았습니다.

집듣, 그 호들갑의 역사
작성자: 소피아사랑 (초6, 초2) … 현재 중1, 초3

---

* 소피아가 잠수를 시작하기까지

오늘의 주인공 초6 딸램 소피아는요 직장에 다니며 일에만 열심이던 엄마 덕에,

6세: 일반유치원의 주 2회 방과후 영어 1년
7세: 영어유치원

초1: 1학기 영어유치원 연계 영어학원/~12월 말 토스어학원

초2: 잠수 시작

이렇게 초등 2학년이 되어서야 잠수네를 하게 되었습니다. 영어유치원 다녔을 때는 영어로 수학/과학/일기 쓰기 하느라 고통의 나날들 보냈고, 초1까지 이어진 학원을 다니며 이미 영어에 진저리를 치게 됐습니다. 그제야 아이를 돌아보며 그냥 옆집 앞집 하듯 우리 아이 영어를 시키면 안 되겠다는 사실을 깨닫고 인터넷을 뒤지다가 마음에 끌리는 글을 따라가다 보니 잠수네에 다다랐어요. 지금 생각하면 주변에 잠수 소개해줄 사람 하나 없었나 싶은 마음도 들고, 나 혼자 이 좋은 곳을 찾아오다니 아이 키우며 내가 한 일 중 참으로 잘한 일이다 싶어 스스로를 칭찬하는 몇 안 되는 것 중 하나입니다.

그러나 시작 후 2년 동안 역시나 직장에 최선을 다하던 엄마였습니다. 소피아의 동생이 생기고, 동생은 수차례 수술을 받으며 힘든 병원 생활도 해야 했어요. 잠수를 알았으나 바라만보던 안개멤버 시절을 보내고 소피아가 초4가 되었을 때, 엄마는 동생의 간병과 육아를 위해 휴직합니다. 그래서 소피아의 잠수도 초4에 본격적으로 시작하게 되었습니다.

* 소피아의 집중듣기 이야기

아이와 함께 잠수를 시작하게 된 뒤 근 2년 동안 소피아는 집듣으로 명맥을 유지해왔습니다. 집중듣기만 좋아하고, 책읽기는 싫어라 하고(원인을 되짚어보면 부족했던 한글책 / 엄마의 책사냥 부재 등등), 학원은 못 가겠고, 그렇다고 잠수를 제대로 하는 것도 아니었던 초2, 3 시절은 거의 흘듣/집듣만 했습니다.

이후에도 우리 집 잠수의 메인은 집중듣기였습니다. 집중듣기에 따라 읽기

는 양을 채우면 금세금세 따라오는 것 같습니다. 집듣이 잘 굴러가야 책읽기도 좋은 분위기에서 양이 채워졌구요. 더불어 한글책 읽기에 힘을 주면 모두 맞물려간다는 점을 느꼈습니다. 집중듣기가 재미없고 어렵거나 힘들면 어느새 전반적인 분위기가 시들시들해졌어요.

그래서 집듣 책 고르기에 공을 들여야 했고 아이와 함께 고르며 답을 찾아갔습니다. 전적으로 아이에게 주도권을 주면서, 언제든 내려놓고 그만둘 수 있도록 했지요. 집듣이 얼마나 힘든지 알기에(옆에서 들어보고 혼자도 들어봤어요. 고통 그 자체) 궁디팡팡 정신으로 "엄마는 못해. 넌 정말 대단해"와 같은 격려로 분위기 띄워주면서요. '집듣 운전대는 소피아가 잡는다'를 모토로 진행했습니다. 분명히 잠수 영어는 집듣만 중요한 것은 아니지요. 3종 세트! 거기에 한글책까지 4종이 맞물려가는 것 잘 아시지요? ^^

* 처음으로 〈심화1〉: 2012. 7~2012. 12 (초4)

우여곡절 끝에 처음으로 심화방에 발을 들여놓은 것이 초4, 7월이었습니다. 그림책이나 리더스 집듣은 무수히 반복해주던 아이가 소설은 반복하지 않고 집듣을 이어갑니다. 그렇다고 반복을 권하지는 않았습니다. '그래, 네 맘대로 하세요'의 마인드로 이 또한 탐색이려니 하고 1번씩 들었습니다. 반복 없는 집듣의 시기와 엄마가 읽어주는 소리는 불편하다며 거부하기 시작했어요. 그러다 11월이 되어 'Jacqueline Wilson'을 만나게 됩니다. 스물스물 사춘기 흉내를 내고, 남자아이들을 이해 못하겠다며 친구 관계나 여자아이들의 심리에 대한 관심이 늘고, 엄마와 속내를 털어놓고 이야기하기 시작하고, 로알드 달과 클레멘타인으로 적응한 소설 집듣의 힘이 조금씩 생기는 지금, 그리고 어떤 책이 좋은지 엄마의 고민이 극한으로 치닫는 지금, 아이와 도서관에서 《Jacqueline Wilson 시리즈》들을 죽~ 늘어놓고 골랐습니다. 표지와 글씨 크기, 그림의 양 등을 훑어보던 소피아는 J5가 아닌 J6의 《Double Act》를 골랐네요(닉샤렛의 그림으로 루비와 가넷이 예쁘게 그려져 있어요. 정말 딱 소피아가 좋아하는 담백한 그림 스타일이에요).

그러고는 대박이 됩니다. 1시간씩 듣던 《Double Act》는 마지막 날 1시간 30분을 내리 들으며 마무리했구요. 그렇게나 싫다던 반복을 해줍니다. 글씨가 조금 더 작고 그림이 거의 없던 《Vicky Angel》을 눈물 그렁그렁 하며 들었습니다. 이어서 얇고 부담 없는 《Lizzie Zipmouth》와 《Sleep-overs》로 이어지면서 점점 재미있다고 좋아합니다. 《Sleep-overs》를 다 듣고 나서는 속이 시원하다며 얄미운 클레어가 미워죽겠고 데이지는 답답해 죽겠다며 복식호흡으로 흥분해주네요. ㅋㅋ 12월 들어서는 《The Worry Website》를 진행 중입니다. 이 시기에는 포폴의 기록이 홍수를 이룹니다.

- 책에 대한 이야기가 많아짐.
- '집듣이 재미있어졌다. 아침에 집듣부터 하겠다'라는 말을 함.
- 적기를 위해 아껴두길 잘했다.
- 읽기까지 함께할 수 있어 좋다.
- 시험공부와 병행해도 좋다.

1권, 1권 끊임없이 죽죽죽~ 책에 대한 재미가 폭발한 시기가 아닌가 합니다. 이렇게 재미있었으니, 후속타가 걱정되기도 했습니다. 그만큼 재미있지 않으면 열기가 식을까 해서요. 그런데 5단계 챕터북이 수월하게 들리니 역시나 재미있어라 했어요. 아이가 고른 책은 또 일상/학교 이야기였구요. 12월이 되어, 이제 다른 소설도 들어볼까? 하는 엄마 주도의 집듣은 2권만에 막을 내립니다.

〈심화1〉과정

〈심화1〉과정의 기준과 핵심

기준	J4단계 영어책을 거의 읽고 이해합니다.
핵심	재미있게 읽기

〈심화1〉과정의 시간 배분과 진행

DVD 흘려듣기	JD4~JD6	1시간
집중듣기	J5~J6	30분
책읽기	J3~J5	1시간

1. 애니메이션과 함께 TV드라마, 실사영화를 봐도 됩니다

이제는 대부분의 극장 개봉 애니메이션, 어린이 대상 TV드라마나 영화를 재미있게 볼 수 있습니다. 그러나 TV드라마나 영화는 초등 3, 4학년이 봐도 되는지 살펴봐야 합니다. 특히 영화 등급 12세 이상은 아이들 정서에 맞지 않거나 폭력물입니다. 보여주지 마세요.

2. 챕터북과 함께 소설 집중듣기를 추가합니다

J4~J5단계는 챕터북이 대다수였지만, J6단계부터는 소설이 많아집니

다. 소설은 챕터북에 비해 글밥이 많고 쪽수가 많습니다. 어휘나 문장이 다양하고 스토리가 탄탄합니다. 아이가 좋아할 만한 소설을 찾아보세요. 재미있게 본 한글번역책 작가의 작품이나 좋아하는 분야의 책을 찾으면 쉽습니다.

3. 소설 읽기로 가고 싶다면 그림책을 넣어주세요

챕터북은 재미있게 읽었는데 소설은 읽기 힘들어하는 아이들이 많습니다. 어휘와 문장 이해력이 탄탄하지 않기 때문입니다. 이럴 때는 당분간 J4~J5단계 그림책을 왕창 읽도록 해보세요. 영어그림책이 많은 도서관을 물색해서 열심히 빌려 보고, 주말에는 도서관에 가서 아이와 같이 그림책의 바다에 빠져보는 것도 좋습니다. 그림책을 많이 읽고 나면 문학작품에 대한 이해가 깊어지고, 소설 읽기를 이전처럼 겁내지 않게 됩니다.

〈선택사항〉 어휘학습서 or 독해학습서

어휘학습서와 독해학습서는 다지기용입니다. 책읽기만으로 어휘의 뜻,

글의 의미를 확실히 파악하지 못하는 아이나, 제대로 이해하는지 확인하고 싶을 때 해보세요. 사회, 과학 지식을 많이 읽는 아이라면 비문학 지문을 접하는 통로로 활용해보세요. 단, 학습서로는 영어실력이 올라가지 않습니다. 방학 때 단기간 동안 가볍게 해보세요. 아이가 편안하게 읽는 책보다 한 단계 아래를 하면 부모가 봐주지 않아도 아이 혼자 할 수 있습니다. 제일 쉬운 단계부터 시작해서 편안하게 읽는 단계보다 한 단계 낮은 수준까지가 적정선입니다. 아이 혼자 하기 벅차면 맞지 않는 단계입니다. 더 쉬운 것을 찾아보세요.

추천 독해학습서

[일반] Reading Comprehension Building Vocabulary and Meaning 시리즈 (Level A~F)

[일반] Making Connections 시리즈 (Level 1~6)

[일반] Best Practices in Reading 시리즈 (Level A~H)

[일반] New Multiple Reading Skills 시리즈 (Level A~I)

[사회] Content Reading (Social Science) 시리즈 (Level B~H)

[사회] The Five W's 시리즈 (Grade 1~5)

[과학] Content Reading (Science) 시리즈 (Level B~H)

[과학] Time for Kids Exploring Nonfiction 시리즈 (Level A~C)

추천 어휘학습서

Vocabulary
Connections 시리즈
(Level A~H)

Vocabulary Skills
시리즈
(Grade 2~6)

Connecting
Vocabulary 시리즈
(Level B~H)

Wordly Wise 3000
시리즈 (Book 1~12)

1. 단계에 구애받지 말고 DVD를 보여주세요

DVD 단계를 정해놓으니 영어책 단계가 올라가면 DVD 단계도 올려야 한다고 오해하는 분들이 계십니다. 꼭 단계를 올릴 필요는 없습니다. 아이가 원하는 DVD를 보여주세요.

2. 좋아하는 영어책은 오디오 소리만 따로 들어도 됩니다

집중듣기를 몇 시간이고 재미있게 하는 아이들은 영어책 소리만 따로 듣고 싶어하기도 합니다. 일시적으로 집중듣기 대신 오디오 소리만 따로 들어도 되지만, 집중듣기는 꾸준히 해야 합니다.

3. 집중듣기 수준과 시간에 너무 욕심내지 마세요

집중듣기로 영어책 읽기 수준을 끌어올리려는 마음이 앞서면 자꾸 높은 단계 영어책을 들이밀게 됩니다. 집중듣기 단계는 읽을 수 있는 책과 2단계 이상 차이가 나지 않도록 유의해주세요. 자칫하면 겉멋만 들고 속 빈 강정이 되기 쉽습니다. J5~J6단계에는 초등 3, 4학년 정서에 맞는 책들이 아주 많습니다. 이 수준만 탄탄하게 채워가도 영어실력이 죽 성장할 수 있습니다.

집중듣기를 1시간 이상 하는 아이들은 너무 재미있어서 하는 경우입니다. 원치 않는다면 30분이 최대치입니다. 이 정도만 꾸준히 해도 영어책을 수월하게 읽도록 도와주는 견인차가 됩니다. 대신 30분은 꼭 해야 합니다. 이 시간만큼은 지켜주세요.

1. 영어책 읽기에 빠져 한글책에 소홀할 수 있습니다

매일 일정 시간을 정해 영어책과 한글책을 읽기란 쉽지 않습니다. 영어책이 재미있으면 1시간이 아니라 2~3시간도 읽으려고 합니다. 이러다 보면 자연스레 한글책 읽는 시간이 줄거나 아예 사라지게 됩니다. 초등 3, 4학년은 영어책과 한글책 읽기 비중이 1:1은 되어야 합니다. 한글책을 주중에 많이 못 읽었다면 주말에는 몰아서 읽도록 해주세요.

2. 아이에게 영어책 선정의 주도권을 넘겨주세요

〈심화1〉과정에서는 J4~J5단계 영어책 읽기를 권합니다. 그러나 꼭 이 범위 안에서만 영어책을 고를 필요는 없습니다. 아이의 취향에 맞는 책을 꾸준히 찾아주되 선택은 아이에게 맡겨주세요. 집중듣기한 J6단계 책을 읽겠다고 하면 (어려울 텐데…… 생각이 들더라도) 아이가 원하는대로 해주세요. 여러 번 읽은 얇고 쉬운 책을 쌓아놓고 보더라도 나무라지 마세요. 도서관에서 공들여 빌린 책, 일껏 구입한 책을 안 본다고 부담주지도 말고요. 아이 스스로 어떤 책을 읽을지 고르는 과정에서 자기주도 능력, 책 읽는 재미, 진짜 영어 실력이 자라게 됩니다.

3. 휘리릭 읽는 아이, 정독이 안 된다고 고민하지 마세요

초등 3, 4학년에게 정독은 반복 읽기입니다. 재미있는 책을 반복해서 읽다 보면 줄거리, 등장인물의 관계 등을 생각하게 되니까요. 반복해서 책을 읽지 않는다면 재미있는 책을 더 찾아보세요.

흘려듣기 (JD5~JD6)

[JD5-TV애니] Magic School Bus 시리즈 (신기한 스쿨버스)
[JD5-TV애니] Avatar: The Last Airbender 시리즈 (아바타: 아앙의 전설)
[JD5-애니메이션] How to Train Your Dragon 시리즈 (드래곤 길들이기)
[JD5-애니메이션] Penguins of Madagascar (마다가스카의 펭귄)
[JD6-애니메이션] Despicable Me 시리즈 (슈퍼배드)
[JD6-TV드라마] The Suite Life of Zack and Cody 시리즈 (잭과 코디의 우리집은 스위트룸 시리즈)
[JD6-영화] Matilda (마틸다)

집중듣기 (J5~J6)

[J5-그림책] The Enormous Crocodile 🎧
[J5-그림책] Sylvester and the Magic Pebble 🎧
[J5-그림책] The Stinky Cheese Man and Other Fairly Stupid Tales 🎧
[J5-그림책] Take Me Home, Country Roads 🎧
[J5-그림책] Without You 🎧
[J5-그림책] The Polar Express 🎧
[J5-그림책] Jumanji 🎧

[J6-그림책] Cloudy with a Chance of Meatballs 🎧
[J6-그림책] I, Crocodile 🎧
[J6-그림책] Woodland Christmas: Twelve Days of Christmas in the North Woods 🎧
[J6-그림책] Caleb & Kate 🎧
[J6-그림책] The Real Fairy Storybook 🎧
[J6-그림책] Drummer Hoff 🎧
[J6-그림책] The Giraffe and the Pelly and Me 🎧

[J5-챕터북] Seriously Silly Stories 시리즈 (14권) 🎧
[J5-챕터북] A to Z Mysteries 시리즈 (26권) 🎧
[J5-소설] Sleep-Overs 🎧
[J5-소설] Fantastic Mr. Fox 🎧
[J6-챕터북] Crunchbone Castle Chronicles 시리즈 (4권) 🎧
[J6-소설] Sisters Grimm 시리즈 (10권) 🎧

책읽기 (J4~J5)

[J4-그림책] The Paper Bag Princess
[J4-그림책] Click, Clack, Moo: Cows That Type
[J4-그림책] Daisy 그림책 시리즈 (10권)
[J5-그림책] The True Story of the 3 Little Pigs!
[J5-그림책] Swim the Silver Sea, Joshie Otter
[J5-그림책] The Frog Prince Continued
[J5-그림책] The Three Little Wolves and the Big Bad Pig

[J4-그림책같은리더스북] Angelina Ballerina 시리즈 (20권)
[J4-챕터북] Mercy Watson 시리즈 (6권)
[J4-소설] The Magic Finger
[J4-지식책/과학] Fly Guy Presents 시리즈 (7권)
[J5-그림책같은리더스북] Berenstain Bears 시리즈 (97권)

[JD5-애니메이션] Ice Age 시리즈 (아이스 에이지)

[JD5-애니메이션] Tangled (라푼젤)

[JD5-영화] Hop (바니 버디)

[JD6-애니메이션] Ratatouille (라따뚜이)

[JD6-애니메이션] Mulan 시리즈 (뮬란)

[JD6-애니메이션] The Lorax (로렉스)

[JD6-애니메이션] Hotel Transylvania (몬스터 호텔)

[JD6-애니메이션] Osmosis Jones (오스모시스 존스)

[JD6-TV애니] Avatar: The Legend of Korra 시리즈 (아바타: 코라의 전설)

[JD6-TV애니] Dino Squad 시리즈 (다이노 스쿼드)

[JD6-TV드라마] Good Luck Charlie 시리즈 (찰리야 부탁해)

[JD6-영화] Jumanji (쥬만지)

[JD6-영화] Annie (애니)

[JD6-영화] Enchanted (마법에 걸린 사랑)

[JD6-영화] Stuart Little 시리즈 (스튜어트 리틀)

[JD6-영화] Mary Poppins (메리 포핀스)

[JD6-영화] Zathura (자투라)

[JD6-영화] Aliens In The Attic (다락방의 외계인)

[JD6-영화] Fly Away Home (아름다운 비행)

[JD6-영화] E. T. (이티)

J5단계 소설

[J5-소설] The
Miraculous Journey
of Edward Tulane 🎧

[J5-소설] Chocolate
Fever 🎧

[J5-소설] Lizzie
Zipmouth 🎧

[J5-소설] The Worry
Website 🎧

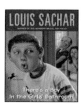

[J5-소설] There's
a Boy in the Girls'
Bathroom 🎧

[J5-소설] George's
Marvelous
Medicine 🎧

[J5-소설] Top
Secret 🎧

[J5-소설] The Twits 🎧

[J5-소설] Toys Go
Out 시리즈 (3권) 🎧

[J5-소설] Vicky
Angel 🎧

[J5-소설] The
Lemonade War 🎧

[J5-소설] Blubber 🎧

[J5-소설] Princess
Tales 시리즈 (8권) 🎧

[J5-소설]
Superfudge 🎧

[J5-소설] Rikki-
Tikki-Tavi 🎧

[J5-소설] The Mum-
Minder 🎧

[J5-소설] Muggie
Maggie 🎧

[J5-소설] Sophie
시리즈 (8권) 🎧

[J5-소설] Otherwise
Known as Sheila the
Great 🎧

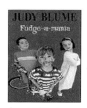

[J5-소설] Fudge-a-
Mania 🎧

J5단계 소설

[J5-소설] The Cat Mummy 🎧

[J5-소설] Cliffhanger 🎧

[J5-소설] The Tail of Emily Windsnap 🎧

[J5-소설] The War with Grandpa 🎧

[J5-소설] The Courage of Sarah Noble 🎧

[J5-소설] The Swoose 🎧

[J5-소설] Gooney Bird Greene 🎧

[J5-소설] Flora and Ulysses 🎧

[J5-소설] The Lemonade Club 🎧

[J5-소설] The Year of the Dog 🎧

[J5-소설] George Speaks 🎧

[J5-소설] Fortunately, the Milk 🎧

[J5-소설] Little Wolf's Book of Badness 🎧

[J5-소설] The Twin Giants 🎧

[J5-소설] Loudmouth Louis 🎧

[J5-소설] Someday Angeline 🎧

[J5-소설] Sophie Simon Solves Them All 🎧

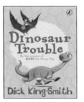

[J5-소설] Dinosaur Trouble 🎧

[J5-소설] Agatha Parrot and the Mushroom Boy 🎧

[J5-소설] The Fox Who Ate Books 🎧

J6단계 소설

[J6-소설] 39 Clues
시리즈 (12권) 🎧

[J6-소설] The Cricket
in Times Square 🎧

[J6-소설] Dork Diaries
시리즈 (12권) 🎧

[J6-소설] Dragon
Rider 🎧

[J6-소설] Frindle 🎧

[J6-소설] Where the
Mountain Meets the
Moon 🎧

[J6-소설] Molly Moon
시리즈 (6권) 🎧

[J6-소설] No
Talking 🎧

[J6-소설] Jennifer,
Hecate, MacBeth,
William McKinley, and
Me, Elizabeth 🎧

[J6-소설] Project
Mulberry 🎧

[J6-소설] The Report
Card 🎧

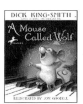

[J6-소설] A Mouse
Called Wolf 🎧

[J6-소설] Doll People
시리즈 (4권) 🎧

[J6-소설] A Long
Way from Chicago 🎧

[J6-소설] Igraine the
Brave 🎧

[J6-소설] You're a
Bad Man, Mr Gum! 🎧

[J6-소설] Lady
Lollipop 🎧

[J6-소설] Double
Act 🎧

[J6-소설] Worst
Witch 시리즈 (9권) 🎧

[J6-소설] The School
Mouse 🎧

J6단계 소설

[J6-소설] Tales of the Frog Princess 시리즈 (8권) ⌒

[J6-소설] Charlie and the Great Glass Elevator ⌒

[J6-소설] Henry Huggins 시리즈 (6권) ⌒

[J6-소설] The House at Pooh Corner ⌒

[J6-소설] Spy Dog ⌒

[J6-소설] Archer's Quest ⌒

[J6-소설] Masterpiece ⌒

[J6-소설] Gangsta Granny ⌒

[J6-소설] Mrs. Piggle-Wiggle 시리즈 (5권) ⌒

[J6-소설] The Last Holiday Concert ⌒

[J6-소설] Joey Pigza Swallowed The Key ⌒

[J6-소설] Ratburger ⌒

[J6-소설] Ramona and Her Father ⌒

[J6-소설] Ramona the Pest ⌒

[J6-소설] Billionaire Boy ⌒

[J6-소설] Ramona Quimby, Age 8 ⌒

[J6-소설] Secrets ⌒

[J6-소설] Whittington ⌒

[J6-소설] The Willoughbys ⌒

[J6-소설] The Hundred Dresses ⌒

잠수로 직진 〈고수〉되다
작성자: 잼난열공 (초6) … 현재 중1

1. 3학년: 〈심화〉와 〈발전〉을 오가다 (일 평균 3시간 13분)

3학년 3월, 〈심화1〉 영어교실 코칭페이퍼를 받고 레벨이 너무 높게 나와서 깜짝 놀랍니다. 그게 진짜 실력인 줄 알고 정신을 못 차립니다. 5월, 교내 말하기 대회에 직접 쓴 원고로 나가서 금상도 받고 자신감은 더 충만해집니다. 9월, 〈발전2〉로 떨어지고 정신을 좀 차립니다. 베스트 책 목록 인쇄해서 색깔 칠해가며 빠뜨린 그림책들 사고, 도서관에 있는 1단계 그림책부터 모두 읽히리라 대여하고, 유료 사이트에서 안 읽은 리더스류 낮은 단계부터 대여하고, 잔뜩 꼈던 거품을 빼려 노력합니다. 12월, 〈심화2〉로 다시 올라섭니다. 〈심화1, 2〉 점수 모두 커트라인에 걸리거나 1점을 살짝 넘긴 걸 보면 아직 먼 심화였던 것 같아요. 한글책 힘으로 심화방에 일찍 올라간 게 아닐까 생각합니다. 발전방은 양으로 채워야 한다는 걸 왜 실천 못했을까요? 엄마의 공부 부족입니다.

- 흘려듣기: DVD 보기에 조금 재미가 들린 듯합니다. 〈맥스 앤 루비〉, 〈엘로이즈〉, 〈아서〉 등을 좋아하면서 재미나게 봅니다. 좋아하는 실사영화도 생겨서 반복도 했었네요.
- 집중듣기: 챕터북도 하고 소설책도 집듣을 시작합니다. 좋아할 만한 책이나 본인이 고른 책이 답이었던 듯. 재클린 윌슨 책은 3번, 윔피키드는 2번씩 반복하기도 했어요.
- 사전 1쪽씩 읽기
- 책읽기

① 스스로 반복하며 찾기:《카멜레온》과《로켓 시리즈》는 대여로 보여줬던 책인데 다시 찾아서 결국 사주기도 합니다.

② 분야 넓혀보기:《스텝인투리딩》,《DK 리더스》등의 과학 · 사회분야도 읽기 시작합니다. 좋아했던 리더스, 챕터북류, 유머, 코믹, 엽기, 명작 패러디 등은 거의 먹혔던 듯합니다.

③ 늘 좋아하는 그림책: 배빗콜, 윌리엄 스테이그 등 좋아하는 작가 책과 잠수네 단계별 베스트 그림책.

* 잘한 점: 레벨 하락을 기회로 재점검해서 낮은 단계 책을 다시 돌아보고 시간을 채웠어요. 기록을 보니 1~9월까지 모자란 시간을 10~2월까지 채웠네요. 어렵지만 좋아할 만한 책은 권해봤습니다. 잠수 공부를 조금씩 했습니다.

* 후회되는 점: 낮은 단계 책을 채운다고 채웠지만 부족했어요. 언젠가는 이 단계를 채워야 하더라구요. 좋아하는 책은 소리듣기를 시도해볼걸…….

2. 4학년 : 〈심화2〉 (일 평균 3시간 28분)

• 흘려듣기: 애니만 좋아하다가 실사로 된 〈우리 가족은 마법사 시리즈〉도 시작합니다. 그전에 〈풀하우스〉도 조금 봤는데 그건 팽했어요. 나중에 아이가 고백하던데 〈우리 가족은 마법사〉는 좀 어려웠답니다. 하지만 어려운 게 그것뿐이었겠어요. 4학년 2월의 기록을 보니 재미난 DVD를 주니 흘듣이 쉬워진다라는 글이 있네요. 역시 재미가 답입니다.

• 집중듣기
① 재클린 윌슨 책으로 소설 집듣에 맛들이더니 뉴베리나 좋은 소설 집듣도 끼워넣습니다. 뉴베리는 좋아했던 책도 있지만 너무 이른 책도 있었

던 듯합니다. 아이와 책에 대한 충분한 대화가 필요합니다.

② 7월, 드디어《해리포터》집듣을 시작으로《위험한 대결 시리즈》를 아주 재미나게 듣습니다. 판타지 집듣의 세계로 이어집니다.

- 책읽기: 잠수네 그림책 단계별 베스트와 그 외 좋아하는 그림책과 챕터북, 소설책은 기본. 다양한 지식책도 읽습니다. 학습서(Vocabulary Connections - b, c)도 했구요.

3. 5학년: 〈심화3〉을 시작으로 6학년 12월 테스트에서 드디어 〈고수〉가 됩니다

졸업 전에 〈고수〉 달면 참 좋겠다는 잠수맘들의 꿈. 저 역시도 꾸었지요. 학년이 올라갈수록 점점 수학시간을 늘리면서 영어나 한글책 읽기가 소홀해질 수밖에 없는 상황이었는데, '초등이 아니면 언제하겠나'라는 맘으로 열심히 했어요. 6학년 땐 지치기도 많이 했지만 열심히 따라와준 열공이 기특합니다. 제일 잘한 건 잠수를 믿고 포기하지 않았다는 것입니다.

앞으로 로드맵은……
작성자: 헤르미온느 (초6) … 현재 중1

영어는 언제 시작하든 2학년 중반에서 5학년 중반이 시간을 왕창 투자할 적기인 듯합니다(이과 성향이라면 특히 수학에 매달리는 시점이 빨리 오므로). 이때까지 무조건 탄탄한 〈심화2〉를 만드시고, 이후 초5~초6에 꽉 찬 〈심화3〉, 〈고수〉 찍도록 목표를 잡으면 좋겠어요. 목표를 높게 잡아야 그 비슷한 언저리까지 갈 수 있더라구요.

왜냐하면 초등 고학년부턴 서서히 수학 양이 늘어나고 5학년 말 즈음부턴 아이 머리도 좀 여물기 시작하기에 수학 쪽으로도 양적으로 확 퍼부어야 급성장해요. 반면, 영어가 쪼그라들기 시작하는 슬픈 현상이 나타납니다. 그래서 영어, 수학 간 비율을 어떻게 잡을 것인지가 관건입니다. 집집마다 상황에 맞춰, 내 아이만의 목표와 진로, 로드맵에 따라 균형점을 잘 찾아보세요.

일반적으로는 한글책, 영어, 수학을 꾸준히 하되 어느 시점에 이르면 하나씩 집중해서 안정 궤도에 올려놓는 게 효율적이에요. 동시에 욕심내면 초등학교 졸업하는 시점에 아무것도 확실한 게 없는 애매한 상태가 될 수 있어요.

그리고 〈심화2〉에서 〈심화3〉 갈 때까지 벽이 꽤 높은데요, 이때쯤(〈심화2〉 중반?) 방학을 이용해 학습서로 다지기를 한차례 하고 가는 것도 추천해요. 물론 책읽기만으로 〈고수〉까지 가는 아이들 분명 있어요. 주로 책읽기 몰입형 딸내미들이죠. 여자아이들은 한글책도 엄청 좋아라 해요. 그런데 일반적으로 아들내미들, 감보다는 확실하고 분명한 거 좋아하는 이과 성향의 아이들이나 책을 다소 휘리릭 읽는 아이들은 그동안 읽고 들은 것들 정리해주고 아카데믹 어휘도 많이 접할 수 있도록

1) 사회/과학류 리딩 학습서 하고, 거기에 나온 단어들 좀 익히는 걸 일정 기간 병행해주든지
2) 논픽션 쪽 집들이라도 하든지
3) 한글지식책을 빵빵하게 읽든지 하는 게 좋겠더라구요.

잠수네 회원들 중 집들, 책읽기 하던 대로 3시간 이상 쭉 밀면서, 매일 꾸준히 30~40분 또는 주말이나 방학 때 몰아서 학습서(리딩, 어휘 조금) 챙기신 분들이 고수방으로 잘 진입하고 심화방에 있더라도 읽기가 이미 〈고수〉 실

력인 경우가 많더라구요.

그리고 문법은 급한 건 아니지만 〈심화3〉 무렵에 초6이면 6학년 여름방학 때쯤(빠르면 6학년 봄) 가장 쉬운 문법서로 짚어주면 문장 구조도 자리 잡히면서 어휘 좀 들어가고 리딩 스킬도 체득하면서 시너지가 나는 듯해요.

영어책의 재미를 느끼기까지
작성자: 빈빈이 (초5) … 현재 초6

저를 포함한 사교육을 정리하지 못하는 대부분의 엄마들은 이제까지 해온 게 아까워서, 또는 아이가 너무 좋아해서 등의 이유로 망설이다 시간만 흘려보냅니다. 그런데 막상 그만둬도 아이는 금방 적응하고 별일 없더라구요. 지금 이 순간에도 각종 사교육으로 잠수할 시간이 없으신 분이 계시다면 과감히 결단 내리시길. ^^ 불필요한 사교육을 정리하고 피아노만 주 2회 하다 보니 시간이 정말 많더라구요. 학교에 갔다 와서 간식 먹으며 저랑 얘기를 한참 해도 오후가 길었어요. 그러다 보니 자연스럽게 잠수하는 시간도 길어지는데 젤리또이의 경우는 읽기를 좋아했기에 읽기 시간이 늘어났어요. 아, 여기에서 읽기를 좋아했다는 건 듣기랑 비교했을 때 그렇다는 거지 영어책을 막 좋아해주고 그렇지는 않았네요.

그리고 이때부터 매일 2시간 동안 영어책 읽기를 했어요. 이전에도 2~3시간 읽은 적이 있긴 했지만 하루는 2시간 읽고 다음 날은 40분 읽는 등 진행 시간이 고르지 못했어요. 2시간 읽기를 하겠다고 마음먹은 뒤에는 단 1분이 부족해도 얇은 리더스북을 읽혀서 시간을 채워 습관을 잡았고 그러다 보니 어느 순간에 3~4시간 읽기도 가능해지더라구요.

처음부터 읽기를 좋아하는 아이는 없어요. 힘들 때는 엄마가 읽어주거나 아이랑 1줄씩 읽는 것도 좋아요. 가장 중요한 건 재미있는 책을 찾아주는 일이에요. 젤리또이는 1번 읽거나 들은 책을 반복하기 싫어했어요. 심지어 집든한 책도 내용을 다 안다고 읽으려 하지 않았어요. 만 원이 훌쩍 넘는 하드커버의 그림책은 사실 1번만 읽기에는 아깝잖아요. 하지만 싫다는 아이에게 반복을 권하지 않고 새 책을 계속 찾아준 건 참 잘한 일 같아요. 학원에 보낸다 생각하고 책도 많이 샀지만 1번 읽으면 반복하지 않는다는 아이 성향을 파악하곤 도서관도 많이 이용했어요. 아침에 아이와 나서서 아이는 학교로, 저는 도서관으로 갔어요. 도서관 그곳에서 사고 싶던 책을 발견했을 때는 '심봤다' 하는 마음이었구요. 그곳에서 장바구니 2개에 영어책을 가득 채워올 때는 정말 흐뭇했고, 하드커버의 예쁜 그림책들을 빌려올 때면 무거운 줄도 몰랐답니다.

아이가 집에 오면 빌려온 책을 마루에 펼쳐두고 1권씩 읽어나갔고 다 읽으면 기쁜 마음으로 다시 도서관으로 go go~. 지금 생각해보니 그 시절이 엄청 그립네요. 요즘은 당최 책이 줄어들지를 않아요. 아무튼 사교육을 정리하고 젤리또이가 열심히 읽어준 덕분에 심화방에 자리를 잘 잡았던 것 같습니다.

* 잠수하는 보람이 있었던 기억: 심화방에 온 지 얼마 되지 않았을 때 동네에 유명 리딩학원이 생겼어요. 듣고 읽기의 중요성을 느껴서인지 책 읽는 학원이 성행할 때였거든요. 주위의 많은 아이들이 테스트를 보러 갔고, 다른 학원을 다니면서 보조 개념으로 이곳에 등록하는 경우가 많았어요. 저도 젤리또이를 데리고 테스트를 보러 갔는데 그곳에서 많은 잠수 선배님이 들었다던 '해외에서 살다가 왔느냐'란 소리를 들었습니다. 지금 생각해도 기분 좋네요. 히히. 리딩만 테스트를 봐서 그런지 자기 학년 중에서

가장 높은 레벨이 나왔고 원장 선생님이 굳이 이 학원에 등록하지 말고 지금처럼만 집에서 영어하라고 하시더라구요. "잠수가 짱이야" 하면서 집으로 돌아왔네요. ^^

참, 도서관을 이용했던 제 나름의 팁을 드리자면요.

하나. 처음에는 그림책이든 챕터북이든 CD와 같이 사다 보니 꽤 비쌌는데 도서관에 있는 책은 CD가 딸린 경우가 많더라구요. 그 뒤부터는 CD를 빌려와 절약이 되었어요.

둘. 간혹 꼭 읽히고 싶은데 품절이거나, 하드커버라 가격이 비싼데 근처 도서관에도 없을 경우에는 책바다 서비스(www.nl.go.kr/nill)를 이용해보세요. 책바다는 전국의 도서관과 연계되어 택배비를 본인이 부담하면 원하는 도서관으로 책을 보내주는 서비스인데요. 저 같은 경우에는 구하기 힘든 그림책을 빌릴 때 이용했고 제주도에서도 책을 받아봤어요. 또, 사는 지역이 서울이신 경우는 역삼동에 위치한 '국립어린이청소년도서관'에 웬만한 그림책이 다 있더라구요.

셋, 'lib.sen.go.kr'은 서울시 통합도서관 사이트인데요, 몇 곳의 도서관에서 택배대출서비스를 해주고 있어요. 택배비는 본인 부담이구요. 빌리러 가기에 거리가 먼 도서관일 때 이용할 만하더라구요.

〈심화2, 3〉과정

〈심화2, 3〉과정의 기준과 핵심

기준	J5~J6단계 영어책을 거의 읽고 이해합니다.
핵심	재미있게 읽기

〈심화2〉과정의 시간 배분과 진행

DVD 흘려듣기	JD5~JD7	1시간
집중듣기	J5~J7	30분
책읽기	J4~J6	1시간

〈심화3〉과정의 시간 배분과 진행

DVD 흘려듣기	JD5~JD7	30분~1시간
집중듣기	J6~J7	30분
책읽기	J4~J7	1시간

1. 정서에 맞는 감동적인 영화를 보여주세요

그동안 재미 위주로 봤다면 이제는 '질'을 생각할 때입니다. 소설과 연결할 수 있는 애니메이션, 영화를 찾아보세요. 초등 3, 4학년도 재미있게 볼 만한 작품들이 꽤 있습니다.

2. 집중듣기 책은 정서를 감안해주세요

J7단계 이상 책 중에는 중학생은 되어야 읽을 만한 책이 많습니다. 주인공의 나이를 살펴보세요. 아이 학년과 너무 차이가 나면 들어도 제대로 이해하기 어렵습니다. 영어를 잘한다고 무작정 단계를 높일 것이 아니라 아이 나이에 맞는 책을 듣게 하는 것이 좋습니다.

3. 집중듣기와 읽기의 폭을 넓혀주세요

J5~J6단계를 잘 읽으면 읽을 수 있는 책이 아주 많습니다. 챕터북만 본 아이라면 소설도 한번 시도해보고, 창작책만 보는 아이라면 지식책도 살짝 넣어보세요. 소설을 어려워하는 아이라면 같은 단계의 그림책부터 읽게 하고, 지식책을 싫어하는 아이라면 이야기로 된 사회 · 과학지식책을 보여주면 재미있게 볼 수 있습니다.

4. 영어보다 한글책 읽기, 수학을 챙겨야 할 때입니다

초등 3, 4학년이 〈심화2〉과정까지 왔다면 영어는 안정권에 접어들었다고 볼 수 있습니다. 이제부터 영어실력도 유지하면서 한글책과 수학을 챙겨야 할 때입니다. 한글책과 영어책 읽기의 비중은 1:1 정도로 계속 유지해주세요. 수학은 아이의 수준에 맞게 심화학습을 합니다.

〈선택사항〉 Speaking & Writing

아이가 말하고 싶어하면 기회를 만들어주세요. 원어민 회화, 전화영어나 화상영어 등 여러 가지 방법이 있습니다. 그러나 굳이 말하기 연습을 하지 않아도, 꼭 영어로 말해야 하는 상황이 놓이면 하고 싶은 말은 다 할 수 있습니다. 듣고 읽기가 충분한 상태이기 때문입니다.

영어 글쓰기가 걱정된다면 한글로 쓴 일기를 보세요. 영어도 비슷한 수준으로 씁니다. 영어 글쓰기는 영어만 잘한다고 해결되지 않습니다. 우리말 글쓰기가 잘되어야 합니다. 우리말 글쓰기를 잘하려면 한글책으로 배경지식을 다지고, 다양한 경험도 해보며, 다각도로 생각하는 습관을 갖는 것이 먼저입니다. 지금은 영어일기 쓰기나 어휘/독해학습서의 글쓰기 부분을 활용해 연습하는 정도면 충분합니다.

코칭 123 〈심화2, 3〉과정의 흘려듣기, 집중듣기, 책읽기

1. DVD 흘려듣기, 오디오 흘려듣기 매체의 폭을 넓혀보세요

영어소리를 거의 이해하는 수준이므로 아이가 관심 있어 하는 영역의 사회 · 과학 다큐멘터리를 보여주세요. 집중듣기하지 않은 영어책 오디오CD도 재미있게 듣게 됩니다.

2. 집중듣기와 책읽기 단계가 같은 수준으로 가도 됩니다

언젠가는 집중듣기와 책읽기가 비슷해지는 시기가 옵니다. 아이가 즐기는 분야는 빨리 올 테고, 잘 안 읽는 영역은 더디 올 뿐입니다. 학년이 있으므로 이 시기가 오래가지는 않습니다. 5, 6학년, 중학생이 되면 그 나이에 맞는 책을 접하게 되니까요. 답은 아이에게 있습니다. 집중듣기를 원하면 집중듣기로, 읽기를 원하면 원하는 대로 해도 됩니다.

3. 이왕이면 좋은 책, 아이가 좋아할 만한 영어지식책도 찾아보세요

영어책은 아이가 좋아하는 영역으로 밀어준다가 원칙입니다. 그러나 판타지나 공주 등 아이들의 입맛에 맞춰 나온 가벼운 책에서 서서히 벗어나려는 노력도 필요합니다. 아이의 취향과 정서를 고려하되 어휘가 풍부한 책, 생각할 거리가 있는 책, 가슴을 울리는 책을 찾아보세요. 원서를 읽고 영화를 보거나, 영화를 보고 소설과 연결하는 것도 좋은 방법입니다.

흘려듣기 (JD5~JD7)

[JD5-애니메이션] Big Hero 6 (빅 히어로)
[JD6-TV애니] Adventures of Tintin 시리즈 (땡땡의 모험)
[JD6-TV드라마] Grandpa in My Pocket 시리즈 – 영국 BBC (그랜파 인 마이 포켓)
[JD6-TV드라마] Full House 시리즈 (풀하우스)
[JD6-영화] The Sound of Music (사운드 오브 뮤직)
[JD6-영화] Mr. Popper's Penguins (파퍼씨네 펭귄들)
[JD7-영화] Harry Potter 시리즈 (해리포터)

집중듣기 (J6~J7)

[J6-그림책] Swamp Angel 🎧
[J6-그림책] Runny Babbit 🎧
[J6-그림책] The Spider and the Fly 🎧
[J6-그림책] The Velveteen Rabbit 🎧
[J6-그림책] Ah, Music! 🎧
[J6-그림책] Fables 🎧
[J6-그림책] The Minpins 🎧

[J6-챕터북] Jack Stalwart 시리즈 (14권) 🎧
[J6-소설] Percy Jackson 시리즈 (7권) 🎧
[J6-소설] Ramona 시리즈 (8권) 🎧
[J6-소설] My Father's Dragon 시리즈 (3권) 🎧
[J6-지식책/사회] The Danger Zone 시리즈 (56권) 🎧
[J7-소설] Harry Potter 시리즈 (9권) 🎧
[J7-소설] George's Secret Key 시리즈 (4권) 🎧

책읽기 (J4~J6)

[J4-그림책] Fox in Socks
[J5-그림책] Prince Cinders
[J5-그림책] Angelina Ballerina 그림책 시리즈 (17권)
[J5-그림책] Library Mouse 시리즈 (5권)
[J6-그림책] Cactus Hotel
[J6-그림책] Weslandia
[J6-그림책] What If You Had Animal Teeth?

[J4-챕터북] Big Nate 시리즈 (9권)
[J4-소설] Pain and the Great One 시리즈 (4권)
[J5-챕터북] Captain Underpants 시리즈 (13권)
[J5-소설] Catwings 시리즈 (4권)
[J5-소설] Clementine 시리즈 (6권)
[J5-지식책/과학] Magic School Bus TV 시리즈 (33권)
[J6-소설] Lawn Boy

[J6-소설] Magic Shop Books 시리즈
[J6-시] Love That Dog
[J6-소설] The Great Gilly Hopkins
[J6-소설] The Whipping Boy
[J6-소설] The Family Under the Bridge
[J6-소설] Pie
[J6-소설] The School Mouse

[J5-소설] Spiderwick
Chronicles 시리즈 (7권) 🎧
[JD7-영화] The Spiderwick
Chronicles (스파이더위크가의
비밀)

[J5-소설] Stone Fox 🎧
[JD7-영화] Iron Will (늑대개)

[J5-소설] Charlotte's Web 🎧
[JD6-영화] Charlotte's Web
(샬롯의 거미줄)

[J5-소설] Because of Winn-
Dixie 🎧
[JD6-영화] Because of Winn-
Dixie (비커즈 오브 윈-딕시)

[J5-소설] How to Eat Fried
Worms 🎧
[JD6-영화] How to Eat Fried
Worms (구운 벌레 먹는 법)

[J5-소설] Sarah, Plain and
Tall 🎧
[JD7-영화] Sarah, Plain and
Tall (구혼 광고)

[J5-소설] Esio Trot 🎧
[JD6-영화] Esio Trot (에시오
트롯: 거북아 거북아)

[J5-소설] Lisa and Lottie
[JD6-영화] The Parent Trap
(페어런트 트랩)

[J5-소설] Caleb's Story 🎧
[JD7-영화] Sarah, Plain And
Tall: Winter's End (겨울의 끝)

[J5-소설] Skylark 🎧
[JD7-영화] Sarah, Plain and
Tall: Skylark (스카이락)

[J5-소설] The Iron Giant 🎧
[JD5-애니] The Iron Giant
(아이언 자이언트)

[J6-소설] Ella Enchanted 🎧
[JD6-영화] Ella Enchanted
(엘라 인첸티드)

[J6-소설] Matilda 🎧
[JD6-영화] Matilda (마틸다)

[J6-소설] Diary of a Wimpy
Kid 시리즈 (12권) 🎧
[JD6-영화] Diary Of A Wimpy
Kid 시리즈 (윔피 키드 시리즈)

[J6-소설] Mr. Popper's
Penguins 🎧
[JD6-영화] Mr. Popper's
Penguins (파퍼씨네 펭귄들)

[J6-소설] Charlie and the
Chocolate Factory 🎧
[JD6-영화] Charlie And The
Chocolate Factory (찰리와
초콜릿 공장)

[J6-소설] Nim's Island 🎧
[JD6-영화] Nim's Island (님스
아일랜드)

[J6-소설] Guardians of
Ga'hoole 시리즈 (17권) 🎧
[JD7-영화] Legend of the
Guardians: The Owls of
Ga'Hoole (가디언의 전설)

[J6-소설] Nanny McPhee
Returns 🎧
[JD6-영화] Nanny McPhee
And The Big Bang/Nanny
McPhee Returns (내니 맥피 2:
유모와 마법소동)

[J6-소설] Danny the
Champion of the World 🎧
[JD6-영화] Danny the
Champion of the World

[J6-소설] From the Mixed-
up Files of Mrs. Basil E.
Frankweiler 🎧
[JD6-영화] From the Mixed-
up Files of Mrs. Basil E.
Frankweiler

[J6-소설] The Witches 🎧
[JD6-영화] The Witches
(마녀와 루크)

[J6-소설] The Tale of
Despereaux 🎧
[JD5-애니] The Tale of
Despereaux (작은 영웅
데스페로)

[J6-소설] Little House 시리즈
(9권) 🎧
[JD7-TV드라마] Little House
on the Prairie 시리즈 (초원의
집 시리즈)

[J6-소설] The Trumpet of the
Swan 🎧
[JD5-애니] Trumpet of the
Swan (트럼펫을 부는 백조)

[J6-소설] Coraline 🎧
[JD6-애니] Coraline (코렐라인:
비밀의 문)

[J6-소설] Pippi Longstocking
시리즈 (3권) 🎧
[JD5-TV드라마] Pippi
Longstocking TV 시리즈
(말괄량이 삐삐)

[J6-소설] Beezus and
Ramona 🎧
[JD7-영화] Ramona and
Beezus (라모너 앤 비저스)

[J6-소설] Winnie-the-
Pooh 🎧
[JD3-애니] Winnie the Pooh
(곰돌이 푸)

[J6-소설] Dear Dumb Diary
시리즈 (13권) 🎧
[JD6-영화] Dear Dumb Diary

[J6-소설] James and the
Giant Peach 🎧
[JD6-영화] James and the
Giant Peach (제임스와 거대한
복숭아)

[J6-소설] Where the Red
Fern Grows 🎧
[JD6-영화] Where the Red
Fern Grows

[J6-소설] Harriet the Spy ∩
[JD6-영화] Harriet The Spy
(꼬마 스파이 해리)

[J6-소설] The BFG ∩
[JD6-애니] Roald Dahl's The
BFG (로알드 달의 BFG)

[J6-소설] Marley: A Dog Like
No Other
[JD7-영화] Marley & Me
(말리와 나)

[J6-소설] The Little Prince ∩
[JD7-영화] The Little Prince
(어린 왕자)

[J6-소설] Rufus M. ∩
[JD6-영화] Rufus M., Try
Again

[J6-소설] Lassie Come-Home
[JD6-영화] Lassie Come
Home (돌아온 래시)

[J6-소설] The Thief Lord ∩
[JD7-영화] The Thief Lord
(도둑왕)

[J6-소설] Half Moon
Investigations ∩
[JD6-TV드라마] Half Moon
Investigation 시리즈 (BBC)
(하프 문 인베스티게이션)

[J6-소설] King of the Wind ∩
[JD7-영화] King of the Wind
(바람의 왕)

[J6-소설] The Mouse and the
Motorcycle ∩
[JD5-영화] The Mouse and
the Motorcycle plus Bonus
Story

[J6-소설] Runaway Ralph ∩
[JD5-영화] Runaway Ralph

[J6-소설] Ralph S. Mouse ∩
[JD5-영화] Ralph S. Mouse

[J6-소설] Babe: The Gallant
Pig ∩
[JD6-영화] Babe (꼬마돼지
베이브)

[J6-소설] Chitty Chitty Bang
Bang!: The Magical Car ∩
[JD6-영화] Chitty Chitty Bang
Bang (치티치티 뱅뱅)

[J6-소설] The Adventures of
Tintin: A Novel
[JD7-영화] TinTin: The
Secret of the Unicorn (틴틴:
유니콘호의 비밀)

[J6-소설] Nim at Sea
[JD6-영화] Return to Nim's
Island (리턴 투 님스 아일랜드)

[J6–소설] Hotel for Dogs
[JD6–영화] Hotel For Dogs
(강아지 호텔)

[J6–소설] The Gremlins
[JD7–영화] Gremlins (그렘린 1)

[J7–소설] Harry Potter 시리즈
(9권) 🎧
[JD7–영화] Harry Potter
시리즈 (해리포터)

[J7–소설] Chronicles of Narnia
시리즈 (8권) 🎧
[JD7–영화] Chronicles Of
Narnia 시리즈 (나니아 연대기)

[J7–소설] Hoot 🎧
[JD7–영화] Hoot (훗)

[J7–소설] The Invention of
Hugo Cabret
[JD7–영화] Hugo (휴고)

[J7–소설] Island of the Blue
Dolphins 🎧
[JD6–영화] Island of the Blue
Dolphins (푸른 돌고래 섬)

[J7–소설] A Little Princess 🎧
[JD6–영화] A Little Princess
(소공녀)

[J7–소설] Redwall 시리즈
(21권) 🎧
[JD5–TV애니] Redwall 시리즈
(레드월)

[J7–소설] Inkheart (3권) 🎧
[JD7–영화] Inkheart (잉크하트:
어둠의 부활)

[J7–소설] The Neverending
Story 🎧
[JD6–영화] The Neverending
Story 시리즈 (네버앤딩 스토리)

[J7–소설] Old Yeller 🎧
[JD7–영화] Old Yeller (올드
옐러)

[J7–소설] The Reluctant
Dragon 🎧
[JD4–애니] Reluctant Dragon
(리럭턴트 드래곤)

[J7–소설] The Phantom
Tollbooth 🎧
[JD5–애니] The Phantom
Tollbooth

[J7–소설] Bridge to
Terabithia 🎧
[JD7–영화] Bridge to
Terabithia (비밀의숲
테라비시아)

[J7–소설] The Watsons Go to
Birmingham: 1963 🎧
[JD7–영화] The Watsons Go
to Birmingham (왓슨 가족,
버밍햄에 가다)

사회

[J4] Famous People
Famous Lives 시리즈
(31권)

[J4] Four Corners
Fluent 시리즈(20권)

[J4] Vote!

[J4] Gail Gibbons:
스포츠지식책 시리즈
(4권)

[J4] How a Book Is
Made

[J5] This is 시리즈
(17권)

[J5] How I Learned
Geography

[J5] Blast to the Past
시리즈 (8권) 🎧

[J5] What Do Authors
Do?

[J5] See Inside
시리즈 (17권)

[J5] Loreen Leedy:
사회그림책 시리즈

[J5] Terry Deary's
Historical Tales
시리즈 (24권) 🎧

[J5] Smart about
History 시리즈 (9권) 🎧

[J5] Me and My
사회/과학시리즈

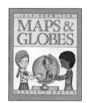

[J6] Maps and
Globes

[J6] Usborne Young
Reading 시리즈: 위인
(16권)

[J6] Ancient Greek
Myths 시리즈 (6권) 🎧

[J6] So You Want to
Be 시리즈 (3권)

[J6] Who Was?
시리즈 (70권) 🎧

[J6] The Danger
Zone 시리즈 (56권) 🎧

[J4] Fly Guy Presents
시리즈 (7권)

[J4] National
Geographic Readers
시리즈: Level 1 (12권)

[J5] Ruth Heller: How
to Hide 시리즈 (6권)

[J5] Extreme Readers
시리즈 (25권)

[J5] Sam's Science
시리즈 (4권)

[J5] Nature
Storybooks/Read
and Wonder 시리즈
(22권)

[J5] See More
Readers 시리즈:
Level 1 (12권)

[J5] Robert E. Wells:
과학그림책 시리즈
(10권)

[J5] Time For Kids
Science Scoops:
Level 3 (6권)

[J5] Magic School
Bus TV 시리즈
(33권) 🎧

[J5] Scholastic
Reader 시리즈:
Science (Level
4/10권)

[J5] Henry's House
시리즈 (7권)

[J6] DK Readers
시리즈: 과학 (41권) 🎧

[J6] I Wonder Why
시리즈 (44권)

[J6] Science Works
시리즈 (10권)

[J6] Open Wide:
Tooth School
Inside 🎧

[J6] Starry
Messenger

[J6] Ask Dr. K. Fisher
시리즈 (7권)

[J6] Explosion Zone
시리즈 (5권)

[J6] Magic School
Bus 그림책 시리즈
(12권)

미술/음악

[J4] Mini Masters
시리즈 (10권)

[J4] Art Is… 🎧

[J4] Seen Art?

[J5] Anholt's Artists
시리즈 (9권)

[J5] Katie 시리즈
(13권)

[J5] More Than
Meets the Eye:
Seeing Art with All
Five Senses 🎧

[J5] Dan's Angel

[J5] Looking at
Pictures 시리즈 (6권)

[J5] Smart About Art
시리즈 (9권) 🎧

[J6] Getting to Know
the World's Greatest
Artists 시리즈 (48권)

[J4] First Discovery
시리즈: Music
(10권) 🎧

[J4] Tubby the
Tuba 🎧

[J5] The Musical Life
of Gustav Mole 🎧

[J5] The Composer Is
Dead

[J6] Ah, Music! 🎧

[J6] The Lost Music:
Gustav Mole's War
on Noise

[J6] Meet the
Orchestra

[J6] Carnival of the
Animals

[J6] Getting to Know
the World's Greatest
Composers 시리즈
(13권)

[J7] The Story of the
Incredible Orchestra

몰입의 힘, 시간 확보가 핵심이다

작성자: 내려놓자 (초3) … 현재 초6

시간이 지나면 어느 정도 해결된다는 것을 알면서도 참 안달복달했던 것 같습니다. 지금이야 왜 그랬을까 싶지만 그땐 그만큼 절박했으니까요. 될 듯될 듯하면서도, 넘을 듯 넘을 듯하면서도 안 되니 조급함만 목까지 차 올랐죠. 영어책 읽기 시작한 지 얼마나 됐다고 말이죠. 3주밖에 안 되는 방학인지라, 푹 담궈볼 계산도 안 나와 남의 집 열잠하는 거나 구경해야겠다고 생각했는데 이 구경이 말처럼 쉽지는 않더군요. 3시간은 기본이요, 7시간씩 읽는 집들을 보면서 처음엔 속이 부글부글 끓었어요. '저게 말이 돼?', '애 잡는 거 아냐?' 하면서 심하게 태클만 걸었어요. 그러다 마음을 바꿨어요. '그래? 할수 있단 말이지? 그럼 우리 집도 한다!' 그러면서 맘속으로 빌고 또 빌었어요. 글로리아에게 텔레파시를 보내면서. ㅋㅋ 그랬더니, 이루어지더라구요! 네, 제가 읽기에 대한 욕심이 유별납니다. 적응방 탈출이 목표였던 이후, 그다음 목표가 〈심화〉도 아니요, 바로 "엄마, 영어책 읽는 게 재밌어 미쳐버리겠어요~" 하며 영어책의 재미에 빠진 글로리아 보는 거였거든요. ^^ 처음 4시간을 읽던 날은 가관도 아니었어요. 타이머 쳐다보며 씨름을 했죠. 근데, 그다음날 3시간을 읽으며 4시간에 비하면 너무 쉽다고 예전엔 왜 1시간 읽기도 그리 힘들었는지 이해가 안 된다고 하더라고요. 7시간을 읽고 나면 4시간이 우스워지고요.

그렇게 해서 11시간을 읽던 날, 아이가 힘들었냐구요? 아.니.요. 3시간 정도가 고비였던 것 같아요. 그 뒤론 탄력을 받더니 푹 빠져 읽더군요. 전 그저 제할 일 하고, 간식 대주고, 책 입력이나 했어요. 그러면서 서로 힘든 줄을 몰랐어요. 정말 뭐에 씐 듯 굴러가더라구요. 책장을 넘기며 눈에서 레이저 나오

● 초등 3, 4학년을 위한 잠수네 영어 실천편

는 모습을 보니 밥 안 먹어도 배부를 만큼 좋았습니다. ^_^ 아이 스스로 읽어보겠다는 마음이 생기고, 재밌는 책을 만나니 시간은 저절로 채워지더라고요. 이게 날마다 할 수 있는 일도 아니지만, 엄마가 시킨다고 해서 가능한 일도 아니겠지요? 몰입을 경험한 이후, 읽기에 많은 변화가 생기면서 아이의 자신감도 UP~!!! 잠수하면서 긍정의 힘을 다시 한 번 믿게 되었습니다.

우리 집에도 재미있는 책읽기가 되기를 바라면서도 그동안 놓친 것이 있어요. 선배님들이 누누이 말씀하시는 시간 확보! 그동안 3종 세트 골고루 진행하는 것에 젖어 밀어주기를 놓쳤어요. 아이는 자랐는데, 전 제 틀에 아이를 가둬놓은 격이었죠. 11시간 읽던 날도 집듣, 흘듣 다 챙겨가며 읽기에 빠진 아이의 마음을 자꾸 분산시켰답니다. 수학, 피아노까지 챙겨가면서요. 우리 집의 경우는 읽기에 빠지려면 적어도 3시간 이상은 확보되어야 몰입이 가능하더라구요. 그러다 보니 집듣도 점점 줄어들고 흘듣은 아예 못 보는 날도 생겼어요. 처음엔 많이 불안하고 어색했지만, 이젠 많이 적응되었습니다. 읽기에 힘이 실리자, 집듣은 되도록 편하게 가자 했더니 어느 날 집듣과 읽기가 비슷하게 흘러가고 있더군요. 지금은 챕터북보다도 소설 읽는 게 훨씬 재밌다니 당분간은 이해도와 상관 없이 팍팍 밀어주려구요. 집듣 때도 챕터북보다는 소설을 더 좋아하더니, 읽기도 마찬가지네요. 요즘은 그림책 읽는 게 더 힘들다고도 합니다. ^^;

그림책은 1시간 읽으려면 정말 용을 씁니다. 소설 읽는 짬짬이에도 읽기 싫다 하구요. 지금은 이렇지만, 언젠가 "엄마 이젠 그림책도 넘 재밌어요~!" 하는 날도 오리라 믿습니다. 그때그때 글로리아가 원하고 몰입하는 것들에 집중할 수 있도록 잘 살피고 올바로 방향을 잡아 꾸준하고 성실히 하려 합니다. 채웠다 비웠다 하면서 레벨은 널뛰기를 하겠지만 이젠 4학년이니 글로리아도 받아들일 수 있겠다 싶고요. 출렁거림 속에서도 엄마만 중심 잘 잡으면 되겠다는 마음으로 천천히, 글로리아와 즐잠하며 두 손 꼭 잡고 가볼 랍니다. 글로리아의 길을 향해~!

로알드 달의 소설과 《윔피키드》 열독, 뉴베리의 세계로
작성자: 참이쁜아이 (초4) ⋯ 현재 중1

1. 초4 가을: 로알드 달의 소설과 《윔피키드》를 열독하다

지난가을부터 두어 달 지속적으로 읽기 호흡을 늘이기 위해 애써왔고, 요즘 긍정적인 변화를 조금씩 느끼고 있다. 아이 성격상 긴 호흡의 도전이 어렵다는 점, 시리즈물로 이어가다 보면 호흡이 늘어진다는 점 등을 고려해 짧은 기간의 도전 과제와 소박하지만 잦은 보상으로 읽기를 격려하고 있다.

읽기 만만한 5~6단계 소설들을 골라 거실에 쌓아놓고, 각 책 마지막 페이지에 아이가 수집할 수 있게 분량이나 난이도에 따라 스티커를 붙여두었다. 100페이지 이내 소설은 스티커 1장, 150페이지 이상은 스티커 2장, 이런 식으로 정해두고, 스티커 붙이는 판을 만들어서 일정량이 채워지면 좋아하는 과자 1봉지씩, 그리고 칭찬 가득. ^^

〈발전〉과정에서 1000권 읽기 이후로 참으로 오랜만에 시도해보는 스티커 판이다. 곧 5학년이 될 녀석인데 아직 과자 1봉지, 껌 1통이 보상이 되는 것을 보면 철이 엄청 늦게 드는 것이 틀림없다.

이렇게라도 해서 어느 정도 지속적인 읽기가 자리 잡혀가니, 스티커를 모으고 과자를 받는 것도 좋지만 재미있는 책을 읽고 실력도 키우며 자부심을 느끼는 것이 더 큰 기쁨이라고 아이 스스로 말한다.

꾸준히 1~2시간씩 영어책을 붙들고 정말 달디달게 읽고 있는 모습이 기특하다. 요즘은 읽기나 집든 책을 고를 때, 페어북을 JK6~JK7 정도의 수준(아이가 즐겁게 또 충실히 읽는 한글책의 수준)에 맞추고, 판타지보다는 일상이나 모험 쪽의 소설에 초점을 두고 있다. 아이의 정신연령에 맞춘 괜찮은 책을 읽는 것이 결국 아이가 지속적으로 책에 흥미를 가지는 길이라는 생각이 들기 때문이다.

아쉬운 점은 영어책 읽기가 좀 안정되다 보니 집듣기나 한글책 읽기에 영 소홀해졌다는 것이다.

늘 여유만만한 나비꿈과 모든 영역에서 골고루 박자를 맞춰가기 참 어렵다. 하지만 지금 읽기에 몰입할 수 있다면 확실히 밀어주면서 또 다른 영역은 시기별로 채워나가는 것도 방법이겠다는 생각도 든다.

2. 초4 겨울방학: 뉴베리의 세계로

올 2월은 흔히 아이들이 꿈에 그리는 방학답게 아주 잘 쉬면서 지낸 듯하다. 읽고 싶을 때 읽고, 영화 보고 싶을 때 보고, 놀고 싶을 때 놀고, 먹고 싶을 때 먹으면서. 이렇게 여유가 넘칠 때, 좀 더 영어에 몰입해주었으면 하는 엄마의 바람이 있지만 아이 입장에서는 딱 이 정도가 잘 소화하며 즐기는 상황인 듯. 집듣하다 보면 멈춰놓고 자기 생각 말하고 줄거리 생중계하느라 더 바쁘고, 책은 꼼꼼히 보는 건지 중간중간 먼 나라로 외출이라도 하는 건지 모르겠지만 무진장 오~래 걸려 읽으니 아이의 현재 특성으로 이해하며 지켜볼 수밖에 없는 듯.

이달엔 어쩌다 보니 주로 뉴베리 수상작들로 집중듣기를 했는데 아이의 반응이 좋았다. 어느새 J7단계 집중듣기가 수월해진 듯. 체감적으로 J6과 별다른 차이를 못 느끼는 것 같다. 이젠 책을 선택함에 있어서 언어적 레벨보다는 다루는 내용의 난이도가 더 중요하게 여겨진다.

흘려듣기는 이달부터 처음으로 TV드라마 시리즈물을 보기 시작했다. 처음 1, 2편은 더러 놓치는지 몇몇 장면을 되돌려 확인하기도 하더니, 좀 익숙해지고는 무난히 잘 본다. 〈The Suite Life of Zack and Cody〉는 깔깔 대며 즐겁게 보더니, 어느 순간부터 이야기 전개 패턴이 비슷해서 지루하다며 크게 선호하지 않았다. 그래서 〈Merlin 시리즈〉를 보여주었더니 무섭다면서도 오히려 재미있게 보고 있다. 비록 매회 몇 명씩 죽어나가더라도 장편 서사를 선호하는 남자아이 취향에 딱 맞아 떨어진 것 같다. 잠자리에 누워서 자신만의 패러디 버전 'The Knights of the Square Table'이라고 제목 붙인 황당한 얘기를 들려준다.

책읽기는 매일 1시간씩 꾸준히 읽은 것에 만족하는 정도. 구입 후 책장에서 잠자고 있던 《Jack Stalwart 시리즈》를 찾아내 열렬히 읽었고, 이제는 식었겠지 생각했던 《Star Wars》에 대한 사랑이 다시 타올라 틈틈이 끼고 지내느라 읽어줬으면 했던 괜찮은 소설들은 뒷방 신세가 된 것이 좀 안타까웠던 달이다. 요즘 들어 아이의 영어에 빈 구석이 많이 보이지만 뭔가 채워졌기에 빈 구석도 보이는 것이라 위안을 삼아본다. 성실함을 놓치지 않는다면 앞으로 채워나갈 수 있는 시간과 기회가 더 많다는 긍정적인 생각과 더불어.

오히려 나비꿈에게 지금 집중해야 할 것은 영어나 수학보다는 우리말 독서의 폭과 깊이를 넓히고 우리말 글쓰기를 즐기는 일이라는 생각이 든다. 아이 곁에서 여유로움을 유지하며 중심을 든든히 잡고 아이가 오로지 자신의 길을 발견하고 집중하도록 도와줘야겠다고 다짐, 또 다짐해본다.

영어책 레벨을 높여갈 때 주의할 점
작성자: 엄마고니 (초4, 7세) … 현재 초5, 초1

까불군이 초2 가을에 갑자기 〈심화〉에 들어서면서 J6단계 책들도 미리미리 모으고 영어책 눈만 하염없이 높아가던 시절이 있었어요. 엄마 맘이 얼마나 앞서가던지요. 그런데 이게 단점이 꽤 많아요. 특히 남자애들이요(판타지, 첩보물 등등).

일단 이렇게 영어책 단계를 높여가려면 재미를 느끼게 해야 하니, 엄마는 아이가 영어책에 몰입하도록 흥미 위주의 책을 지속적으로 대주게 되는데 부작용은 한글책 양서, 지식책들에 대한 흥미도가 급감한다는 거예요. 당연히 한글책 양도 줄고요. 영어책도 차분, 잔잔한 거에 흥미를 못 느끼게 됩니다. 또, 빠르게 레벨이 높아지면서 책 내용을 제대로 느끼지 못하고 스토리 라인 위주로 읽는 경향이 생길 수 있어요. 책에서 반만 얻는 거지요. 반복을 잘하는 아이라면 거듭해서 보면서 이 부분이 해결되겠지만 까불이같이 반복 싫어하면 그것도 아니구요.

적당한 영어책을 공급하는 문제도 있어요. 〈잠수네 책나무〉에 많은 책이 있긴 하지만 코드 맞춰서 읽히려면 무궁무진까지도 아니죠. 제가 까불이 보는 영어책을 다 보는 것이 아니니 세부 내용까지 완전하게 확인은 안 되잖아요. 한글책도 JK6만 가도 초등 고학년에 보는 게 좋겠다 싶은 내용이 간간히 나옵니다. 지금 까불이 나이에 이 정도 진행으로 하는 집들을 보면 이런 분위기 좀 느끼실 수 있을 것 같습니다.

초3에 너무 빨리 가면 나중에 할 책이 없다는 말을 들은 적이 있는데(물론 저희 집이 그 정도까지는 아니에요) 요즘은 그게 무슨 뜻인지 이해가 갑니다. 영어책이야 아마존을 봐도 되고 정말 엄청나게 많지만 문제는 엄마가 그 중에서 적당한 것을 찾아주기가 힘들다는 거죠. 음, 엄마가 영어를 무지 잘해서 단시간에 책 파악이 되는 분이면 예외고요.

마지막으로, 제가 가장 중요하게 생각하는 부분은 한글책에 충분한 관심과 시간을 배정하지 못하게 된다는 점입니다. 엄마도 아이도요. 저의 경우 자꾸 한글책 공부보다 영어책 공부에 더 관심이 가더라구요. 하지만 선배맘들의 진행을 볼수록 영어책보다는 한글책이 훨씬 중요하다는 사실, 특히 고르면서 수준 높게 한글책을 보는 게 중요하다는 점을 느끼고 있습니다. 이건 아이의 정신적 성숙이나 미래에 대한 생각들과도 연결되죠. 즉 질적, 양적으로 아이의 그릇을 키우는 건 제대로 된 한글책 독서라고 생각해요. 저는 벌써 1달 넘게 까불군에게 밤마다 한글책을 15분씩 읽어줍니다. 한글책 다시 키워주느라고요. 초1까지는 틈나는 대로 한글책 봐대던 분이시거든요. 그래도 예전 모습이 잘 안 돌아와요. 영어책 재미에 빠져서는. --;; 이제는 매일 저녁 1시간씩 한글책 읽기를 의무적으로 시켜야 하나 생각 중입니다. 이건 영어책으로 하던 것보다 훨씬 더 어려워요. 영어는 재밌다는 것만 찾아주면 되었는데 한글책은 저도 내용이 훤히 보이니 그렇게만 대주기도 맘이 편치 않거든요. 아무튼, 문제점은 다 말씀드렸고 당부드리고 싶은 점들은

1. 영어책 수준을 빨리빨리 높여 가고픈 마음에 재갈을 채워야 해요. 과속하지 않게. 아이가 몰입하는 흐뭇한 모습이 잠수맘에게는 뽕이어요. ^^ 그래서 자꾸 흥미 위주, 재미가 큰 책을 대주고픈 마음이 자란다는 거. 한글책과 영어책이 고르게, 영역별로 다양하게 갈 수 있도록 엄마의 마음 관리, 책 관리가 정말 중요해요(이게 힘든 거죠. 고르게 안 되면 번갈아서라도!).

2. 영어책도 대박 책만 연속해서 대지 말고(제가 그랬어요) 판타지가 들어가면 그담에는 일상 코드도 좀 보는 식으로 섞어서요(아이와 이렇게 하는데 합의가 필요할 수도 있어요).

3. 일찍 심화방 들어온 아이들은 영어도 다양한 분야로 확장도 해보면 좋을 듯요. 잡지도 있고 과학, 역사 분야도 있으니 어휘를 다양하게 얻어갈 수 있도록요.

초등 3, 4학년을 위한

잠수네
수학공부법

2

초등 **3, 4** 학년

수학, 이것이
궁금해요

수학에 자신감을
가지려면?

• • • •

초등 3, 4학년은 슬슬 수학이 고민이 되는 시기입니다. 수학교과서 내용이 어려워지고, 벌써 달려가는 아이들이 보이기 시작하면 부모는 '수학을 봐줄 수 있는 실력이 아닌데 어떻게 이끌어주나' 하는 걱정을 하게 됩니다.

부모가 수학을 겁내면 아이도 수학을 두려워합니다. 부모가 수학을 잘 못했어도 아이의 수학공부를 충분히 이끌어줄 수 있습니다. 수학문제를 직접 가르쳐주는 것은 선생님의 일이지, 부모의 몫은 아니니까요. 대신 현재 초등 3, 4학년 수학교과서에서 무엇을 배우는지 알려고 노력하는 것이 중요합니다. 그래야 아이가 틀렸을 때 교과서의 어디를 봐야 할지, 어느 수준이 아이에게 맞는 수학문제집인지 알 수 있습니다.

어려운 문제를 척척 푸는 극소수의 잘하는 아이들만 바라보지 마세요. 내 아이가 현재 수학 수준에서 얼마만큼 발전하고 성장하는지를 살펴보는 것이 먼저입니다. 수학을 두려워하는 아이에게 자신감을 갖게 하려면 정답률 90% 이상의 쉬운 문제집 풀기부터 시작해보세요. 실력이 차오르면 천천히 한 단계 어려운 문제집으로 넘어가고요. 아이 수준에서 조금 어려운 문제를 머리 굴려 풀었다면 칭찬도 많이 해주세요. 그래야 수학의 재미를 알게 됩니다.

또 하나 챙길 것은 학교시험입니다. 단원평가에서 100점을 맞게 도와주세요. 100점을 못 맞던 아이가 처음 100점이 되면 주변의 시선이 달라집니다. 선생님과 친구들에게 인정받으면 자신감은 저절로 생겨납니다. 수학공부의 시작은 수학교과서입니다. 교과서를 찬찬히 개념부터 하나도 빠트리지 않고 공부하게 해주세요. 수학교과서와 익힘책, 수학문제집 1권 정도만 꾸준히 공부해도 누구나 학교시험을 잘 볼 수 있습니다. 학교시험에서 틀리면 틀린 원인을 찾으세요. 야단치면 주눅만 들 뿐 해결이 안 됩니다. 빈 구멍을 찾아 해결하려고 노력하다 보면 좋은 결과를 얻을 수 있습니다.

선행과 심화,
그리고 사고력 수학은?

• • •

수학선행, 해야 하나?

• 수학 감이 좋은데, 할 수 있는 만큼 죽 선행해도 되지 않을까?

• 4학년 되니 선행을 시작한 집이 많은데 우리도 달려야 하지 않을까?

• 선배들을 보니 빠르면 4학년 때 초등수학을 끝내고 중등수학을 들어가
더라, 우리도?

선행을 생각하는 초등 3, 4학년 부모들이 많이 하는 말들입니다. 과연
그럴까요? 선행에 대해 고민하는 가장 큰 이유는 주변 아이들이 달려
가는 모습에 불안을 느끼기 때문입니다. 결론부터 말하자면 초등 3, 4
학년은 수학선행을 하시 않아도 됩니다(방학 때 1학기 앞서 공부하는 것

은 예습이지 선행이 아닙니다).

수학은 학년이 올라갈수록 내용이 어려워지고 공부할 분량이 많아집니다. 계속 공부할수록 나아지는 것이 아니라 더 깊은 수렁에 빠져듭니다. 공부시간도 늘어나야 하고 심화문제도 많이 풀어야 합니다. 매 학년 나오는 새로운 개념을 잊지 않으려면 밑 빠진 독에 물 붓듯 고3까지 무한 반복해야 합니다. 선행은 이런 과정을 감당할 만큼 맷집이 생기고 스스로 필요성을 느낄 때 시작해도 늦지 않습니다.

중학생이라면 역량에 맞는 수학선행은 필수입니다. 고2 겨울방학까지 수학진도를 끝내야 수능수학을 준비할 수 있으니까요. 이과 성향이 확실하고 수학을 아주 잘하는 초등 5, 6학년이라면 선행을 시작할 수도 있습니다. 이때도 한글책 읽기와 영어실력이 탁월하다는 전제하에서입니다. 보통 아이라면 초등 6학년 겨울방학 정도가 적당하고요. 그러나 초등 3, 4학년은 아직 아닙니다. 위 학년의 수학 개념을 이해하고 받아들이기에 너무 어렵습니다. 섣불리 수학선행의 길로 접어들면 한글책 읽기, 영어 등 다른 것을 할 시간이 사라집니다. 지금은 한글과 영어실력을 다지는 것이 먼저입니다. 초등 3, 4학년에서는 선행보다 아이 수준에 맞는 심화학습을 하는 것이 맞습니다.

수학 심화는 어떻게?

- 수학심화, 언제부터 하나?
- 수학심화는 어느 수준까지 해야 하나?
- 단원평가는 100점이지만, 어려운 수학문제집은 헤메는데 계속해야 할까?

초등 3, 4학년 부모들이 수학심화에 대해 주로 고민하는 것들입니다. 수학심화는 어려운 문제를 이리저리 머리를 굴려가며 풀어보는 것을 말합니다. 심화문제를 푸는 이유는 문제를 다각도로 생각하면서 문제해결력을 키우기 위해서입니다. 수학심화의 수준은 아이에 따라 달라야 합니다. 아이 수준을 고려하지 않고 무작정 잘하는 아이들이 푸는 어려운 문제집을 따라 시키지 마세요. 문제를 해결하지 못하니 자존감만 떨어지고 시간만 흘려보낼 뿐입니다.

심화문제집은 정답률 70% 정도인 것으로 고르면 됩니다. 수학교과서가 어려운 아이는 수학교과서와 익힘책이 심화문제집입니다. 반대로 수학익힘책의 별 2개짜리 어려운 문제도 쉽다면 자기에게 맞는 심화문제집부터 1권씩 풀면 됩니다.

수학심화 vs 사고력 수학?

- 사고력 수학을 한 아이와 교과 심화를 한 아이가 중고등 가서 차이가 있을까?
- 집에서 사고력 문제집을 푸는 정도면 충분한가?

위의 질문에 언급된 '사고력 수학'은 저마다 개념이 조금씩 다릅니다. 사교육업체에서 많이 거론하는 사고력 수학은 교과과정을 벗어난 퍼즐 형태의 문제풀이를 말하는 경우가 많습니다. 사고력 수학문제집 역시 퍼즐문제나 사고력 문제의 탈을 쓴 선행개념이 들어간 심화문제가 대부분입니다. 사실 교과 심화도 사고력 수학이라고 할 수 있습니다.

수학적 재능이 뛰어난 아이들은 퍼즐문제를 좋아합니다. 꽤 어려운 심화문제도 혼자 궁리하며 풀기를 즐깁니다. 한글책 읽기, 영어실력이 뛰어나고 시간 여유가 많다면 이런 문제를 풀어보는 것도 나쁘지 않습니다. 그러나 극소수 영재아를 뺀 보통 아이들은 이런 문제를 따로 배우고 연습한다고 사고력이 커지지 않습니다. 유형을 외워서 푸는 것에 불과합니다. 영재원을 목표로 반복해서 연습하는 것은 더욱더 시간 낭비입니다.

사고력은 문제를 생각하고 궁리하는 힘입니다. '수학적 사고력'은 교과서의 개념과 원리를 깊이 이해하고, 자기 수준에 맞는 심화문제를 풀면서도 충분히 키울 수 있습니다.

잦은 연산실수,
어떻게 고치나?

• • •

초등 3, 4학년 수학에서 연산은 60~70% 비중을 차지합니다. 3학년은 복잡한 자연수의 연산을 공부하고, 4학년에서는 분수와 소수까지 배우는 것이 다를 뿐입니다. 연산이 능숙하면 수학에 자신감을 갖지만, 연산이 능숙하지 못하면 학년이 올라갈수록 수학을 싫어하고 자신 없어 합니다. 연산문제를 자주 틀린다면 원인을 찾아 차근차근 구멍을 메꿔야 합니다.

연산에서 자주 틀리는 원인과 대책을 살펴볼까요?

수학을 잘하는데 연산실수가 잦다면?
⟶ 틀린 유형만 ⟨10-10-10⟩으로 해결

어려운 문제는 잘 푸는데 연산실수가 많거나, 암산으로 해서 자꾸 틀린다면 정확하게 푸는 연습을 해야 합니다. 머리가 좋은 아이라도 암산은 두 자리 연산 정도만 통합니다. 그 이상은 필산을 꼭 해야 합니다. 수학을 잘하는 아이라면 연산문제집을 처음부터 다 풀 필요는 없습니다. 틀린 문제 유형을 찾아 오답이 안 나올 때 까지 연습하는 정도면 충분합니다.

1. 10문제를 풀어서 다 맞으면 하루 연산 끝!

연산문제는 한꺼번에 너무 많이 풀려면 질립니다. 제 학년 수학교과서의 연산단원을 죽 풀면서 자주 틀리는 연산 유형을 먼저 찾아보세요. 틀리는 유형을 찾았다면 10문제씩 3장을 만들고 하루 최대 30문제만 푼다고 이야기해주세요. 대신 첫 장에 있는 10문제를 다 맞으면 하루 연산 끝, 1개라도 틀리면 10문제를 더 풀고, 여기서 또 틀리면 10문제를 푼다고 약속을 합니다. 이렇게 하면 대부분의 아이들이 첫 번째 10문제를 다 맞으려고 눈에 불을 켜고 집중합니다.

2. 10문제씩 3일간 계속 다 맞으면 다음 단계로 Go!

연달아 3일간 10문제를 다 맞으면 다음 유형으로 넘어가세요. 굳이 잘하는 연산문제를 반복할 필요가 없습니다. 수학문제를 풀다 연산실수가 있으면 다시 〈10-10-10〉으로 반복 연습하면 됩니다. 그러나 매일 30개씩 문제를 풀어도 계속 틀린다면 기본연산과 개념이 흔들리고 있다고 봐야 합니다. 다음 방법으로 해결해보세요.

※ 주의점

연산연습할 때는 꼭 옆에 있어주세요. 아이 혼자 하라면 세월아 네월아 하기 마련입니다. 부모가 옆에 있으면 오답도 적어지고 1장 푸는 데 5분이 안 걸립니다.

연산이 느리고 자주 틀린다면?
·······▶ 개념 확인 + 〈10X10칸〉 문제풀이로 해결

연산이 느리고 자주 틀리는 이유는 연산개념을 확실하게 이해 못하거나, 연산기초가 부족해서입니다. 이런 아이들은 오래 앉아 있어도 몇 문제 풀지 못합니다. 한 자리 수 연산이 웬만큼 된다고 자리 수를 한 단계 올리면 완전히 새로운 문제 유형으로 여기고 헤맵니다. 덧셈 → 뺄셈 → 곱셈 → 나눗셈 → 덧셈 순으로 수없이 반복해도 이전에 한 과정을 금방 잊어버립니다. 연산은 속도보다 정확하게 푸는 것이 먼저입니다. 틀리는 원인을 찾아보세요. 정확하게 풀다 보면 속도는 자연스럽게 따라옵니다.

1. 연산 개념이 흔들리면? ·······▶ 수학교과서의 개념 확인

다음은 초1~초6까지 학년별로 배우는 연산 영역을 표로 나타낸 것입니다.

구분	개념	자연수 연산연습	분수와 소수 연산연습
초1	덧셈과 뺄셈 개념 (1–1, 3단원)	간단한 덧셈과 뺄셈 (1–2, 3단원/5단원)	
초2	곱셈 개념 (2–1, 6단원)	두 자리 수의 덧셈과 뺄셈 (2–1, 3단원) 곱셈구구 (2–2, 2단원)	
초3	나눗셈 개념 (3–1, 3단원) 분수와 소수 개념 (3–2, 4단원)	세 자리 수의 덧셈과 뺄셈 (3–1, 1단원) 두 자리 수의 곱셈 (3–1, 4단원) 세 자리 수의 곱셈 (3–2, 1단원)	
초4		세 자리 수의 곱셈과 나눗셈 (4–1, 2단원) 자연수의 혼합 계산 (4–1, 5단원)	분수의 덧셈과 뺄셈 (4–1, 4단원) 소수의 덧셈과 뺄셈 (4–2, 1단원)
초5	약수와 배수 (5–1, 1단원) 약분과 통분 (5–1, 3단원)		분수의 덧셈과 뺄셈 (5–1, 4단원) 분수의 곱셈 (5–1, 5단원) 분수의 나눗셈 (5–2, 3단원) 소수의 곱셈 (5–2, 1단원) 소수의 나눗셈 (5–2, 4단원)
초6			분수의 나눗셈 (6–1, 2단원) 소수의 나눗셈 (6–1, 3단원)

수학교과서에는 위의 표처럼 〈개념〉 단원과 〈연산연습〉 단원이 있습니다. 대다수의 부모들은 개념은 그리 신경 안 쓰고 연산연습에 치중합니다. 특히 연산학습지나 연산문제집으로 연산선행을 하는 경우 교과서의 개념 이해 부분은 제대로 보지도 않고 죽 내달리기 쉽습니다. 덧셈과 뺄셈은 반복연습으로 어찌어찌 넘어갈 수 있을지 모릅니다. 그러나 곱셈과 나눗셈, 분수와 소수는 개념을 정확하게 이해 못하면 틀리는

개수가 급증합니다. 개념 이해가 안 되면 단순 연산문제는 풀지 몰라도 문장제 문제는 손도 못 댑니다.

아이와 같이 수학교과서의 연산단원을 읽고 문제를 풀어보세요. 교과서의 연산문제도 많이 틀린다면 문제를 많이 푸는 방법으로는 해결이 안 됩니다. 이전 학년 교과서의 개념 부분을 찾아 같이 읽고 문제를 풀어보세요. 덧셈과 뺄셈은 자릿값을 정확하게 이해하는 것이 먼저입니다. 자릿값 이해가 안 된다면 수모형으로 직접 수를 놓아가며 계산하게 해주세요. 곱셈 개념이 이해 안 되면 〈2학년 교과서〉를 다시 보는 것이 좋습니다. 나눗셈, 분수와 소수 개념은 〈3학년 교과서〉를 다시 봐야 하고요.

2. 연산 기초가 약하면? ……▶ 2분 안에 〈10X10칸〉 문제풀기

〈10×10칸〉 문제풀이는 가로 10칸, 세로 10칸으로 된 표로 시간을 재면서 100문제를 푸는 것입니다. 100문제라도 빽빽한 표를 채우는 것이라 양이 많은 줄 모르고 부담 없이 할 수 있습니다. 같은 숫자를 위치만 바꿔 풀기 때문에 시간도 얼마 안 걸립니다. 연산을 지겨워하는 아이라도 시간을 단축하는 재미에 집중해서 신나게 하다 보면, 자기도 모르는 새 정확성과 속도가 붙습니다.

❶ 100문제 푸는 데 걸리는 시간을 계속 기록하세요

처음에는 100문제를 다 맞기 어렵습니다. 푸는 데 시간도 많이 걸리고요. 그러나 매일 1~2장(100~200문제)씩 하다 보면 어느 순간 정확하게 풀게 됩니다. 푸는 속도도 점점 빨라집니다. 덧셈, 뺄셈, 곱셈의 기초연산 100문제를 정확하고 신속하게 풀게 되면 자릿수가 많은 연산도 수월하게 할 수 있습니다(1초에 1문제씩 풀면 1분 40초 만에 풀 수 있습니다). 틀리지 않고 2분 안에 100문제를 풀면 중단해도 됩니다. 단, 〈10×10칸〉 문제풀이는 하루 2장(200문제)이 최대치입니다. 틀린다고 자꾸 더 하면 집중력도 떨어지고 아이도 힘들어서 꾸준히 하기 어렵습니다.

❷ 덧셈 → 뺄셈 → 곱셈 순으로 합니다

덧셈을 어려워하는 아이: 〈10×10칸〉덧셈

뺄셈을 어려워하는 아이: 〈10×10칸〉덧셈 → 〈10×10칸〉뺄셈

곱셈, 나눗셈을 어려워하는 아이: 〈10×10칸〉덧셈 → 〈10×10칸〉뺄셈 → 〈10×10칸〉곱셈

연산에서 자꾸 틀리면 무조건 〈10×10칸〉덧셈부터 시작하세요. 덧셈이 잘되어야 뺄셈과 곱셈이 편안해집니다. 〈10×10칸〉덧셈을 2분 안에 정확하게 풀면 〈10×10칸〉뺄셈도 마찬가지로 진행합니다. 2학년 때 구구단을 배웠어도 "8 곱하기 6은?" 하고 물으면 답이 금방 나오지 않는 아이들이 많습니다. 〈10×10칸〉곱셈을 2분 안에 정확하게 풀 때까지 연습하세요. 두세 자리 곱셈 계산이 금방 됩니다. 나눗셈을 힘들어하면 덧셈, 뺄셈, 곱셈을 다 하세요. 나눗셈을 정확하고 빠르게 할 수 있습니다.

자연수의 덧셈, 뺄셈, 곱셈 3가지를 모두 2분 안에 끝낼 수 있으면 이 제 〈10-10-10〉 방법으로 학교 진도에 맞춰 연산연습을 하면 됩니다.

- 〈10X10칸〉 문제 예시

  1. 가로 10칸, 세로 10칸 줄을 그으세요.

  2. 덧셈과 곱셈은 0~9까지 수를 무작위로 씁니다.

  3. 뺄셈은 왼쪽 칸은 0~9까지 수를, 위 칸은 11~19까지 수를 무작위로 씁 니다.

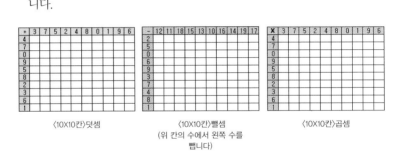

〈10X10칸〉덧셈   〈10X10칸〉뺄셈   〈10X10칸〉곱셈
                          (위 칸의 수에서 왼쪽 수를
                          뺍니다)

※ 잠수네 회원은 〈잠수네 연산〉프로그램의 〈10×10칸〉덧셈, 뺄셈, 곱셈 메 뉴를 이용하세요.

과도한 연산 반복학습, 연산선행은 No!

초등 3, 4학년에서 연산은 매우 중요합니다. 정확하고 신속하게 연산을 할 때까지 반복연습은 기본입니다. 그러나 반복 횟수는 아이에 따라 달라야 합니다. 가끔 실수로 틀린다면 한두 번 반복하면 됩니다. 자주 틀리는 영역은 집중적으로 연습해서 제대로 계산하도록 잡아주어야 합니다. 연산속도가 너무 느려 문제를 푸는 데 시간이 많이 걸리면 반복연습을 해서 속도감 있게 풀도록 해야 합니다. 아이에 수준에 맞게 〈10-10-10〉 문제풀기, 〈10×10칸〉 문제풀기를 반복하면 이런 점들은 거의 개선될 수 있습니다.

그러나 지나치게 연산학습을 시키면 역효과가 납니다. 수학을 잘하는 아이에게 쉬운 수준의 연산을 억지로 반복하게 하면 수학이 지겨워질 수 있습니다. 연산연습은 잘하는 부분은 가볍게, 자주 틀리는 부분은 좀 더 많이 하는 식으로 유연하게 해야 합니다. 연산학습에 너무 치중하다 보면 생각하지 않는 습관이 몸에 밸 수도 있습니다. 문장제 문제를 풀 때도 문제는 안 읽고 숫자만으로 계산하다 틀리기 십상입니다. 이런 성향이 습관이 되면 학년이 올라갈수록 수학과 멀어지는 결과가 나옵니다.

위 학년의 연산 진도를 나간다고 수학을 잘하는 것인 양 착각하는 부모도 많습니다. 초등 3학년이 6학년 진도를 나가고, 4학년이 중학생 진도를 나간다면서요. 제 학년을 무시하고 진도만 뺄 경우 수학교과서의 개념을 건너뛰고 기계적으로 계산연습만 하기 쉽습니다. 빠르게 진도를 나가면 그만큼 지난 과정도 잊어버립니다. 학습지로 연산을 하든, 연산문제집으로 하든 마찬가지예요. 연산선행과 수학실력은 별로 관계가 없습니다. 연산은 자기 학년 연산을 정확하게 할 수 있으면 됩니다. 방학 때 1학기 정도 미리 연산연습을 하는 정도면 충분합니다. 학기 중에는 연산선행이 아니라 교과 심화학습에 중점을 두어야 합니다.

서술형(문장제) 문제를
어려워해요

• • •

1. 독해력 부족 ·····▶ 한글 책읽기가 우선

수학을 잘하기 위한 첫 번째 요소는 연산도, 사고력 수학도, 선행이나 심화도 아닌 독해력입니다. 수학교과서에 나온 개념과 원리를 이해하려면 글을 읽고 이해할 수 있어야 하기 때문입니다. 스토리텔링 수학의 도입으로 수학문제가 점점 길어지고 있습니다. 생활 속에 수학이 적용되고 사회, 과학과 연계된 수학문제도 많아졌습니다. 학년이 올라갈수록 교과서가 어려워지고 문제가 복잡해집니다. 문제를 읽지도 않고 모른다고 별표부터 치는 아이라면 수학 이전에 한글책 읽기가 습관이 되도록 해야 합니다.

2. 문제를 제대로 안 읽음 ┄┄▸ 끊어읽기 연습

수학문제의 의미를 찾지 않고 무작정 더하거나 곱하는 아이들이 많습니다. 문장제 문제를 해결하려면 문제를 읽으면서 무엇을 묻는지, 문제를 풀기 위한 조건은 무엇인지 찾아야 합니다. 아이 혼자 할 수 있을 때까지 끊어 읽어야 하는 곳에 사선(/)을 긋고 중요한 부분에 밑줄 치기, 조건에 동그라미 그리기를 가르쳐주세요. 문제를 제대로 안 읽어서 틀리는 아이들은 소리 내서 문제를 읽도록 하세요. 건너뛰고 읽다 실수하는 현상이 줄어듭니다. 빨리 끝내려는 마음에 대충 읽는 것이 습관이 되었다면, 충분히 생각하고 풀도록 하루에 푸는 문장제 문제 분량을 줄여주세요. 실수 없이 잘 풀면 그때 가서 조금씩 양을 늘려도 됩니다.

3. 문장제 문제 푸는 방법을 모름 ┄┄▸ 수학교과서 문제로 연습

아이가 모른다고 문제를 가르쳐주지 마세요. 스스로 고민하지 않은 문제는 선생님이나 부모가 아무리 열심히 설명해줘도 뒤돌아서면 다 잊어버립니다. 수학실력은 끙끙거리고 고민할 때 올라갑니다. 혼자 힘으로 문제를 파악하고 문제에 들어 있는 힌트(조건)를 찾는 힘을 길러야 합니다. 수학교과서부터 보세요. 문제를 읽고, 문제에서 요하는 식을 쓰고, 풀이과정을 차근차근 가르쳐줍니다. 수학교과서의 문제를 혼자 힘으로 풀 수 있을 때까지 반복하게 해주세요. 문장제 문제를 푸는 힘을 기르는 첫걸음입니다.

4. 어려운 문제로 자신감 결여 ⟶ 수준에 맞는 문제 선택

아이 수준은 생각하지 않고 어려운 문제를 풀라고 하면 자신감이 더 떨어집니다. 수학문제는 '너무 어려워, 나는 안 돼!' 하는 부정적인 마음이 들면 문제를 풀 엄두가 나지 않습니다. '한번 해봐야지', '할 수 있어' 하는 긍정적인 마음이 들어야 집중할 수 있습니다. 요즘은 교과서 수준의 쉬운 수학문제집에도 어려운 문제가 맨 뒤에 끼어 있습니다. 아이가 힘들어하면 어려운 문제는 안 풀고 패스해도 됩니다. 우선 만만한 것부터 풀면서 자신감이 붙도록 해주세요. 단순한 연산문제를 글로 표현한 문장제 문제도 괜찮습니다. 문장제 풀이에 자신이 생기면 그때 어려운 문제를 다시 풀어보세요.

5. 대충 푸는 습관 ⟶ 풀이노트 쓰기

3학년부터는 계산이 복잡해집니다. 문장제 문제도 머릿속으로 생각만 해서 답을 쓰기 어려운 문제가 많아집니다. 문제집 옆에 끄적거리면 자기가 쓴 내용도 헷갈립니다. 잘 풀어놓고 연산에 실수가 생기기도 합니다. 계산으로 답만 적으면 틀려도 왜, 어디에서 문제가 있는지 알 수 없습니다. 수학문제는 꼭 풀이노트에 쓰는 습관을 들여주세요. 풀이노트를 하나 정해서 맨 위에 문제를 요약해 적고, 수식을 적어가며 문제를 풀게하세요. 연산에서 틀렸는지, 개념을 못 잡은 것인지 오답의 원인을 알고 대처할 수 있습니다. 노트에 풀이를 쓰다 보면 차근차근 순차적으로 생각하는 습관이 생깁니다. 학교에서 서술형 문제가 나와도 당황하지 않고 자신 있게 풀 수 있습니다.

수학지식책을 읽으면
수학점수가 잘 나올까?

• • •

수학지식책을 많이 읽는 것과 수학점수는 별개입니다. 수학지식책을 백날 읽어도 수학공부를 안 하면 수학실력은 제자리걸음만 할 뿐입니다. 그렇다면 수학지식책은 왜 여기저기에서 거론될까요? 바로 수학을 친숙하게 느끼게 해주고, 흥미를 불러 일으켜주는 데 큰 역할을 하기 때문입니다.

　수학지식책은 배경지식이 없으면 읽기 어렵습니다. 수학지식책의 배경지식은 '수학에 대한 흥미'와 '수학실력'입니다. 수학을 좋아하고 잘하는 아이들은 수학원리책, 퍼즐·퀴즈책, 수학의 역사, 생활 속의 수학 이야기를 읽으면서 수학에 대한 흥미와 실력을 키울 수 있습니다. 이런 아이들은 소화할 수 있는 만큼 수학지식책을 꾸준히 읽게끔 환경을 만들어주세요.

그에 비해 수학을 별로 좋아하지 않는다면 수학동화책을 읽어도 이야기만 읽고 수학개념이 나오는 부분은 제대로 보지 않고 휙 건너뛰기 쉽습니다. 재미없다고 하면 억지로 읽으라고 하지 마세요. 수학지식책은 아이 스스로 수학에 대해 궁금증을 갖고 읽어야 지식을 내 것으로 만들 수 있습니다. 아무 생각 없이 이야기책처럼 읽는다면 수학지식이 머리에 남지 않습니다. 아이가 수학을 싫어한다면 쉽고 재미있는 수학동화책을 읽어주세요. 아이가 잘 모르는 개념이 보이면 해당 부분을 부모가 읽고 이야기로 전달해주는 방법도 좋습니다.

수학지식책들을 내용에 따라 5가지로 나눠보았습니다.

1. 수학동화책

이야기를 통해 수학의 개념과 원리를 쉽게 설명하는 책들입니다. 보통 아이들도 읽을 만합니다.

[JK5] 신통방통 수학
시리즈 (11권)
(좋은책어린이)

[JK5] 기초잡는
수학동화 시리즈
(10권)
(주니어김영사)

[JK5] 수학식당
시리즈 (3권)
(명왕성은자유다)

[JK6] 양말을 꿀꺽
삼켜버린 수학
시리즈 (2권)
(생각을담는어린이)

[JK6] 와이즈만
스토리텔링
수학동화 시리즈
(9권)
(와이즈만북스)

2. 수학사, 수학자를 다룬 책

수학자 이야기, 수학의 역사, 생활 속의 수학 이야기를 통해 수학을 친근하게 느끼게 해주는 책들입니다. 수학에 어느 정도 관심이 있어야 흥미롭게 읽을 수 있습니다.

[JK5] 신기한 숫자
나라 넘버랜드
(푸른날개)

[JK5] 피보나치:
나는 피사의 행복한
수학자!
(봄나무)

[JK5] 마법의 숫자들
(비룡소)

[JK6] 수학영재들이
꼭 읽어야 할 천재
수학자 시리즈 (10권)
(살림어린이)

[JK6] 수학왕 막스와
숫자 도둑
(담푸스)

3. 수학의 원리를 설명하는 책

수학 개념과 원리를 직접 설명하는 책(수학원리책)은 수학동화책에 비해 많이 딱딱합니다. 이런 책들은 책을 통해 어려운 개념을 알아가는 것을 좋아하는 아이라면 재미있게 읽을 수 있습니다.

[JK5] 어린이 수학자
시리즈 (6권)
(주니어RHK)

[JK5] 3D 입체 수학
책 시리즈 (2권)
(아이들북스)

[JK5] 수학하는
어린이 시리즈 (3권)
(스콜라)

[JK6] 수학, 과학,
자연에서 찾는 도형
시리즈 (3권)
(비룡소)

[JK6] 레오와 함께
배우는 STEAM
시리즈 (6권)
(미래아이)

4. 수학퍼즐, 수학퀴즈책

수학퍼즐이나 수학퀴즈 등 사고력 문제를 담은 책들입니다. 이런 문제를 풀기 좋아하는 아이들에게 추천합니다.

[JK5] 찾아라! 수리별 암호 (가교)	[JK6] 돼지 삼총사 아슬아슬 수학 소풍 (다림)	[JK7] 수학여왕 제이든 구출작전 (일출봉)	[JK7] 탈레스 박사와 수학 영재들의 미로게임 (주니어김영사)	[JK8] 멘사 시리즈 (9권) (보누스)

5. 수학심화를 다룬 책

중고등학교 수학개념을 알아야 이해할 수 있는 책입니다. 중고등 수학교육과정을 벗어난 어려운 책들도 있습니다. 초등학생이 읽기에는 아직 벅찹니다.

[JK9] 수학 오디세이 시리즈 (18권) (경문사)	[JK9] 수학자가 들려주는 수학 이야기 시리즈 (88권) (자음과모음)	[JK10] ez-수학 시리즈 (4권) (이지북)

수학교과서 꽉 잡기!

[초등 3학년]

단원별 체크포인트

· · ·

(3학년 1학기) 1단원. 덧셈과 뺄셈

- 여러 가지 방법으로 덧셈, 뺄셈하기 (세 자리 수)

- (세 자리 수)+(세 자리 수)

- (세 자리 수)-(세 자리 수)

1학년에서 덧셈과 뺄셈 개념을 배우고, 2학년에서 받아올림 있는 덧셈과 받아내림 있는 덧셈을 본격적으로 배웠습니다. 3학년에서는 〈자연수의 덧셈과 뺄셈〉을 마무리합니다. 덧셈과 뺄셈이 탄탄해야 앞으로 나올 곱셈, 나눗셈, 소수의 계산, 길이와 부피 계산도 쉬워집니다.

연산이라면 대부분의 부모들은 답만 정확하게 구하면 된다고 생각합니다. 그러나 수학교과서에는 계산방법이 먼저 나오지 않습니다. '어림하기', '여러 가지 방법으로 계산하기'를 먼저 해본 후, 수모형으로 계산방법을 생각하고 맨 나중에 가서야 부모들에게 익숙한 세로셈 계산법이 나옵니다. 수학교과서가 실생활과 연계된 수학, 사고력을 키우는 방향으로 개편되었기 때문입니다.

가르기와 모으기, 자릿값 개념이 확실하면 교과서의 흐름을 따라가는 데 무리가 없습니다. 그러나 연산개념이 부족한 아이들은 어림하기, 여러 가지 방법으로 계산하기가 '사고력 수학'으로 돌변합니다. 머릿속으로 생각하기 어려운 아이들은 직접 조작해봐야 합니다. 수모형을 하나 구입해 교과서 속 문제를 수모형으로 하나하나 놓아보게 하세요. 이런저런 방법으로 수를 나눠보면서 수의 양감을 느낄 수 있도록요. 1원, 10원, 100원짜리 동전을 사용해도 괜찮습니다.

세 자리 수의 세로셈을 어려워하면 기초연산부터 다져야 합니다. 먼저 〈10×10칸〉덧셈, 〈10×10칸〉뺄셈을 정확하고 빠르게 할 수 있을 때까지 연습합니다. 그다음 1, 2학년 수학교과서와 수학익힘책의 연산 단원을 찾아 아이와 같이 읽고 문제를 풀어보세요. 구체물로 계산하는 부분은 모두 직접 하도록 해주세요. 틀리는 부분은 〈10-10-10〉 문제풀이로 다지고요. 그래야 연산개념이 확실하게 잡힙니다. 여기까지 하면 3학년의 세 자리 수 덧셈과 뺄셈도 쉽게 할 수 있습니다.

- 아래 학년 연산 구멍 메꾸기

〈1-2〉 5단원 ……▶ 간단한 덧셈과 뺄셈

〈2-1〉 3단원 ……▶ 두 자리 수의 덧셈과 뺄셈 (받아올림 있는 덧셈, 받아내림
있는 뺄셈)

📖 덧셈과 뺄셈의 이해를 돕는 〈수학동화 · 수학원리책〉

[JK5] 100점의 비밀
열쇠 수학 백과
(아이앤북)

[JK5] 덧셈 뺄셈,
꼼짝 마라! (북멘토)

[JK5] 수학 천재는
바로 너! (봄나무)

[JK5] 수학하는
어린이: 수와 숫자
(스콜라)

[JK5] 몬스터
마법수학: 해골
대왕의 저주−상
(경향에듀)

[JK5] 술술 읽으면
개념이 잡히는
통합교과 수학책 1:
수 개념 덧셈과 곱셈
(계림북스)

[JK5] 지상 최대의
생일잔치 (승산)

[JK5] 수학식당 1
(명왕성은자유다)

[JK5] 수학이
진짜 웃긴다고요?
(한솔수북)

[JK6] 수학 바보
(주니어RHK)

〈3학년 1학기〉 2단원. 평면도형

- 선분, 반직선, 직선
- 각, 직각
- 직각삼각형, 직사각형, 정사각형
- 밀기, 뒤집기, 돌리기, 뒤집고 돌리기
- 규칙적인 무늬

초등학교 때 배우는 도형은 중학교 기하 영역과 바로 연결됩니다. 도형은 개념 이해와 암기가 병행되어야 합니다. 수학교과서에서 노란 배경의 네모 속 내용이 도형의 이름과 정의입니다. 정확하게 외울 때까지 "선분이란?", "직각은 뭘까?" 하고 계속 물어보세요. 외우는 것이 힘들면 플래시 카드를 활용해보세요. 외우는 것은 빼고, 못 외우는 것만 반복하는 식으로요.

도형은 직접 만져보고 경험해봐야 개념을 확실하게 이해합니다. 생활 속에서 도형 모양을 찾아봐도 되고, 도형교구나 도형 보드게임을 활용해도 좋습니다. 수학교과서에 나온 기하판(지오보드, Geoboard), 펜토미노(Pentomino) 외에 다양한 도형교구와 보드게임으로 놀면서 도형감각을 키워주세요.

평면도형 단원에서 아이들이 어려워하는 것이 〈도형 돌리기〉입니다. '어떻게 이런 간단한 것도 못하지?' 하고 속상해하지 마세요. 공간지각력이 있는 아이들은 쉽게 해결하지만, 몇 번씩 반복해도 이해 못하는 아이들이 대부분입니다. 머릿속에서 도형 돌리기가 잘 안 되는 아이들은 직접 해보는 것이 최고입니다.

1. 수학교과서 뒤의 필름지를 활용해서 도형을 뒤집고 돌려보세요.

2. 도형에 눈과 꼬리를 달아 돌리면 금방 이해됩니다.

3. 가로, 세로 0.5cm로 모눈종이를 마련해서, 문제에 나온 도형을 모눈 크기에 맞춰 그리고 가위로 자른 후 돌려보세요. 자꾸 반복하면 머릿속에서 모눈종이가 떠오르고 도형 돌리기가 쉬워집니다.

📖 평면도형의 개념 이해를 도와주는 〈수학동화 · 수학원리책〉

[JK5] 깍도별 사형제
(대교출판)

[JK5] 엄마 아빠를
구한 돼지: 평면도형
(내인생의책)

[JK5] 사각형의 세계
(서광사)

[JK5] 3D 입체 수학
책 2: 수학 두뇌를
깨우는 진짜 대단한
(아이즐북스)

[JK5] 집요한
과학씨: 무한 변신
수학에 풍덩 빠지다
(웅진주니어)

[JK5] 파라오의
정사각형 (봄나무)

[JK5] 수학하는
어린이: 도형
(스콜라)

[JK6] 개뼈다귀에서
시작하는 야무진
도형 교실
(길벗어린이)

[JK6] 선 (미래아이)

[JK6] 사각형
(미래아이)

(3학년 1학기) 3단원. 나눗셈

- 똑같이 나누기(1), (2)
- 곱셈과 나눗셈의 관계
- 곱셈식에서 나눗셈의 몫
- 곱셈구구로 나눗셈의 몫 구하기

나눗셈은 〈똑같이 나누기〉입니다. 수학교과서에서는 2가지로 나눗셈 개념을 설명합니다. 6÷2를 2개념이 들어간 문제로 설명해볼까요?

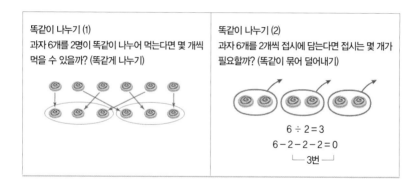

똑같이 나누기(1)처럼 과자 6개를 2명이 나눠 먹으려면 3개씩 가지면 되겠지요. 실생활에서 흔히 쓰이는 나눗셈 표현입니다. 똑같이 나누기(2)는 〈같은 수의 빼기〉입니다. 과자 6개를 2개씩 3번 빼는 상황이죠. 곱셈이 〈같은 수의 더하기〉라는 것과 같은 맥락입니다.

나눗셈의 두 개념은 나중에 분수의 나눗셈을 이해하는 데 결정적인 역할을 합니다. $\frac{1}{2}$÷3은 '똑같이 나누기(1)'로 생각하면 쉽게 이해가 됩니다. 피자 $\frac{1}{2}$개를 3명에게 똑같이 나누어준다고 생각하는 거죠. 답은 $\frac{1}{6}$조각입니다. $3 \div \frac{1}{2}$은 '똑같이 나누기(2)', 즉 똑같이 덜어내기로 설명이 됩니다. 피자 3판을 $\frac{1}{2}$개씩 먹으면 몇 번 먹을 수 있는가 생각해보세요. 6이 답이라는 것을 쉽게 알 수 있습니다.

아이들이 나눗셈을 어려워하는 이유는 이 개념을 확실하게 이해하지 못하기 때문입니다. 몫이 어떤 의미인지 모른 채 기계적으로 답을 내는 것이고요. 나눗셈 개념을 확실하게 다지는 길은 문제를 많이 푸는 것이 아니라 사탕, 과자 등 구체물이나 수모형으로 나눗셈의 상황을 이해하도록 하는 것입니다. 곱셈은 〈같은 수 더하기〉이고, 나눗셈은 〈같은 수 빼기〉란 것을 확실하게 알고 있으면 곱셈과 나눗셈의 관계도 쉽게 이해됩니다. 〈구구단〉을 확실히 외우고 있는가도 확인해보세요. 부족하면 〈10×10칸〉곱셈을 정확하고 빠르게 할 때까지 연습하는 것이 좋습니다.

📖 나눗셈의 이해를 돕는 〈수학동화 · 수학원리책〉

| [JK5] 수학 친구: 3학년 (녹색지팡이) | [JK5] 모아모아, 똑같이 나누어요! (주니어RHK) | [JK5] 신통방통 나눗셈 (좋은책어린이) | [JK5] 술술 읽으면 개념이 잡히는 통합교과 수학책 2: 뺄셈 나눗셈 (계림북스) | [JK5] 애꾸눈 파리와 오줌 싼 고양이 (아름다운사람들) |

- (몇 십)×(몇)
- (두 자리 수)×(한 자리 수)

3학년 곱셈은 2학년에서 배운 곱셈 개념과 곱셈구구를 기초로 합니다. 곱셈은 〈같은 수의 더하기〉입니다. 3×4는 3을 4번 더한 것(3+3+3+3)이라고 알고 있으면 13×4도 13을 4번 더했구나 금방 이해할 수 있습니다. 이 개념은 ($\frac{1}{3}$×4), (0.3×4), (a×4)…… 로 확장됩니다. 수학에서 개념이 중요하다는 의미는 바로 이런 점 때문입니다.

수학교과서에서는 곱셈식을 하기 앞서 〈같은 수 더하기〉만 하지 않고 〈2배씩 계산하기〉도 해보게 합니다. 2배씩 계산하기는 구구단을 몰랐던 옛날 이집트 사람들의 곱셈 계산 방식입니다. 예전 방식으로 계산하다 보면 구구단 없이 계산하기가 얼마나 불편한지 직접 느낄 수도 있고, 이리저리 머리 굴리며 생각하는 기회도 될 수 있습니다.

수모형으로 보여주는 곱셈 계산의 원리는 '일의 자리 먼저 곱하고, 십의 자리를 곱하기'와 함께 '십의 자리 먼저 곱하고, 일의 자리 나중에 계산하기'를 같은 비중으로 다룹니다. 다양한 방법으로 곱셈 계산을 할 수 있다는 것을 보여주는 거죠. 만약 부모가 첫 번째 곱셈 방법만 맞다고 고집한다면 다른 방법으로 계산하라는 수학교과서의 질문에 답을 할 수 없습니다. 같은 문제가 시험에 나오면 틀리는 거고요.

아이가 곱셈을 어려워한다면 곱셈 개념이 확실하게 다져지지 않았기 때문입니다. 먼저 2학년 1학기의 곱셈 개념과 2학기 곱셈구구 단원을 보며 구멍 메꾸기부터 해야 합니다. 개념이 다져졌으면 〈10×10칸〉 곱셈 문제로 정확성과 속도를 같이 잡습니다. 그 후 본격적으로 3학년 곱셈 문제를 연습하면 곱셈에 자신이 붙습니다.

📖 곱셈의 원리와 이해를 돕는 〈수학동화·수학원리책〉

[JK5] 항아리 속 이야기 (비룡소)   [JK5] 7x9=나의 햄스터 (비룡소)   [JK5] 마법의 구구단으로 학교를 구하라! (찰리북)   [JK5] 수학아 수학아 나 좀 도와줘 2 (삼성당)   [JK6] 숫자가 우수수수 (청어람미디어)

(3학년 1학기) 5단원. 시간과 길이

- 1분보다 작은 단위
- 시간의 합과 차
- 1cm보다 작은 단위, 1m보다 큰 단위
- 길이의 합과 차

시간과 길이 같은 측정 영역은 '어림잡기'가 핵심입니다. 1분과 1초가 어느 정도 시간인지, 1cm와 1m가 어느 정도 길이인지 이해하는 거죠. 제일 좋은 방법은 실생활에서 직접 재어보는 것입니다. 몇 초 동안 숨을 참을 수 있나 재어보고, 1분 동안 윗몸 일으키기를 몇 번 할 수 있는지 해보세요. 키나 손발의 길이를 측정해보고 가족의 신발 크기가 몇 mm 인지 확인해보는 것도 좋습니다. 차를 타고 가면서 내비게이션에 나오는 거리가 몇 km인지 가늠해보기도 하고요.

분, 초는 60진법입니다. 60초가 1분, 60분이 1시간이 되는 것을 알아야 시간 계산을 할 수 있습니다. 길이도 마찬가지예요. 1mm, 1cm, 1m, 1km는 미터(m)가 기준입니다. 밀리(mili)는 $\frac{1}{1000}$, 센티(centi)는 $\frac{1}{100}$, 킬로(kilo)는 1000배를 의미합니다. 1mm가 10개면 1cm, 1cm가 100 개면 1m, 1m가 1000개면 1km가 되는 거죠.

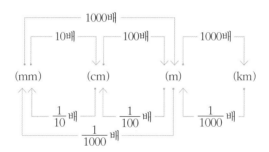

〈시각〉과 〈시간〉의 차이도 정확히 알게 해주세요. 시각은 시간의 어떤 한 지점, 시간은 어떤 시각부터 어떤 시각까지의 사이입니다.

📖 시간과 길이에 대한 설명이 들어 있는 〈수학동화·수학원리책〉

[JK4] 눈물을 모으는
악어: 시계 보기
(영림카디널)

[JK4] 시간을
재는 눈금 시계
(아이세움)

[JK4] 우리 시계탑이
엉터리라고?
(시공주니어)

[JK4] 지금 몇 시
몇 분이에요?
(바다어린이)

[JK5] 신통방통
플러스 길이의
덧셈과 뺄셈
(좋은책어린이)

[JK5] 고양이가 맨
처음 cm를 배우던
날 (아이세움)

[JK5] 수학이 정말
재미어지는 책
(그린북)

[JK6] 수학으로
바뀌는 세계
(비룡소)

[JK5] 신통방통
플러스 시간의
덧셈과 뺄셈
(좋은책어린이)

[JK5] 수학식당 2
(명왕성은자유다)

(3학년 1학기) 6단원. 분수와 소수

- · 똑같이 나누기

- · 전체와 부분의 크기

- · 분수, 분수로 나타내기, 몇 개인지 알아보기

- · 분수의 크기 비교

- · 소수, 소수의 크기 비교

아이들이 제일 어려워하는 것이 분수입니다. 특히 3학년 1학기에 배우는 분수의 개념은 4, 5학년에서 분수의 덧셈과 뺄셈, 곱셈과 나눗셈을 이해하는 데 매우 중요합니다. 개념 이해가 안 된 채 계산방법만 기계적으로 따라 하면 학년이 올라갈수록 더 어려워집니다. 중고등학교 수학을 따라가는 데도 어려움을 겪습니다.

수학은 실생활에서 많이 접해볼 때 이해가 더 잘됩니다. 그러나 분수는 자연수에 비해 실생활에서 마주치기 어려운 개념입니다. 피자 1판을 놓고 그중 몇 분의 몇을 먹었는지 함께 이야기해보세요. 색종이도 많이 잘라보세요. 1장을 똑같이 4조각으로 자르면 1조각은 $\frac{1}{4}$이고, $\frac{1}{4}$이 3개면 $\frac{3}{4}$이라는 것을 직접 손으로 만지고 느껴보는 것이 중요합니다. 분수막대를 활용해서 분수의 크기를 직접 비교해봐도 좋습니다.

수학교과서만으로 이해가 안 되는 아이들은 이렇게 직접 눈으로 확인하며 분수를 이해하도록 도와주어야 합니다. 그래야 '$\frac{2}{3}$는 $\frac{1}{3}$이 몇 개인가?', '$\frac{1}{3}$과 $\frac{1}{4}$ 중 어떤 것이 더 큰가?' 물었을 때 똑같이 나눈 피자 조각, 색종이를 자른 상황, 분수막대 등을 떠올리며 쉽게 답을 구할 수 있습니다.

소수는 분수를 편리하게 표현한 것입니다. 색종이를 10조각으로 자른 뒤 그중 1조각을 $\frac{1}{10}$로도, 0.1이라고도 할 수 있다는 사실을 알려주세요. 색종이로 직접 잘라보면 0.3은 0.1이 3개 있는 것이고 2.3은 0.1이 23개라는 것을 바로 이해할 수 있습니다.

📖 분수와 소수의 개념 이해를 돕는 〈수학동화 · 수학원리책〉

[JK4] 분수놀이
(미래아이)

[JK4] 견우와 직녀가
분수 때문에 싸웠대
(동아사이언스)

[JK5] 소원 들어주는
음식점 (와이즈만
북스)

[JK5] 소원이
이루어지는 분수
(주니어김영사)

[JK5] 수학식당 3
(명왕성은자유다)

[JK5] 해결사가 된
돼지: 분수와 소수
(내인생의책)

[JK5] 술술 읽으면
개념이 잡히는
통합교과 수학책 3:
크기 비교, 분수와
소수 (계림북스)

[JK5] 몬스터
마법수학: 해골
대왕의 저주−하
(경향에듀)

[JK5] 수학 숙제
요리하기
(주니어김영사)

[JK6] 누나는
수다쟁이 수학자:
분수 (뜨인돌어린이)

(3학년 2학기) 1단원. 곱셈

- (세 자리 수)×(한 자리 수)

- (몇 십)×(몇 십)

- (몇 십 몇)×(몇 십)

- (한 자리 수)×(두 자리 수)

- (두 자리 수)×(두 자리 수)

- 곱셈의 활용

한 자리 수 곱셈을 쉽게 하는 아이라도 두 자리, 세 자리로 수가 커지면 힘들어하는 경우가 많습니다. 곱셈 계산연습이 부족할 수도 있지만, 곱셈 상황을 이해 못하고 기계적으로 계산만 하는 것도 중요한 이유입니다. 수학교과서에서는 곱셈의 계산원리를 수모형을 놓아보거나 모눈종이로 그려 설명하고 있습니다. 수학교과서의 원리 설명을 찬찬히 들여다보며 이해하도록 해주세요.

곱셈식에서 숫자를 몇 개 가리고 어떤 수인지 구하는 〈복면산〉은 대다수의 아이들이 어려워하는 문제입니다. 복면산 문제를 어려워하면 3학년 1학기 4단원 곱셈 뒷부분의 〈문제해결〉 쪽을 보세요. 가능한 경우의 수를 표에 써보고 논리적인 답 찾기를 하게 합니다. 이런 '노가다' 작업이야말로 사고력(=생각하는 힘)을 키우는 길입니다. 혼자 끙끙거리며 생각하고 따져보았다면 비슷한 문제가 나와도 금새 방법을 찾을 수 있습니다. 이런 과정 없이 비슷한 유형의 문제풀이로만 가면 생각이 자라지 못합니다.

수학교과서의 곱셈은 (세 자리 수)×(한 자리 수), (두 자리 수)×(두 자리 수)가 끝입니다. 일부 수학문제집에 나오는 더 큰 수의 곱셈을 틀린다고 혼내지 마세요. 학교 단원평가에도 안 나오는 곱셈까지 완벽하게 안 해도 됩니다. 그러나 두 자리 수, 세 자리 수 곱셈 계산을 힘들어한다면 아래 학년의 곱셈 개념 복습과 〈10×10칸〉곱셈으로 기초를 다진 후, 1학기와 2학기 곱셈 문제를 쉬운 문제부터 차근차근 〈10-10-10〉 방법으로 다시 풀도록 해주세요.

[JK4] 아만다의 아하! 곱셈구구 (청어람미디어)   [JK5] 몬스터 마법수학 2: 드레이크와 마법기사단-상 (경향에듀)   [JK5] 왕코딱지의 만점 수학 (처음주니어)   [JK5] 수학이 재밌어지는 3학년 맞춤 수학 (거인)   [JK6] 영재들의 1등급 수학교실: 신기한 암산의 세계 (물음표)

(3학년 2학기) 2단원. 나눗셈

- (두 자리 수)÷(한 자리 수)
- 나눗셈의 몫과 나머지 구하기
- 나눗셈식 검산하기

3학년 1학기에 공부한 나눗셈 개념을 토대로 나눗셈의 계산원리를 배우는 단원입니다. 수학교과서에서는 수모형을 몇 묶음씩 묶었을 때 몇 개가 되는지로 나눗셈의 계산원리를 설명합니다. 아이들이 나눗셈 계산을 할 때도 수모형으로 나눠보는 경험을 많이 하게 해주세요.

세로셈을 할 때 나눗셈의 〈몫〉은 몇 번 뺄 수 있는가입니다. $4\overline{)8}$의 경우 8에서 4를 몇 번 뺄 수 있는가 생각해보세요. 2라는 것을 쉽게 알 수 있습니다. $2\overline{)92}$의 상황도 마찬가지입니다. 9에서 2를 4번 뺄 수 있으니

십의 자리 몫이 4, 나머지 12에서 2를 6번 뺄 수 있으므로 일의 자리 몫이 6이 됩니다. 답은 46.

나눗셈의 검산은 곱셈으로 합니다. 1학기에 공부한 〈나눗셈과 곱셈의 관계〉를 기억하고 있으면 검산 과정을 이해하기 쉽습니다. 29÷4를 계산하면 4를 7번 뺄 수 있으니 몫이 7, 나머지는 1입니다. 검산은 거꾸로 하면 됩니다. 4를 7번 더한 것에 1을 더하면 29가 된다는 사실을 알 수 있습니다.

나눗셈의 계산은 덧셈, 뺄셈, 곱셈이 확실하게 자리 잡아야 쉽습니다. 나눗셈을 어려워하면 부족한 영역을 찾아 〈10×10칸〉 문제풀이로 기초를 탄탄하게 해주세요. 수학교과서에는 쉬운 문제부터 시작해서 조금씩 어려운 나눗셈이 나옵니다. 교과서의 흐름에 따라 〈10-10-10〉 문제풀이를 해보세요. 부담 없이 나눗셈 계산을 할 수 있습니다.

📖 나눗셈 개념 이해를 도와주는 〈수학동화 · 수학원리책〉

[JK4] 나머지 하나 꽁당이 (아이세움)

[JK5] 3학년 수학이랑 악수해요 (웅진주니어)

[JK5] 신통방통 플러스 나머지가 있는 나눗셈 (좋은책어린이)

[JK5] 부자가 된 나눗셈 소년 (주니어김영사)

[JK7] 수학에 번쩍 눈뜨게 한 비밀 친구들 2 (가나출판사)

(3학년 2학기) 3단원. 원

- 원의 중심과 반지름
- 원 그리기
- 원의 지름
- 원을 이용하여 여러 가지 모양 그리기

이 단원에서 배우는 개념은 원, 원의 중심, 반지름, 지름 등 4가지입니다. 도형 단원은 용어의 개념과 성질을 완전히 외워야 합니다. 도형은 공부할 것은 적은 대신 다양한 형태로 응용해서 문제를 낼 수 있습니다. 원과 관련된 개념도 관계를 이해한 후 확실하게 외우게 해주세요.

컴퍼스로 원을 정확하게 그려보는 것도 중요한 활동입니다. 원을 그려보면서 원의 중심, 반지름, 지름의 개념을 정확히 이해해야 문제에서 지름, 반지름이 나와도 얼마인지 알 수 있습니다. 원의 개념을 응용한 문제도 쉽게 풀 수 있고요. 원을 이용해서 여러 가지 모양을 그리려면 컴퍼스의 침을 꽂을 위치를 직관적으로 알아야 합니다. 처음에는 서툴겠지만 자꾸 그리다 보면 익숙해집니다.

📖 원에 대한 이해를 돕는 〈수학동화 · 수학원리책〉

[JK4] 수학을 후루룩 마시는 황금이: 평면도형과 연산 (뜨인돌어린이)

[JK5] 그리스 신도 수학 공부를 했을까? (영교)

[JK5] 신통방통 도형 마무리 (좋은책어린이)

[JK5] 원탁의 기사들 (승산)

[JK5] 무기를 되찾으러 간 돼지: 원과 원주율 (내인생의책)

[JK6] 누나는
수다쟁이 수학자:
수와 도형
(뜨인돌어린이)

[JK6] 원 (비룡소)

[JK6] 양말을 꿀꺽
삼켜버린 수학 2:
도형과 퍼즐
(생각을담는어린이)

[JK6] 원 (미래아이)

[JK6] 원의 비밀을
찾아라 (작은숲)

(3학년 2학기) 4단원. 분수

· 분수로 나타내기

· 자연수의 분수만큼

· 분수를 수직선에 나타내기

· 진분수, 가분수, 대분수

· 분수의 합과 차

'분수로 나타내기'를 잘 이해 못하는 아이들이 많습니다. 전체를 1로 두고(피자 1판, 색종이 1장) 부분을 $\frac{1}{2}$, $\frac{1}{4}$, $\frac{3}{4}$……처럼 표시하다 '9는 7의 몇 분의 몇입니까?'처럼 전체가 7인 경우는 분수 표현이 잘 이해가 안 되는 거죠. 수학교과서의 도토리 7개를 접시에 담은 그림이 힌트입니다. 접시를 피자 1판으로, 도토리 7개는 피자를 7조각으로 나눴다고 생각해보세요. 1은 7의 $\frac{1}{7}$, 9는 7의 $\frac{9}{7}$라고 쉽게 이해할 수 있습니다.

분수는 전체를 똑같이 몇 묶음으로 나누었을 때 전체의 몇 묶음이라고 나타낼 수 있습니다. 24의 $\frac{2}{3}$가 얼마인지 이해 못하면, 사탕 24개를

3묶음으로 나누고, 2묶음에 들어 있는 사탕의 개수를 세어보게 하세요. 24의 $\frac{2}{3}$는 24를 3묶음으로 나눈 것 중 2묶음이라고 말로 표현하는 연습도 해보고요. 분수를 수직선에 나타내는 것도 같은 개념을 사용하면 이해가 쉽습니다.

진분수, 가분수, 대분수의 약속을 잘 이해하고, 대분수와 가분수를 바꿔 표현하는 것도 중요합니다. 분수의 대소 구분뿐 아니라 분수의 덧셈과 뺄셈을 할 때도 꼭 필요한 과정이기 때문입니다. 나눗셈을 어려워하면 분수도 어렵습니다. 분수 계산을 어려워하면 나눗셈 개념을 다시 한 번 복습하는 것이 좋습니다.

📖 분수 개념 이해를 도와주는 〈수학동화·수학원리책〉

[JK5] 수학빵
(와이즈만북스)

[JK5] 몹시도
으스스한 수학교실
(와이즈만북스)

[JK5] 신통방통 분수
(좋은책어린이)

[JK6] 마지막
수학전사 1
(와이즈만북스)

[JK6] 수학이
정말 재미있어요
(에코리브르)

(3학년 2학기) 5단원. 들이와 무게

- 들이 비교하기
- 들이 단위 (L, mL)
- 들이 어림하고 재기

- 들이의 합과 차
- 무게 비교하기
- 무게 단위 (kg, g)
- 무게 어림하고 재기
- 무게의 합과 차

들이와 부피. 어른도 많이 혼동하는 용어입니다. 들이는 '물병과 같은 그릇의 안쪽 공간의 크기'이고, 부피는 '그 속에 담긴 액체의 양'을 말합니다. '1L 들이 물병에 500mL 부피의 물이 담겨 있다'고 말할 수 있는 거죠. 같은 크기의 물병이라도 두께가 두꺼우면 두께가 얇은 것보다 들이가 적겠죠?

들이와 무게는 양감이 중요합니다. 양감은 실생활에서 직접 느껴보는 것이 제일 좋습니다. 집에서 물 마실 때 쓰는 컵에 우유 200mL를 부어보고 어느 정도 양인지 느껴보도록 해주세요. 약병은 몇 mL인지 알아보고, 1L 주스 팩과 500mL 생수의 차이도 느껴보고요. 마트에 가면 진열된 소고기, 돼지고기는 몇 g인지 보여주세요. 가족들의 몸무게를 비교해보는 것도 좋아요.

단위의 계산은 단위 간의 관계를 이해해야 합니다. 무조건 외우기보다 배운 것들과 연결시켜보세요. 밀리(mili=m)는 $\frac{1}{1000}$을 의미해요. 1m(미터)=1000mm니까, 들이도 1L(리터)=1000mL입니다. 킬로(kilo=k)는 1000을 뜻합니다. 1km=1000m인 것처럼, 무게도 1kg=1000g으로 표시한다고 말해주세요. 단위의 관계를 좀 더 확실하게 기억할 수 있습니다.

📖 들이와 무게의 이해를 돕는 〈수학동화 · 수학원리책〉

[JK4] 알쏭달쏭
알라딘은 단위가
헷갈려: 단위
(동아사이언스)

[JK4] 수학
마법사의 재미있는
측정 이야기
(청어람미디어)

[JK6] 마지막
수학전사 3
(와이즈만북스)

[JK5] 신통방통
플러스 들이와 무게
(좋은책어린이)

[JK6] 비교: 단위 편
(부즈펌)

[JK5] 키가
120킬로그램? (열다)

[JK5] 우리
수학놀이하자!:
길이와 무게
(주니어김영사)

[JK5] 몬스터
마법수학 2:
드레이크와
마법기사단-상
(경향에듀)

[JK5] 몬스터
마법수학 2:
드레이크와
마법기사단-하
(경향에듀)

[JK5] 술술 읽으면
개념이 잡히는
통합교과 수학책 4:
길이 측정,
무게와 부피 측정
(계림북스)

(3학년 2학기) 6단원. 자료의 정리

- 자료 정리
- 그림그래프 알아보기
- 그림그래프 그리기
- 달력에 나타난 규칙 찾기
- 규칙을 찾아 수와 식으로 나타내기
- 규칙을 추측하고 확인하기

그림그래프는 책, 신문, 잡지 등에서 많이 볼 수 있습니다. 읽는 사람이 쉽게 이해할 수 있도록 그림으로 자료를 표시하는 경우가 많기 때문입니다. 신문 등에 그림그래프가 나오면 아이에게 보여주세요. 왜 그림으로 표현했는지, 그림 크기에 따라 숫자가 어떻게 다른지 확인하면서 그림그래프를 잘 이해할 수 있습니다.

규칙 찾기는 수학문제를 해결하는 데 매우 중요한 과정입니다. 주어진 상황을 유심히 관찰하면 규칙이 보입니다. 규칙을 알고 나면 그다음 과정이 어떻게 될지 유추할 수도 있습니다. 그러나 이런 유형의 문제를 어려워하는 아이라면 혼자서는 하기 힘듭니다. 어떤 규칙이 있는지 부모가 손잡고 하나씩 같이 따져보는 과정이 꼭 필요합니다. 답답하다고 규칙을 가르쳐주지 마세요. 스스로 생각하는 힘이 자라지 못합니다. 살짝 힌트만 주고 아이 힘으로 해결할 때까지 기다려주세요.

수학교과서에 나오는 삼각수, 사각수는 중고등 수학에서도 자주 등장합니다. 수학교과서에서는 초등 수준에서 할 만한 쉬운 수준의 문제만 다룹니다. 수학을 좋아하는 아이라면 수학지식책을 찾아보세요. 삼각수, 사각수에 대해 폭넓게 알 수 있습니다.

달력은 일상에서 늘 접하는 친숙한 소재입니다. 7개 단위로 줄이 바뀌기 때문에 십진법 체계와 다른 측면에서 규칙을 생각해볼 수 있습니다. 달력의 규칙을 이해하는 좋은 방법은 달력을 직접 만들어보는 것입니다. 달력의 규칙 찾기 역시 최대한 혼자 하는 것이 바람직합니다. 답을 보고 이해했거나 선생님이 가르쳐준 것을 외워서 풀면 사고력이 제자리걸음할 뿐입니다.

📖 자료 정리 이해를 돕는 〈수학동화 · 수학원리책〉

[JK4] 큰달 작은달
달력의 비밀
(한솔수북)

[JK5] 수학식당 2
(명왕성은자유다)

[JK5] 기초잡는
수학동화:
수학 나라의 앨리스
(주니어김영사)

[JK5] 알쏭달쏭,
왜 다르게 보일까?
(주니어RHK)

[JK5] 신통방통
표와 그래프
(좋은책어린이)

[JK5] 술술 읽으면
개념이 잡히는
통합교과 수학책 5:
도형, 규칙 찾기,
좌표 (계림북스)

[JK5] 공룡 사냥에서
수학 찾기 (좋은꿈)

[JK5] 신통방통
문제 푸는 방법
(좋은책어린이)

[JK6] 순식간에
계산해요 (거인)

[JK6] 두근두근
수학섬의 비밀
(진선아이)

단원별 체크포인트

• • •

(4학년 1학기) 1단원. 큰 수

- · 만 알아보기
- · 다섯 자리 수 알아보기
- · 십만, 백만, 천만 알아보기
- · 억, 조 알아보기
- · 큰 수 뛰어 세기
- · 수의 크기 비교

'십만, 백만, 천만, 억, 조'와 같이 0이 여러 개 붙는 큰 단위는 어른들도 헷갈리는 수입니다. 일상생활에서 잘 쓰이지도 않고 직접 만져볼 수도 없는 수라서요. 이 단원은 큰 수를 이해하고, 읽고 쓰기만 할 줄 알면 충분합니다. 아이가 어려워한다고 걱정하지 마세요.

큰 수의 개념은 돈으로 파악하는 것이 제일 빠릅니다. 진짜 돈이라면 어마어마한 금액이니 문방구에서 모형 돈을 사거나 인터넷에서 모형 돈 이미지를 인쇄해서 활용해보세요. 1000원짜리 10장은 만 원이라는 것 정도는 대부분의 아이들이 알 거예요. 만 원이 10장이면 십만 원, 100장이면 백만 원, 1000장이면 천만 원, 10000장이면 1억이죠? 1억이 10장이면 십 억, 100장이면 백 억, 1000장이면 천 억, 10000장이면 1조입니다. 가짜 돈으로 직접 세어보면 쉽게 이해할 수 있습니다. 블루마블, 모노폴리 같은 보드게임도 해보세요. 큰 수에 대한 감을 익히는 데 도움이 많이 됩니다. 신문기사나 과학책 등에서 큰 수가 나오는 부분을 찾아 읽어보기도 하고요.

큰 수의 개념이 머리에 들어오면 수 세기는 금방입니다. '0'이 4개씩 더 붙을 때마다 '만-억-조'로 단위가 바뀐다는 사실만 알려주세요. 아이들이 주로 틀리는 부분이 억에서 조로 단위가 바뀔 때입니다. 1-10-100-1000-1만-10만-100만-1000만-1억-10억-100억-1000억-1조를 목욕탕이나 냉장고에 붙여놓고 오며 가며 볼 수 있게 해주세요.

큰 수 읽기는 '4자리씩 끊어읽기'가 핵심입니다. 큰 수 845168795279521을 읽으려면 845/1687/9527/9521와 같이 사선(/)을 긋고 '845조 1687억 9527만 9521'로 읽으면 됩니다. 수의 크기 비교도 4자리씩 사선을 그어보면 금방 답이 보입니다.

📖 큰 수를 친근하게 느끼도록 해주는 〈수학동화 · 수학원리책〉

[JK4] 백만은 얼마나
클까요? (토토북)

[JK4] 마법의 숫자:
수 읽기와 자릿값
(영림카디널)

[JK5] 마법의 숫자들
(비룡소)

[JK5] 영부터 열까지
숫자이야기 (승산)

[JK5] 수학대왕이
되는 놀라운 숫자
이야기 (미래아이)

[JK6] 몬스터
마법수학 3:
늑대인간 최후의
전투—상 (경향에듀)

[JK6] 가우스, 동화
나라의 사라진 0을
찾아라 (뭉치)

[JK6] 세상 모든
숫자들의 이야기
(채우리)

[JK6] 왜 0등은
없을까? (아르볼)

[JK7] 그래서 이런
수학이 생겼대요:
이야기로 배우는
수학의 역사
(길벗스쿨)

(4학년 1학기) 2단원. 곱셈과 나눗셈

- (몇 백)×(몇 십)

- (세 자리 수)×(두 자리 수)

- 몇 십으로 나누기

- (두 자리 수)÷(두 자리 수)

- (세 자리 수)÷(두 자리 수)

복잡한 곱셈과 나눗셈의 계산원리를 배우는 단원입니다. 사실상 초등
학교 과정의 자연수 곱셈과 나눗셈을 마무리한다고 볼 수 있습니다. 곱

셈과 나눗셈 개념이 탄탄하고 연산연습이 잘되어 있는 아이는 복잡한 계산이 어렵지 않습니다. 자릿수만 한두 개 더 많아질 뿐이니까요. 가끔 실수하는 정도라면 속도에 연연하지 말고 집중해서 풀도록 해주세요. 습관적으로 틀리는 부분이 있다면 〈10-10-10〉 문제풀이로 잡아주면 됩니다.

그러나 4학년 곱셈과 나눗셈을 어려워하는 아이라면 아래 학년의 기초부터 다지고 올라가야 합니다. 곱셈은 덧셈을, 나눗셈은 곱셈과 뺄셈을 정확하고 빠르게 할 수 있어야 합니다. 먼저 〈10×10칸〉덧셈 100문제를 틀리지 않고 2분 안에 풀 때까지 반복합니다. 그다음에 뺄셈을 하고, 뺄셈이 끝나면 곱셈 100문제를 2분 안에 해결하도록 합니다(구구단 암기 확인). 연산이 급하다고 덧셈, 뺄셈, 곱셈을 단번에 하면 질려버립니다. 차근차근 해나가세요.

기초연산 3가지가 다져졌으면 3학년 1, 2학기 수학교과서의 곱셈, 나눗셈 단원을 읽고 문제를 푸세요. 수학익힘책도 같이 풀어야겠죠? 개념 이해가 부족하면 수학교과서의 해당 부분을 다시 읽습니다(2-1 곱셈 개념, 3-1 나눗셈 개념). 여기까지 한 후 4학년 곱셈과 나눗셈을 풀어보세요. 교과서 문제만으로 부족하면 연산문제집에서 비슷한 유형을 더 풀고요. 연산에 구멍이 보이면 제 학년 연산을 자꾸 풀기보다 2학년 연산부터 다지고 올라가는 것이 근본적인 해결책입니다.

📖 곱셈과 나눗셈 이해를 돕는 〈수학동화·수학원리책〉

[JK5] 신통방통
플러스 올림이 있는
곱셈 (좋은책어린이)

[JK6] 잃어버린
연산을 찾아라!
(참돌어린이)

[JK6] 깔깔마녀는
수학마법사 (부표)

[JK6] 4학년
수학이랑 악수해요
(웅진주니어)

[JK6] 수학 바보
(주니어RHK)

[JK6] Maths Quest:
보물 동굴의 단서
(주니어RHK)

[JK7] 곱셈과 나눗셈
(다섯수레)

[JK7] 선물의
수수께끼를 풀어라
(주니어김영사)

[JK7] 수학이
수군수군
(주니어김영사)

[JK8] 매스 히어로와
분수 녀석들
(조선북스)

(4학년 1학기) 3단원. 각도와 삼각형

- 각의 크기 비교하기, 각의 크기 재기, 각을 크기에 따라 분류하기
- 크기가 주어진 각 그리기
- 각도 어림하기, 각도의 합과 차
- 삼각형 세 각의 크기의 합, 사각형 네 각의 크기의 합
- 각의 크기, 변의 크기에 따라 삼각형 분류하기
- 이등변삼각형의 성질, 정삼각형의 성질

각을 재고 그려보는 것은 측정 영역입니다. 각도기로 각을 재보고 그려

보는 동안 1도, 90도에 대한 감이 잡힙니다. 각도의 합과 차 구하기도 개념을 이해하고 여러 번 실측하다 보면 쉽게 넘어갑니다.

도형은 개념이해와 암기가 병행되어야 합니다. 수학교과서의 사진에 나온 것처럼 삼각형, 사각형을 3조각, 4조각으로 자르고 각을 한데 모아보면 각각의 각을 더한 합이 180도, 360도인 것이 직관적으로 이해됩니다. 삼각형의 정의와 성질은 중고등 수학까지 계속 반복해서 나오는 내용입니다. "이등변삼각형의 정의와 성질은?", "정삼각형의 정의와 성질은?" 하고 물었을 때 바로 답이 나올 정도로 완벽하게 외우도록 해주세요.

삼각형의 각도 문제를 풀려면 삼각형의 성질을 알아야 합니다. 그러나 수학교과서에서는 이등변삼각형의 2각이 같다는 것, 정삼각형의 3각이 똑같이 60도라는 것을 따로 정리해서 알려주지 않습니다. 이등변삼각형을 접어보고, 정삼각형을 컴퍼스로 그려보면서 크기를 이해하도록 할 뿐이지요. 삼각형의 성질 중 각에 대한 내용은 수학익힘책에 잘 나와 있습니다. 그러나 수학익힘책이 집에 없으면 부모가 확인할 길이 없습니다. 수학교과서와 익힘책을 학교에 두고 다닌다면 집에도 1권씩 더 구비해두세요.

📖 각도와 삼각형 이해에 도움이 되는 〈수학동화·수학원리책〉

[JK5] 각도나라의 기사 (승산)　　[JK5] 사방팔방, 각도를 찾아라! (주니어RHK)　　[JK5] Maths Quest: 미로 저택의 비밀 (주니어RHK)　　[JK6] 삼각형 (비룡소)　　[JK6] 삼각형 (미래아이)

[JK6] 도형의 탑을
지켜라! (참돌어린이)

[JK6] 신기하고
놀라운 삼각형
(이치사이언스)

[JK7] 각도로 밝혀라
빛! (자음과모음)

[JK7] 삼각형으로
스피드를 구해줘!
(자음과모음)

[JK8] 피타고라스가
들려주는 삼각형
이야기 (자음과모음)

(4학년 1학기) 4단원. 분수의 덧셈과 뺄셈

· 분수가 같은 분수의 덧셈

· 분모가 같은 분수의 뺄셈

· (자연수)-(분수)

· 분모가 같은 대분수의 뺄셈

분수 개념을 잘 이해하고 있는 아이라면 분수의 덧셈과 뺄셈은 비교적 쉽게 넘어갑니다. 살짝 귀찮아하는 부분이라면 수학교과서에 나오는 '다른 방법으로 답 구하기'입니다. '사고력'은 한 가지 방법이 아닌 여러 가지 방법으로 푸는 과정에서 자랍니다. 이리저리 생각하면서 개념을 더 넓게 이해하게 되고요. 이런 질문이 나오면 안 해도 된다고 대충 넘어가지 말고 꼭 짚고 가세요.

$2\frac{3}{4}+3\frac{3}{4}$이나 $2\frac{1}{4}-1\frac{3}{4}$처럼 올림, 내림이 필요한 계산을 어려워하면 수학교과서를 보세요. 수학교과서에서는 분수의 덧셈과 뺄셈 상황

을 원, 오각형, 육각형, 막대, 수직선 그림으로 표현한 뒤 그 원리를 설명합니다. 수학교과서에 나온 것처럼 그림을 그려서 계산하게 해보세요. 어느새 머릿속에 상황이 그려지고 분수 연산의 원리가 이해됩니다. 분수막대를 활용해도 좋습니다. $\frac{1}{4}$만큼, $\frac{3}{4}$만큼 다른 크기의 분수막대를 놓고 계산해보면 직관적으로 분수의 덧셈과 뺄셈을 이해할 수 있습니다.

분수의 덧셈과 뺄셈이 나오는 서술형 문제도 마찬가지입니다. 분수 계산을 아무리 잘해도 문제의 상황을 이해 못하고 식을 못 쓴다면 원리를 정확하게 파악하지 못한 것입니다. 그림을 그려서 생각해보게 하세요. 비슷한 유형의 문제를 많이 푸는 것보다 훨씬 효과적입니다.

$\frac{1}{2}+\frac{1}{4}=\frac{2}{6}$처럼 분모끼리, 분자끼리 더하는 아이라면 분수 개념을 제대로 모르고 있는 상태입니다. 분수의 의미, 진분수, 가분수, 대분수의 개념을 정확하게 알아야 4학년 진도를 나갈 수 있습니다. 3학년 1학기 수학교과서의 분수 개념을 다시 공부하도록 해주세요. 분수에 대해 충분히 공부했는데도 분수의 연산에서 실수가 잦다면 자연수의 곱셈은 어떤지 확인해보세요. 〈10×10칸〉곱셈을 다지고, 〈10-10-10〉 문제풀이로 3학년 곱셈 단원의 문제유형을 차근차근 다지고 나면 분수 연산을 실수 없이 할 수 있습니다.

📖 분수의 덧셈과 뺄셈 원리 이해를 돕는 〈수학동화 · 수학원리책〉

[JK5] 신통방통
플러스 분수의
덧셈과 뺄셈
(좋은책어린이)

[JK6] 수학이
순식간에
(주니어김영사)

[JK6] 조각조각 분수
(이치사이언스)

[JK7] 수학이 자꾸
수군수군: 분수
(주니어김영사)

[JK7] 분수, 넌 내
밥이야! (북멘토)

(4학년 1학기) 5단원. 혼합 계산

- 덧셈과 뺄셈이 섞여 있는 식

- 곱셈과 나눗셈이 섞여 있는 식

- 덧셈과 뺄셈, 곱셈이 섞여 있는 식

- 덧셈과 뺄셈, 나눗셈이 섞여 있는 식

- 덧셈과 뺄셈, 곱셈, 나눗셈이 섞여 있는 식

- 괄호가 있는 식

- 계산에서 규칙 찾기

- 규칙을 찾아 계산하기

혼합 계산은 사칙연산이 완벽하고 혼합 연산의 규칙을 확실하게 이해 했다면 연산연습을 많이 안 해도 가볍게 넘어갈 수 있습니다. 그러나 대부분의 아이들은 혼합 계산을 어렵게 여깁니다. 사칙연산이 부실하 고 혼합 연산의 규칙을 이해하기보다 외우려고 들기 때문입니다. 먼저

〈10×10칸〉으로 기초연산을 다지고, 구멍 난 부분을 〈10-10-10〉 문제 풀이로 탄탄하게 메꿔주세요.

그다음 혼합 계산의 규칙을 이해하도록 해야 합니다. '괄호 먼저 → 곱셈과 나눗셈 그다음 → 덧셈과 뺄셈은 맨 나중에 푼다' 하고 무조건 외우게 하지 마세요. 곱셈은 덧셈, 나눗셈은 뺄셈이라는 것을 알면 혼합계산의 순서를 외우지 않아도 이해할 수 있습니다. 4+2×3은 4+(2+2+2)입니다. 2×3을 먼저 계산해야지 4+2를 먼저 하면 안 되는 거죠. 5-8÷4에서 8÷4는 8에서 4를 몇 번 뺄 수 있나 입니다. 즉 8÷4부터 계산한 후 5에서 빼야 순서가 맞습니다. 혼합 계산식의 원리를 말로 설명해보도록 하세요. 글로 읽는 것보다 직접 설명하면 개념을 더 확실하게 자기 것으로 만들 수 있습니다.

그러나 혼합 계산 연습만 해서는 해결되지 않는 부분이 있습니다. 수학교과서의 혼합 계산은 대부분 서술형 문제입니다. 문제를 읽으면서 어떻게 계산할 것인지 먼저 생각해야 해요. 혼합 계산의 순서에 따라 계산하는 것은 그다음이고요. 이런 과정을 생각하지 않고 무작정 계산연습만 해서는 어려움을 겪을 수 있습니다.

수학교과서에서는 여기에 한술 더 떠 규칙을 찾는 문제도 많이 나옵니다. 모두 혼합 계산식이 필요한 문제지요. 규칙 찾기 문제는 사고력을 키우는 데 많은 도움이 됩니다. 그러나 다른 사람이 설명하거나 도와주면 '사고력 함양'이 아닌 '암기 연습'이 되고 맙니다. 아이 혼자 힘으로 풀어야 사고력이 길러집니다. 수학교과서의 〈활동〉문제에서 힌트를 얻

초등 3, 4학년을 위한 잠수네 수학공부법

어 〈마무리〉문제를 풀도록 도와주세요.

📖 혼합 계산의 원리 이해를 도와주는 〈수학동화·수학원리책〉

[JK6] 수학왕 막스와
숫자 도둑 (담푸스)

[JK6] 쉽고
빠른 셈셈셈
(이치사이언스)

[JK6] 양말을 꿀꺽
삼켜버린 수학 1:
수와 연산 (생각을
담는어린이)

[JK6] 신기한 숫자
나라 넘버랜드
(푸른날개)

[JK6] 몬스터
마법수학 3:
늑대인간 최후의
전투-하 (경향에듀)

(4학년 1학기) 6단원. 막대그래프

· 막대그래프

· 막대그래프 그리기

· 막대그래프의 내용 알아보기

· 막대그래프 이용하기

3학년 때 그림그래프를 배웠다면, 4학년에서는 1학기에 막대그래프를, 2학기에 꺾은선그래프를 배웁니다. 막대그래프는 그림그래프에 비해 그리기 간단하고, 표에 비해 전체적인 분포를 직관적으로 파악할 수 있어 편리합니다. 막대그래프의 편리한 점과 그리는 방법을 배우고 나면 학교에서 발표할 일이 있을 때 막대그래프를 활용해서 자료를 만들 수 있습니다.

막대그래프 그리는 방법을 알았다면, 막대그래프를 보고 어떤 것을 말하는지 이해할 수 있어야 합니다. 막대그래프의 가로와 세로가 무엇을 의미하는지, 그래프의 수치가 어떤 의미인지 수학교과서와 수학익힘책으로 확실하게 이해하도록 해주세요.

📖 막대그래프를 쉽게 이해하게 해주는 〈수학동화 · 수학원리책〉

| [JK5] 수학하는 어린이: 표와 그래프 (스콜라) | [JK6] 파스칼은 통계 정리로 나쁜 왕을 혼내줬어 (뭉치) | [JK6] 툴툴 마녀는 수학을 싫어해! (진선아이) | [JK7] 속담 속에 숨은 수학 2: 확률과 통계 (봄나무) | [JK6] Maths Quest: 퍼즐 행성의 모험 (주니어RHK) |

(4학년 2학기) 1단원. 소수의 덧셈과 뺄셈

· 소수 두 자리 수, 소수 세 자리 수

· 소수 사이의 관계

· 소수의 크기 비교

· 소수의 덧셈, 소수의 뺄셈

· 소수의 계산 활용

소수의 개념은 3학년 1학기에 배웠습니다. 분수 $\frac{1}{10}$을 소수로 0.1이라 쓴다고요. 4학년에서는 $\frac{1}{100}$을 0.01로 $\frac{1}{1000}$을 0.001로 나타내는 것을 배웁니다. 그러나 소수는 주위에서 늘 접하는 수가 아니기 때문에 아이들이 어느 정도인지 감을 잡기 어렵습니다.

0.9는 0.1이 몇 개 모인 수인지 이해 못하고 0.9+0.5를 0.14라고 한 다면 구체물을 활용하세요. 초콜릿 10조각짜리 중 1개를 0.1이라 하고, 0.9는 초콜릿 몇 조각인지 물어보는 거죠. 1.2-0.7 역시 같은 방법으로 답을 내보고요. 자릿값을 이해 못하면 소수의 덧셈과 뺄셈을 많이 틀리게 됩니다. 3.4+1.67이나 3.57-1.6과 같이 소수점 아래의 자릿수가 다른 경우 소수점 자리를 맞춰 계산하는 것이 필수입니다. 그러나 이유를 모른 채 기계적으로 계산하면 시간이 지나 소수의 계산방법을 까먹기 쉽습니다.

소수는 분수를 편하게 나타내려고 생각해낸 수입니다. 분수는 기원전 1800년부터 쓰였지만, 소수는 이보다 한참 뒤인 1600년 무렵부터 사용되었습니다. 수학교과서에서도 분수와 소수를 늘 같이 설명합니다. 이 말은 분수를 모르면 소수를 이해하기 어렵다는 의미이기도 합니다. $\frac{2}{10}$를 0.2, $\frac{4}{100}$를 0.04로, $\frac{26}{1000}$를 0.026처럼 표시하는 것은 '약속'입니다. 소수의 개념을 어려워하는 아이는 분수의 의미를 이해하지 못해서입니다. 10칸, 100칸, 1000칸 모눈종이를 놓고 분수의 크기만큼 색칠해보고, 분수를 소수로 표시하는 규칙을 익히도록 해주세요. 이런 과정을 충분히 훈련하고 나면 소수를 봤을 때 머릿속에 그림이 저절로 떠오릅니다.

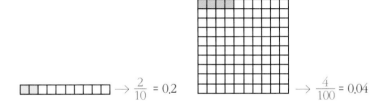

$$\rightarrow \frac{2}{10} = 0.2 \qquad\qquad \rightarrow \frac{4}{100} = 0.04$$

📖 소수의 덧셈과 뺄셈 원리 이해를 돕는 〈수학동화·수학원리책〉

[JK5] 신통방통
플러스 소수의
덧셈과 뺄셈
(좋은책어린이)

[JK6] 가우스는 소수
대결로 마녀들을
물리쳤어: 분수와
소수의 혼합계산
(뭉치)

[JK6] 수학 친구:
4학년 (녹색지팡이)

[JK6] 이야기 수학
(다림)

[JK7] 소수의 계산
(다섯수레)

(4학년 2학기) 2단원. 수직과 평행

· 수선, 수선 긋기

· 평행선, 평행선 긋기

· 평행선 사이의 거리

· 평행선으로 무늬 만들기

수선과 평행선의 개념을 이해하고, 그리는 방법을 배우는 단원입니다. 수학교과서를 꼼꼼하게 읽으며 개념을 이해했다면 노란 박스에 있는 내용을 모두 외워야 합니다. '수직'과 '수선'은 비슷한 단어라 혼동하기 쉽습니다. 두 직선이 만나서 이루는 각이 직각일 때 두 직선은 '수직'이라 하고, 두 직선이 서로 수직으로 만날 때 한 직선을 다른 직선에 대한 '수선'이라고 합니다. 이런 것들을 아이가 말로 설명할 수 있도록 해주세요.

도형 영역은 개념을 정확하게 이해하면 문제에서 힌트를 찾아 쉽게 풀 수 있습니다. 반대로 개념을 잘 모르면 어떻게 실마리를 찾아야 할지 아리송해집니다. 수학교과서의 〈문제해결〉 쪽에는 보조선을 그어야 풀 수 있는 문제가 나옵니다. 사각형의 내각의 합과 수직의 개념을 떠올리면 보조선을 어디에 그으면 될지 눈에 보이겠지만, 처음에는 금방 생각이 안 날 수 있습니다. 답답해도 알려주지 마세요. 푸는 방법을 배워서 문제를 해결하면 곧 잊어버립니다. 아이 스스로 답을 찾아내야 나중에도 혼자 알아냅니다.

📖 수직과 평행 개념 이해를 돕는 〈수학동화 · 수학원리책〉

[JK5] 신통방통 플러스 도형의 이동 (좋은책어린이)

[JK6] 수학 첫발 (문공사)

[JK6] 오일러와 피노키오는 도형춤 대회 1등을 했어: 평면도형과 원, 평면도형의 이동 (뭉치)

[JK6] 몬스터 마법수학 4: 마왕의 성과 매스 크리스털-상 (경향에듀)

[JK8] 첫 번째 도형이야기 (일출봉)

(4학년 2학기) 3단원. 다각형

- 사다리꼴
- 평행사변형, 평행사변형의 성질
- 마름모, 마름모의 성질
- 직사각형의 성질
- 다각형, 정다각형
- 대각선
- 여러 가지 모양 만들기(칠교)

다각형의 정의와 성질은 중고등학교 도형 영역까지 줄기차게 나올 정도로 중요합니다. 개념을 이해했다면 정의와 성질을 완벽하게 외워야 합니다. 수학교과서에는 다각형의 〈정의〉만 나와 있습니다. 다각형의 정의와 성질을 같이 싣지 않은 이유는 다각형의 정의를 통해 성질을 예상해보도록 하기 위해서입니다. 다각형의 〈성질〉은 수학익힘책에 정리되어 있습니다. 수학익힘책을 소홀히 하지 마세요. 다각형의 중요한 개념을 놓치게 됩니다.

사다리꼴의 정의는 '마주보는 1쌍의 변이 평행한 사각형'입니다. 평행사변형은 '마주보는 2쌍의 변이 서로 평행한 사각형', 마름모는 '4변의 길이가 모두 같은 사각형', 직사각형은 '4각이 직각인 사각형'입니다. 정사각형은 직사각형과 마름모의 정의를 합친 것입니다. '4각이 모두 직각이고 4변의 길이가 모두 같은 사각형'이죠.

'정사각형은 사다리꼴인가?', '정사각형은 평행사변형인가?', '정사각형은 마름모인가?' 물었을 때 정의를 정확하게 모르면 아니라고 대답할 수 있습니다. 아래 그림을 보면서 다각형의 정의를 확실하게 알도록 해주세요.

📖 다각형의 개념을 쉽게 이해하게 해주는 〈수학동화·수학원리책〉

[JK5] 우주목수를
이긴 돼지: 다각형
(내인생의책)

[JK6] 우리
수학놀이하자!:
도형과 퍼즐
(주니어김영사)

[JK6] 오일러,
오즈의 입체도형
마법사를 찾아라:
다각형과 입체도형
(뭉치)

[JK6] 영재들의
1등급 수학교실:
신기한 도형의 세계
(물음표)

[JK6] 달려라 사각
바퀴야 (작은숲)

[JK6] 사각형
(비룡소)

[JK6] 마지막
수학전사 2
(와이즈만북스)

[JK7] 도형이
도리도리
(주니어김영사)

[JK7] 탈레스
박사와 수학
영재들의 미로게임
(주니어김영사)

[JK7] 채석장의
비밀을 밝혀라
(주니어김영사)

(4학년 2학기) 4단원. 어림하기

- 이상과 이하
- 초과와 미만
- 수의 범위
- 생활에서 어림하기
- 올림, 버림, 반올림

'이상과 이하', '초과와 미만'은 생활에서 많이 쓰이는 용어입니다. 정확한 개념만 알면 쉽게 이해할 수 있어요. 이상과 이하는 경계를 포함한 것, 초과와 미만은 경계를 포함하지 않은 것입니다. 한마디로 15 이상과 15 이하는 15를 포함한 것, 15 초과와 15 미만은 15를 빼고 생각하면 됩니다.

올림, 버림, 반올림은 실생활에서 어떨 때 쓰이는지 생각해보면 좀 더 쉽게 이해할 수 있습니다. 수학교과서에는 '사과 275상자가 있다. 트럭 1대당 100상자를 싣는다면 트럭 몇 대가 필요할까?'(올림), '감자 128kg을 10kg씩 상자에 담았다면 몇 kg이 담겼을까?'(버림) 같은 문제를 주고 '생활에서 올림, 버림, 반올림'이 필요한 경우를 찾아보라고 합니다. 아이와 같이 이야기를 나눠보세요. 문제를 몇 개 더 푸는 것보다 개념 이해에 도움이 됩니다.

📖 어림하기 이해를 도와주는 〈수학동화·수학원리책〉

[JK5]
재기재기양재기
비교 나라로!
(토토북)

[JK6] 아르키는
어림하기로 걸리버
아저씨를 구했어:
단위의 측정과 수의
범위 (뭉치)

[JK6] 수학의 파이터
(주니어김영사)

[JK6] 측정의 미로에
갇히다 (참돌어린이)

[JK7] 수학에
번쩍 눈뜨게 한
비밀 친구들 1
(가나출판사)

(4학년 2학기) 5단원. 꺾은선그래프

- 꺾은선그래프 그리기, 꺾은선그래프 해석하기
- 물결선을 사용한 꺾은선그래프의 특징
- 알맞은 그래프로 나타내고 해석하기

그래프는 실생활에서 많이 사용됩니다. 막대그래프는 〈자료의 양〉을 비교할 때, 꺾은선그래프는 〈자료의 변화〉를 알아볼 때 유용합니다. 크기를 비교하고 싶으면 막대그래프를, 변화하는 모습을 알고 싶으면 꺾은선그래프를 그리면 되겠죠. 〈10×10칸〉 문제를 푼다면 100문제를 푸는 데 걸리는 시간을 매일 기록하고 꺾은선그래프로 나타내보세요. 아이의 키, 몸무게를 기록한 것도 꺾은선그래프로 표현해보면 변화의 흐름을 한눈에 알 수 있겠죠?

꺾은선그래프를 그리는 방법은 쉽게 이해할 수 있습니다. 문제는 어떻게 해석할 것인가입니다. 가로 눈금과 세로 눈금을 어떻게 설하는가에 따라 해석이 달라질 수 있습니다. 변화의 흐름을 짚어보면 미래도 어느 정도 예측할 수 있습니다. 신문이나 잡지 등에서 꺾은선그래프를 찾아 보여주고 같이 이야기를 나눠보세요. 수학뿐 아니라 사회, 과학 영역에서도 꺾은선그래프가 나오면 어떤 의미인지 이해하는 데 도움이 됩니다.

5단원 맨 뒤에 나온 〈문제해결-'어떻게 하면 놀이에서 이길까?'〉는 수학게임으로 유명한 님(Nim) 게임입니다. 수학교과서에서는 20개의 바둑돌을 놓고 2명이 번갈아 1, 2개씩 가져가는 규칙을 준 다음 마지막 바둑돌을 가져가려면 어떻게 해야 하는지 묻습니다. 이 경우에는 거꾸로 생각하기가 힌트입니다. 내가 이기려면 상대 차례에 남은 돌이 3개면 됩니다(상대가 1개 가지면 마지막 2개가, 상대가 2개 가지면 마지막 1개가 내 것). 그렇다면 6개, 9개…… 3의 배수만큼씩만 상대에게 돌을 남겨주면 되겠죠?

어려운 사고력 문제라고 피하지 말고 아이와 게임을 하며 해결해보세요. 원리만 이해하면 놓는 돌의 개수와 가져가는 돌의 개수를 다르게 해서 얼마든지 다양하게 놀 수 있습니다.

📖 꺾은선그래프를 쉽게 이해하게 해주는 〈수학동화·수학원리책〉

[JK5] 각양각색,
수를 그려보아요!
(주니어RHK)

[JK6] 탤리캣과
마법의 수학나라 6:
수학 나라의 마지막
희망! (참돌어린이)

[JK6] 생활 속 수학
공부 (현북스)

[JK6] 보물지도 속
도형 암호를 풀어라!
(대교출판)

[JK6] 손으로 따라
그려봐: 그래프
(뜨인돌어린이)

(4학년 2학기) 6단원. 규칙과 대응

· 규칙이 있는 두 수 사이의 대응 관계

· 규칙을 찾아 식으로 나타내기

· 생활 속에서 규칙을 찾아 식으로 나타내기

1~3학년 수학에서 다룬 규칙은 비교적 쉬웠습니다. 그러나 4학년에서 배우는 규칙은 논리적인 사고가 필요합니다. □, △을 사용한 대응관계 찾기는 중학교 수학에서 비례, 반비례, 함수까지 확장됩니다. 두 수의 대응관계를 표에 쓰는 것은 쉽게 하지만, 규칙을 식으로 나타내는 것은 어려워하는 아이가 많습니다.

어떻게 그 수를 표에 썼는지 이유를 말하게 해보세요. 영화가 1초 상영되려면 그림이 20장 필요하다고 할 때, 2초면 40장이라고 바로 답할 거예요. 왜 40장인지 물어보세요. 3초면 왜 60장이 되는지 물어보고요. 이렇게 반복하다 보면 상영시간을 □, 필요한 그림의 수를 △라 할 때

(□×20=△)라는 일반식을 구할 수 있습니다.

📖 규칙과 대응을 쉽게 이해하게 해주는 〈수학동화 · 수학원리책〉

[JK5]
수리수리마수리
암호 나라로!
(토토북)

[JK6] 대한민국
초등학생, 논리로
수학 뚝딱! (경문사)

[JK6] 탤리캣과
마법의 수학나라 5:
마법 수정을
되찾을 규칙은?
(참돌어린이)

[JK6] 수학 귀신의
집 (살림어린이)

[JK6] 수학마법사
(웅진씽크하우스)

[JK6] 야호, 수학이
좋아졌다! (토토북)

[JK6] 페르마,
수리수리 규칙을
찾아라: 수열의 규칙
찾기 (뭉치)

[JK6] 어린이를
위한 우리 겨레 수학
이야기 (산하)

[JK7] 행복한 수학
초등학교: 문제
해결력 (휴먼어린이)

[JK7] 알기 쉬운
문장제 (다섯수레)

초등 **3, 4**학년

잠수네
수학로드맵

초등 3, 4학년을 위한
잠수네 수학학습 기본전략

· · ·

잠수네에서 제안하는 〈초등 3, 4학년 수학로드맵〉은 아이들의 개인차를 고려한 것입니다. 한글책 읽기와 잠수네 영어 진행에 지장을 주지 않는 선에서 수학공부 계획을 세워보세요.

연간 계획 잡기

1. 연간 수학공부 계획

1년 수학학습 계획은 〈학기 중〉과 〈방학〉으로 나눠서 생각해봐야 합니다. 학기 중에는 학교 진도에 맞춰 공부하고, 방학 동안에는 이전 학기 복습과 다음 학기 예습을 하는 시간으로 삼습니다(여름방학은 기간이 짧아 7~8월을 방학으로 잡았습니다).

1~2월 겨울방학(8주)	3~6월 1학기(16주)	7~8월 여름방학(8주)	9~12월 2학기(16주)
이전 학년 복습 1학기 예습	학교 진도 맞춰 공부하기	1학기 복습 2학기 예습	학교 진도 맞춰 공부하기

2. 학년별 수학공부 시간

아이의 성향이나 각 가정의 상황에 맞게 수학공부 시간을 잡아보세요. 3학년은 매일 30분 이내, 4학년은 30분~1시간 정도가 적당합니다.

수학문제집 단계

잠수네에서는 초등 3, 4학년이 할 만한 수학문제집을 4단계로 나눕니다.

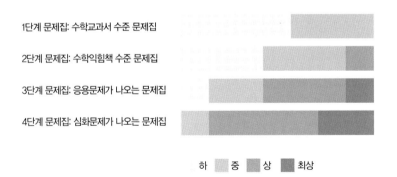

1단계 문제집: 수학교과서 수준 문제집

2단계 문제집: 수학익힘책 수준 문제집

3단계 문제집: 응용문제가 나오는 문제집

4단계 문제집: 심화문제가 나오는 문제집

하　중　상　최상

〈잠수네 추천 수학문제집〉

어떤 문제집을 골라야 할지 혼란스러운 분을 위해 단계별로 2종류의 문제집을 골라봤습니다. 꼭 아래 표에 있는 문제집이 아니어도 됩니다. 뒤에 있는 〈단계별 초등 수학문제집〉을 참고하고 아이의 성향, 편집구성 등을 참작하여 선택해주세요.

1단계	2단계	3단계	4단계
EBS 초등 만점왕 수학 (천재교육)	우등생 해법수학 (천재교육)	디딤돌 초등수학 응용 (디딤돌)	최상위 초등수학 (디딤돌)
개념잡는 큐브수학 (동아출판)	우공비 초등수학 (좋은책신사고)	일등 해법수학 (천재교육)	최고수준 심화 (천재교육)

연산문제집

1단계

잠수네 연산

⟨10-10-10⟩ 연산연습을 하기에 최적화된 잠수네 연산 문제 은행입니다. 학년별, 단원별, 영역별로 세분화 되어 있어 원하는 연산문제를 자유롭게 뽑아 풀 수 있습니다.

기탄수학 (기탄교육)

연산 영역별 단계가 조밀하고, 단계별로 권수가 많은 게 특징입니다. 수학에 감이 있는 아이는 굳이 안 해도 되는 교재입니다.

기적의 계산법
(길벗스쿨)

연산의 핵심 개념을 짚어주는 교재입니다. 수감각이 있는 아이에게는 좋은 문제집이나, 수학개념이 부족한 아이한테는 수학 문제 양이 적습니다.

3단계

상위권 연산 960
(시매쓰)

연산문제집 중 난이도가 꽤 있는 편입니다. 수학의 감이 뛰어난 아이라면 재미있게 풀 수 있지만 연산이 부족하거나 느린 아이, 수학을 잘하지만 연산실수가 잦은 아이에게는 적합하지 않습니다.

단계별 수학문제집

구분	1단계	2단계	3단계	4단계
천재교육	개념클릭 해법수학	우등생 해법수학	일등 해법수학	최고수준 심화
	1000 해법수학	스토리텔링 해법수학	챌린지 해법수학	
디딤돌		디딤돌 초등수학 기본	디딤돌 초등수학 응용	최상위 초등수학
동아출판	개념잡는 큐브수학	백점 맞는 수학		
EBS	EBS 초등 만점왕 수학			
비상교육		완자 초등수학 / 개념+유형 라이트초등수학	개념+유형 파워초등수학	
좋은책 신사고		우공비 초등수학		
시매쓰		생각수학 1031개념서	생각수학 1031 문제서	

서술형(문장제) 문제집

2단계	3단계	4단계
기적의 수학 문장제 (길벗스쿨)	문제해결의 길잡이 원리 (미래엔)	문제해결의 길잡이 심화 (미래엔)

유형별 수학문제집

2단계	3단계
셀파 해법수학 (천재교육) 유형잡는 큐브수학 (동아출판)	쎈 수학 (좋은책신사고)

잠수네 수학학습 과정
이해하기

· · ·

잠수네 수학학습 과정

수학은 아이들 간의 편차가 큰 과목입니다. 그러므로 잘하는 아이를 따라 하기보다 아이 수준에 맞춰 계획하는 편이 도움이 됩니다. 구체적인 진행계획을 짤 수 있도록 체계적으로 과정을 정했습니다.

잠수네 수학은 〈수학문제집의 정답률〉을 기준으로 〈기본〉, 〈응용〉, 〈심화〉, 〈심화플러스〉과정으로 나눕니다.

〈기본〉과정: 1단계 문제집 정답률 70% 이하

〈응용〉과정: 1단계 문제집 정답률 90% 이상 + 2단계 문제집 정답률 70% 이상

〈심화〉과정: 2단계 문제집 정답률 90% 이상 + 3단계 문제집 정답률 70% 이상

〈심화플러스〉과정: 3단계 문제집 정답률 90% 이상 + 4단계 문제집 정답률 70% 이상

※ 수학문제집 정답률 체크 요령

수학문제집의 구성을 보면 단원 앞부분에는 쉬운 문제, 뒷부분에는 어려운 문제가 배치되어 있습니다. 아이 실력에 맞는 문제집을 고르려면 쉽게 이해하는 단원보다 어렵게 느끼는 단원의 정답률로 기준을 잡는 것이 좋습니다. 문제집 정답률은 뒷부분의 제일 어려운 문제 정답률로 체크합니다(앞부분 쉬운 문제는 제외).

잠수네 초등 3, 4학년의 분포는?

잠수네에서는 수학교실 회원이 되면 1년에 4회 〈수학테스트〉를 볼 수 있습니다. 잠수네에서는 이 테스트를 기준으로 과정을 나눕니다.

〈심화플러스〉과정	〈심화〉과정	〈응용〉과정	〈기본〉과정
11%	29% (누적 40%)	37% (누적 77%)	23% (누적 100%)

다음은 초등 3, 4학년의 5년간 〈잠수네 수학테스트 점수 분포〉를 그래프로 나타낸 것입니다.

잠수네 수학테스트 점수 분포 (2011년 3월~2015년 9월, 총 19회)

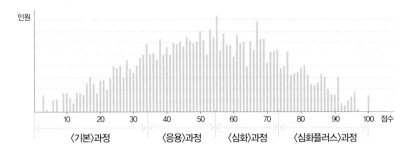

잠수네 수학테스트는 평균이 50~60점 정도로 난이도가 꽤 높습니다. 이렇게 어려운 시험을 보는 것은 아이의 실력에 맞는 수학공부 방법을 찾도록 하기 위해서입니다. 수학을 잘하는 아이는 잘하는 대로, 수학을 못하거나 어려워하는 아이는 좀 더 도약할 수 있도록요.

잠수네 수학테스트를 본 아이들의 학교 단원평가 점수는 어떤지 살펴볼까요?

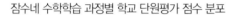

잠수네 수학학습 과정별 학교 단원평가 점수 분포

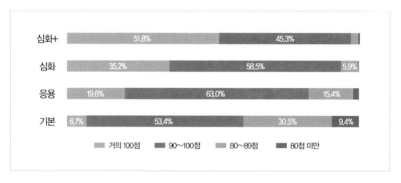

학교에서 보는 단원평가시험은 지역에 따라, 학교에 따라 차이가 많습니다. 이 때문에 같은 100점이라도 실력 차가 납니다. 잠수네 수학테스트는 전국의 잠수네 회원 자녀들이 봅니다. 난이도가 상당해서 현재 실력이 전국적으로 어느 위치에 있는지 비교적 뚜렷하게 알 수 있습니다.

위의 그래프를 보면 〈심화〉, 〈심화플러스〉과정인데도 단원평가에서 100점을 못 맞는 아이들이 각각 64.8%와 49.2%나 됩니다. 실수로 1, 2개 틀리는 아이도 있지만, 수학을 잘한다고 선행으로 달리다 교과수학을 소홀히 하는 데도 원인이 있습니다. 한마디로 학교수학에 집중을 안 한다는 의미죠. 학교시험에서 1, 2개 틀리는 것이 습관이 되면 중고등학교 가서도 쉽게 고쳐지지 않습니다. 수학을 잘하는 아이일수록 겸손한 태도가 필요한 이유입니다.

〈기본〉, 〈응용〉과정도 학교시험 100점인 경우가 각각 19.6%와 6.7%입니다. 학교 단원평가 점수만 보면 수학을 꽤 잘한다고 생각할 수도 있지요. 그러나 이 아이들한테 최상위, 최고수준 같은 어려운 4단계 수학문제집을 들이밀다가는 실력도 늘지 않고 수학이 어렵다는 생각만 굳히게 할 뿐입니다. 아이에게 적당한 수학문제집은 단원평가 점수가 아닌 수학문제집의 정답률을 기준으로 선택해야 합니다.

〈기본〉과정

〈기본〉과정 기준: 1단계 문제집의 정답률 70% 이하

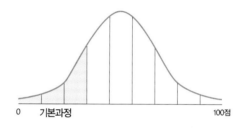

0 기본과정   100점

〈기본〉과정 진단

1단계 문제집의 정답률이 70%가 안 된다면 수학교과서와 익힘책을 완전하게 이해 못한다는 의미입니다(교과수준을 잘 이해한다면 1단계 문제집의 정답률이 90%까지 갑니다). 연산도 정확하지 못하고 독해력, 사고력 모두 부족한 상황입니다. 수학에 대한 자신감도 많이 떨어져 있습니다.

〈기본〉과정의 1년 수학로드맵

1~2월 겨울방학(8주)	3~6월 1학기(16주)	7~8월 여름방학(8주)	9~12월 2학기(16주)
• 2학기 복습 교과서/문제집 오답 ↓ • 새학년 1학기 예습 수학교과서/익힘책 (1회차)	• 진도에 맞춰 공부 ① 수학교과서/익힘책 (2회차) ② 1단계 수학문제집	• 1학기 복습 교과서/문제집 오답 ↓ • 2학기 예습 수학교과서/익힘책 (1회차)	• 진도에 맞춰 공부 ① 수학교과서/익힘책 (2회차) ② 1단계 수학문제집
지난 학년 연산 빈 구멍 메꾸기 + 진도에 맞춰 매일 연산연습 15~30분			

〈기본〉과정의 수학학습 방향

1) 한글책 읽기를 점검해주세요

읽기가 안 되면 수학을 잘할 수 없습니다. 책을 읽어야 글을 읽고 이해하는 능력(독해력), 생각하는 힘(사고력)이 생깁니다. 제일 급선무는 책읽기 습관을 잡아주는 것입니다.

2) 연산의 빈 구멍을 찾아 메꾼 후 제 학년 연산을 진행합니다

연산 영역의 단원평가가 80점 이하라면 아래 학년의 연산에 문제가 있다고 봐도 됩니다. 〈10×10칸〉 문제를 2분 안에 정확하게 풀 수 있도록 매일 연습시키세요(덧셈 → 뺄셈 → 곱셈 순). 〈10×10칸〉 문제를 아침에 1장, 저녁에 1장씩 하면 시간이 단축됩니다. 그다음 〈10-10-10〉 문제 풀이로 아래 학년의 쉬운 연산부터 차근차근 다져갑니다. 아래 학년 연산을 할 때는 당분간 연산만 챙긴다는 마음으로 매일 30분씩 집중하는 것이 좋습니다. 이렇게 기초를 다진 뒤 자기 학년 연산을 진행하세요. 오답도 적어지고 문제 푸는 시간도 빨라집니다.

3) 수학교과서의 개념을 확실하게 이해할 때까지 소리 내서 읽습니다

수학교과서의 개념을 이해 못하면 수학을 잘할 수 없습니다. 개념과 원리를 말로 이야기할 수 있을 때까지 수학교과서를 소리 내서 읽게 하세요. 교과서에 나온 구체물, 반구체물로 직접 계산하고 체험하는 과정을 빼먹지 말고 해보는 것이 좋습니다. 연산 개념을 제대로 이해 못하면 아래 학년 수학교과서의 해당 부분을 찾아 읽고 이해하도록 해야 합니다.

4) 수학문제집은 제일 쉬운 것(1단계) 1권을 택해 반복해서 풉니다

수학을 잘 못하면 다수를 대상으로 하는 학원은 보내봐야 아무 소용이 없습니다. 느린 아이일수록 1:1로 해야 합니다. 기본교재는 수학교과서와 익힘책입니다. 수학문제집도 여러 권 할 필요 없습니다. 제일 쉬운 것으로 1권을 정해 완전히 이해할 때까지 반복합니다. 뒤돌아서면 잊어버리는 아이라면 같은 문제집을 몇 권 더 구입해서 풀어도 좋습니다. 아이가 수학을 싫어할까 봐 매일 수학공부를 하는 것을 겁먹지 마세요.

지금 방치했다가 고학년에 가서 하려면 더 힘듭니다.

5) 문제는 바로 채점해주세요

수학을 못하는 원인에는 집중을 못하는 태도도 포함됩니다. 아이 혼자 풀라고 하지 말고 옆에 앉아서 문제 푸는 것을 보세요. 그래야 어디에 원인이 있는지 알 수 있습니다. 수학을 어려워하는 아이일수록 한 문제 풀고 바로 채점해야 합니다. 틀린 문제는 그 자리에서 다시 풀게 하고요. 이해가 안 되면 수학교과서나 답지를 보고 설명해주세요. 이때 이렇게 쉬운 문제도 틀리느냐고 화를 내면 아이는 수학을 더 싫어하게 됩니다. 절대 화내지 마세요.

6) 적절한 동기부여도 필요합니다

쉬운 문제로 다지고, 반복하는 과정은 아이에게도 힘든 시간입니다. 수학공부하는 시간이 지겹게 느껴지지 않도록 살짝 머리를 쓰면 좋습니다. 매일 푼 문제수를 기록해서 정답수만큼 스티커를 주기로 약속해보세요. 스티커를 일정 수 모으면 신나게 놀 수 있는 프리데이 쿠폰, 영화보기 쿠폰 등 무형의 보상도 해주고요. 이런저런 방법으로 용기를 북돋아주며 진행하다 보면 재미도 느끼고 자신감도 붙습니다. 지금은 조금 부족해도 매일 꾸준히 하면 수학을 잘할 수 있다고 격려도 해주고요.

⟨기본⟩과정의 시험공부는 이렇게!

학교시험은 연산과 교과서만 잘 챙겨도 90점 이상이 나옵니다. 연산은 따로 시험공부하기보다는 매일 연습하면서 다져야 합니다. 시험공부는 수학교과서의 개념 부분을 다시 읽고 확인하는 것이 첫 번째입니다. 그 다음 수학교과서와 수학익힘책, (그동안 풀었던) 수학문제집에서 자주 틀리는 문제를 추려 알 때까지 반복해서 풀어봅니다. 수학익힘책의 별 2개 문제를 어려워하면 잠깐 옆으로 치우고 자신 있는 문제부터 푸세요. 나중에 시간 여유가 있을 때 시도하기로 하고요. 일정을 미리 알려주고 시험을 보는 학교도 있지만 예고 없이 수시로 단원평가를 보기도 합니다. 평소에 수학공부를 꾸준히 했다면 좋은 결과를 얻을 수 있습니다.

[예습/복습] 1단계 수학문제집 (방학/학기 중, 1권 선택)

EBS 초등 만점왕 수학
(EBS)

개념잡는 큐브수학
(동아출판)

개념클릭 해법수학
(천재교육)

1000 해법수학
(천재교육)

[구멍메꾸기/교과진도] 연산문제집 (매일)

[1단계] 잠수네 연산

[1단계] 기탄수학
(기탄교육)

[선택사항] 수학퍼즐/보드게임 (방학 때 해보세요)

셰이프 바이 셰이프   러시아워 (Rush Hour)   호퍼스 (Hoppers)   입체 사목게임   우봉고 (Ubongo)
(Shape By Shape)   (Connect Four)

〈기본〉과정의 체크포인트

[방학]

① 지난 학기 교과서를 다시 읽어보고, 교과서와 문제집의 틀린 문제를 풀어봅니다.

② 다음 학기 예습은 〈수학교과서〉와 〈수학익힘책〉으로 합니다.

③ 부진한 연산 영역을 향상시키기 위해 집중적으로 매일 〈10-10-10〉 문제풀이를 합니다.

[학기 중]

① 학교수업에 자신감을 주기 위해 수업 전 〈수학교과서〉, 〈수학익힘책〉을 한 번 더 공부합니다.

② 복습으로 〈수학교과서〉, 〈수학익힘책〉, 〈1단계 문제집〉(1권)의 틀린 문제를 반복해서 풉니다.

③ 교과 진도에 맞는 연산문제를 〈10-10-10〉 방식으로 매일 꾸준히 풉니다.

〈기본〉과정 → 〈응용〉과정으로 가려면?

1. 구멍난 연산 메꾸기

수학은 자신감이 생명입니다. 초등과정에서는 연산의 비중이 높습니다. 연산을 잘하면 수학에 자신감이 붙습니다(속도는 자연스럽게 따라옵니다). 그러나 연산에서 많이 틀리고 문제 푸는 시간도 길다면 진도에 맞춰 무작정 연습한다고 해결이 되지 않습니다. 아래 학년의 빈 구멍을 찾아서 메꾸는 과정이 꼭 필요합니다. 계산도 정확하지 않고 속도도 느리다면 제일 쉬운 1단계 연산문제집으로 하는 것이 좋습니다. 남들 한다고 문제 양도 많고 어려운 2, 3단계 연산문제집을 하면 쓸데없이 시간만 잡아먹습니다.

2. 수학교과서 완전하게 이해하기

'수학이 만만하다, 별거 아니다, 쉽다'란 생각이 들어야 수학공부하는 시간이 지겹지 않습니다. 그래서 수학교과서/수학익힘책을 여러 번 공부하는 것이 필수입니다.

3. 쉬운 문제집 1권으로 반복

쉬운 문제집을 반복해서 푸는 것이 중요합니다. 혼자 힘으로 해결하는 경험이 하나둘 쌓이면 '나도 할 수 있다'는 마음이 들고 실력도 올라갑니다. 수학동화나 수학퍼즐은 교과수학을 잘하게 되었을 때 접해도 늦지 않습니다.

!!! 1단계 수학문제집의 정답률이 90% 이상 되면 〈응용〉과정 스케줄로 진행해도 됩니다.

[JK4] 그래프 놀이
(미래아이)

[JK4] 분수놀이
(미래아이)

[JK4] 나머지 하나
꽁당이 (아이세움)

[JK4] 이상한 나라의
도형 공주: 도형
(어린이나무생각)

[JK4] 베드타임 매쓰 3
(아이세움)

[JK5] 수학식당 1
(명왕성은자유다)

[JK5] 수학빵
(와이즈만북스)

[JK5] 신통방통 분수
(좋은책어린이)

[JK5] 고양이 탐의
맛있는 나눗셈
(청어람미디어)

[JK5] 수학이
진짜 웃긴다고요?
(한솔수북)

[JK5] 뫼비우스 띠의
비밀 (주니어김영사)

[JK5] 수학 천재는
바로 너 (봄나무)

[JK5] 몬스터
마법수학: 해골 대왕의
저주–상 (경향에듀)

[JK5] 그리스 신도
수학 공부를 했을까?
(영교)

[JK5] 공룡 사냥에서
수학 찾기 (좋은꿈)

[JK5] 수리수리마수리
암호 나라로! (토토북)

[JK5] 엄마, 수학 공부
꼭 해야 돼? (팜파스)

[JK5] 수학아 수학아
나 좀 도와줘 (삼성당)

[JK6] 탤리캣과 마법의
수학나라 1: 잃어버린
연산을 찾아라!
(잠돌어린이)

[JK6] 나눌까 곱할까? 약수와 배수
(이치사이언스)

〈응용〉과정

〈응용〉과정 기준: 1단계 문제집 정답률 90% 이상+2단계 문제집 정답률 70%

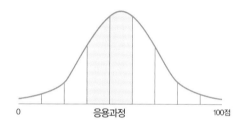

〈응용〉과정 진단

학교 단원평가는 90점 이상이 나오기 때문에 수학을 잘한다고 생각합니다. 그러나 연산은 조금만 방심하면 실수가 잦습니다. 단원에 따라 쉽게 이해하는 곳도 있지만, 잘 이해 못하는 곳도 있습니다. 수학교과서의 개념을 살짝 응용한 문제는 쉽게 풀지만 심화문제나 생각을 해야 하는 사고력 문제는 어렵다고 안 풀거나 짜증 내는 경우도 많습니다. 그동안 수학공부를 별로 안 했거나, 열심히 하느라고 했는데 공부방법이 잘못된 경우입니다.

〈응용〉과정의 1년 수학로드맵

1~2월 겨울방학(8주)	3~6월 1학기(16주)	7~8월 여름방학(8주)	9~12월 2학기(16주)
• 2학기 복습 교과서/문제집 오답 ↓ • 새학년 1학기 예습 ① 수학교과서/익힘책 ② 1단계 수학문제집 (1회차)	• 진도에 맞춰 오답확인 ① 수학교과서/익힘책 ② 1단계 수학문제집 (2회차) • 진도에 맞춰 심화문제 풀기 2단계 수학문제집	• 2학기 복습 교과서/문제집 오답 ↓ • 2학기 예습 ① 수학교과서/익힘책 (1회차) ② 1단계 문제집	• 진도에 맞춰 오답확인 ① 수학교과서/익힘책 (2회차) ② 2단계 수학문제집 • 진도에 맞춰 심화문제 풀기 2단계 수학문제집
지난 학년 연산 빈 구멍 메꾸기 + 진도에 맞춰 매일 연산연습 15분			

〈응용〉과정의 수학학습 방향

1) 수학교과서의 개념을 확실하게 이해하도록 합니다

수학공부는 수학교과서가 기본입니다. 연산연습, 수학문제집 풀이는 그다음입니다. 수학교과서가 쉽다고 대충 읽고 마는 아이들이 많습니다. 교과서 구석구석 읽고 이해했는지 확인해보세요. 교과서에 나온 질문들도 건너뛰지 말고 모두 생각해보도록 합니다.

2) 연산은 진도에 맞춰 매일 〈10-10-10〉 문제풀이를 합니다

정확하게 연산문제를 푸는 습관이 자리 잡으면 속도는 자연히 따라옵니다. 한 자리 수나 두 자리 수의 연산은 잘하는데 자릿수가 늘어나면 어려워하는 이유는 계산원리를 정확하게 이해 못했기 때문입니다. 수학교과서의 원리 설명을 다시 읽고 연산연습을 하도록 해주세요. 특히 수학교과서도 제대로 안 보고 자기 학년을 앞선 연산선행을 하는 것은 무의미합니다. 원리에 대한 이해 없이 기계적으로 계산하지 않도록 해주세요.

3) 방학에는 교과서와 1단계 문제집으로 예습하고, 학기 중에는 2단계 문제집을 풉니다

방학을 이용해 예습할 때는 수학교과서와 수학익힘책부터 공부합니다. 예습 진도에 맞춰 연산연습도 하고요. 교과서의 문제를 모두 이해했다면, 그다음 1단계 문제집을 푸세요. 학기 중에는 2단계 문제집을 풀면서 실력을 다집니다. 매일 30분씩 공부하면 학기 중에 문제집 2권 정도는 충분히 풀 수 있습니다. 수학교과서의 〈문제해결〉과 수학익힘책의 별 2개 문제, 2단계 문제집 중 단원 뒷부분의 몇 문제는 살짝 어려울 수 있습니다. 유형별 문제집에서 비슷한 문제를 모아 풀어보세요.

4) 단원별로 오답을 꼭 해결하고 가야 합니다

수학문제를 푸는 목적은 틀리는 문제를 찾아내기 위함입니다. 틀린 문제를 해결하는 동안 수학실력이 자라는 것이고요. 틀리는 문제는 교과서의 해당 부분을 다시 짚어야 합니다. 왜 틀렸는지(연산실수, 문제를 건너뛰고 읽음, 문제 이해 안 됨 등) 스스로 분석하게도 하세요. 원인을 알아야 대책을 마련할 수 있으니까요. 틀린 문제에는 사선(/)표시보다 별(☆)이나 동그라미(○)를 그려주어야 아이의 기분이 상하지 않습니다. 한 단원을 다 풀고 나면 틀린 문제를 다시 풀고, 여러 번 틀리는 문제는 따로 모아 오답노트를 만들어 반복해서 풉니다. 오답이 많이 나오는 단원은 교과서 개념부터 다시 공부해야 합니다.

〈응용〉과정의 시험공부는 이렇게!

수학교과서 개념을 다시 읽으면서 아는 내용을 확인하고 미처 몰랐던 부분이 없는지 확인합니다. 수학교과서, 수학익힘책의 답이 없는 듯한 막연한 질문들이 서술형 평가문제로 나옵니다. 답이 없다고 건너뛰지 말고 생각해서 답해보는 습관을 들여주세요.

　학교 단원평가 시험은 2단계 문제집 수준인 곳이 많습니다. 수학익힘책과 2단계 문제집만 제대로 풀면 학교시험 100점이 어렵지 않습니다. 그러나 수학익힘책의 별 1~2개 문제를 응용한 문제가 많이 나오는 학교라면 학교시험 대비도 필요합니다. 유형문제집에서 비슷한 유형을 찾아 공부하도록 해주세요.

[예습] 1단계 수학문제집 (방학 때, 1권 선택)

EBS초등 만점왕   개념잡는 큐브수학   개념클릭 해법수학   1000해법수학
수학 (EBS)   (동아출판)   (천재교육)   (천재교육)

[복습/심화] 2단계 수학문제집 (학기 중, 1~2권 선택)

우등생 해법수학   디딤돌 초등수학   백점 맞는 수학   개념+유형 라이트   우공비 초등수학
(천재교육)   기본 (디딤돌)   (동아출판)   초등수학 (비상교육)   (좋은책신사고)

[구멍메꾸기/교과진도] 연산문제집 (매일)

[1단계] 잠수네 연산   [1단계] 기탄수학   [1단계] 기적의
             (기탄교육)   계산법 (길벗스쿨)

[선택사항1] 유형별, 서술형, 사고력 문제집

| [2단계-유형] 셀파 해법수학 (천재교육) | [3단계-유형] 쎈 수학 (좋은책신사고) | [2단계-서술형] 기적의 수학 문장제 (길벗스쿨) | [3단계-서술형] 문제해결의 길잡이 원리 (미래엔) | [3단계-사고력] 초등 창의사고력 수학 팩토 원리 (매스티안) |

1. 유형별 문제집: 자주 틀리는 유형을 골라 푸는 데 활용하세요. 3단계 유형문
   제집의 심화문제를 힘들어하면, 학기가 끝난 방학 때 풀어도 됩니다.

2. 서술형 문제집: 서술형 문제를 어려워하면 2단계 서술형 문제집을 추가로
   풉니다. 3단계 서술형 문제집은 겨울방학 때 한 학년 아래 것을 푸는 것이
   수월합니다.

3. 사고력 문제집: 방학 때 한 학년 아래 문제집을 풉니다(학기 중에는 교과수학
   에 충실!).

[선택사항2] 수학퍼즐/보드게임 (방학 때 해보세요)

| 소마큐브 (조이매쓰) | 구슬퍼즐 (Rectangular and Pyramid Puzzle) | 쿼클 (Qwirkle) | 세트 (Set) | 픽셀 (Pixel) |

[방학]

① 지난 학기의 〈수학교과서〉를 한번 죽 읽어보면서 어떤 것을 배웠는지 확인합니다.

② 전 학기에 푼 문제집과 교과서 중 여러 번 틀려 어려웠던 문제를 다시 풀어봅니다.

③ 연산은 예습 진도에 맞춰 매일 〈10-10-10〉 문제풀이를 합니다.

④ 다음 학기 예습으로 〈수학교과서〉를 읽어보고, 〈1단계 문제집〉을 풀어봅니다.

[학기 중]

① 개념을 잊지 않도록 〈수학교과서〉를 꾸준히 읽습니다.

② 연산실수가 많은 영역의 문제를 뽑아 〈10-10-10〉 문제풀이를 합니다.

③ 방학 때 푼 〈1단계 문제집〉의 오답을 확인하고, 〈2단계 문제집〉을 풉니다.

④ 자주 틀리는 문제는 유형문제집으로 더 풀어봅니다.

〈응용〉과정 → 〈심화〉과정으로 가려면?

1. 아이 수준에 맞는 수학문제집 풀기

잠수네 수학교실 회원의 〈응용〉과정에 있는 아이들 중 82.6%가 학교 단원평가 점수 90~100점 구간에 있습니다. 그러다 보니 단원평가 점수만 보고 아이 수준보다 어려운 3, 4단계 수학문제집을 풀게 하는 집들이 많습니다. 문제가 조금만 어려워져도 겁을 먹고 풀 엄두를 못 냅니다. 지금 풀고 있는 문제집의 정답률을 체크해보세요. 정답률이 70%가 안 되면 적당한 문제집이 아닙니다. 아이 실력에 적당한 문제집부터 시작해서 차근차근 단계를 밟아가세요. '내 아이의 수준 정확하게 알기'가 수학실력을 올리기 위한 첫걸음입니다.

2. 혼자 힘으로 생각해서 푸는 습관 들이기

어려워한다고 부모나 학원, 과외 선생님이 설명해주면 학습에 도움이 안 됩니다. 심화문제를 풀어봤다는 겉멋만 들 뿐 제 실력이 안 됩니다. 어려워하는 문제유형을 모아서 풀 때도 해결방법을 기계적으로 외워서 풀면 실력이 늘지 않습니다. 시간이 조금 더 걸려도 혼자 해결했을 때 기억에 오래 남고 진짜 실력이 됩니다.

3. 심화문제(3단계 문제집)는 학기가 끝난 후 복습 차원에서!

학기 중에는 연산연습, 수학교과서와 문제집 공부만 해도 시간이 빠듯합니다. 3단계 서술형 문제집은 문제해결 방법을 익힐 수 있는 문제집입니다. 교과진도와 다른 구성이고 차근차근 생각하며 풀어야 하므로 복습 차원에서 방학 때 하는 것이 좋습니다. 단, 처음부터 자기 학년 문제집을 하면 힘들 수 있습니다. 한 학년 아래 것부터 해보세요. 사고력 문제는 교과 수학을 탄탄하게 한 후 해도 늦지 않습니다.

!!! 2단계 문제집의 정답률이 90%가 넘으면 〈심화〉과정으로 진행합니다.

'잠수네 수학교실 테스트'는 물론 학교에서 보는 단원평가나 수학경시에서 기대만큼 점수가 안 나오면 실망감과 함께 원인 분석에 나섭니다. 그동안 공부를 안 했다, 심화문제를 안 풀어봤다, 독해력이 딸린다, 연산에서 실수가 많다, 건성으로 풀었다, 몇 문제 풀다 보니 집중력이 확 떨어졌다, 문제를 제대로 안 읽었다, 생각하기 싫어한다, 어려운 문제만 붙들고 있다 제한 시간 안에 다 풀지 못했다 등 원인 분석은 비교적 정확합니다. 하지만 분석과 달리 무조건 학원 보내서 선행과 심화를 해야 하는 게 아닌가 생각하는 분이 상당히 많습니다. 학원이 답이 아닙니다. 내 아이에게 꼭 맞는 대책과 구체적인 방법이 필요합니다.

원인	대책	구체적인 방법
1. 독해력이 딸린다	독해력을 키운다	한글책읽기, 국어공부를 한다
2. 연산 실수가 많다	연산이 정확해야 한다	꾸준히 연산연습을 하고, 실수가 있다면 구멍난 부분을 메꾼다
3. 문제를 제대로 안 읽는다	문제를 제대로 읽어야 한다	끊어읽기, 소리내어 읽기 등으로 정확하게 읽는 연습을 한다
4. 생각하기 싫어한다	생각하는 훈련이 필요하다	퍼즐, 수학지식책에 나오는 생각을 요하는 문제를 풀어본다
5. 집중력이 떨어진다	집중력을 키운다	아이 수준보다 살짝 어려운 수학문제에 집중하는 시간을 5분부터 서서히 키운다
6. 시험보는 요령이 없다	시험 보는 요령을 알려준다	쉬운 문제부터 풀면서 시간안배하는 연습을 한다
7. 심화문제를 안 풀어봤다	심화문제를 푼다	아이 수준에 맞는 심화문제집을 골라 하루 한 문제라도 풀어본다
8. 수학공부를 안 했다	수학공부를 한다	저학년은 매일 조금씩이라도 수학공부를 하고 초등 고학년, 중학생 이후로는 수학공부 시간을 늘린다

[JK5] 수학이 정말
재밌어지는 책
(그린북)

[JK5] 고양이가 맨
처음 cm를 배우던 날
(아이세움)

[JK5] 왕코딱지의 만점
수학 (처음주니어)

[JK5] 신통방통 플러스
소수의 덧셈과 뺄셈
(좋은책어린이)

[JK5] 수학
숙제 요리하기
(주니어김영사)

[JK5] 3D 입체 수학
책 2: 수학 두뇌를
깨우는 진짜 대단한
(아이즐북스)

[JK5] 이상한
수학나라의 뚱땅이
(동녘)

[JK5] 수학을 사랑한
아이 (봄나무)

[JK6] 수학 바보
(주니어RHK)

[JK6] 수학 유령의
미스터리 마술 수학
(글송이)

[JK6] 양말을 꿀꺽
삼켜버린 수학 1
(생각을담은어린이)

[JK6] 툴툴 마녀는
수학을 싫어해!
(진선아이)

[JK6] 수학의 파이터
(주니어김영사)

[JK6] 누나는 수다쟁이
수학자 2: 분수
(뜨인돌어린이)

[JK6] 가우스: 수학의
열정을 닮아라
(살림어린이)

[JK6] 운수대통 수학왕
(개암나무)

[JK6] 개 뼈다귀에서
시작하는 야무진 도형
교실 (길벗어린이)

[JK6] 숫자 벌레 (이치)

[JK6] 수학! 뒤집으면
풀린다! (아테나)

[JK6] 행복한 수학
초등학교: 수의 세계
(휴먼어린이)

〈심화〉과정

〈심화〉과정의 기준: 2단계 문제집 정답률 90% 이상+3단계 문제집 정답률 70%

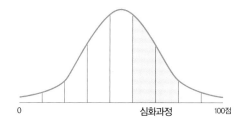

0   심화과정   100점

〈심화〉과정 진단

수학을 잘하는 아이입니다. 학교에서 배우는 수학도 쉽게 이해하고, 수학익힘책의 별 2개짜리 문제도 수월하게 풉니다. 1년 이상 연산만 선행하는 아이들도 꽤 있습니다. 그러나 학교시험은 1, 2개씩 틀리는 경우가 많습니다. 수학교과서를 꼼꼼하게 보지 않거나, 연산에서 실수가 있기 때문입니다. 이 구간의 아이를 둔 상당수의 부모들이 최고 난이도의 수학문제집과 경시문제집을 풀게 합니다. 그러나 맞지 않는 신발처럼 혼자 힘으로 풀기에는 시간도 많이 걸리고 심리적 부담도 큽니다.

〈심화〉과정의 1년 수학로드맵

1~2월 겨울방학(8주)	3~6월 1학기(16주)	7~8월 여름방학(8주)	9~12월 2학기(16주)
• 새학년 1학기 예습 ① 수학교과서/익힘책 　(1회차) ② 2단계 수학문제집	• 진도에 맞춰 오답확인 ① 수학교과서/익힘책 　(2회차) ② 2단계 수학문제집	• 2학기 예습 ① 수학교과서/익힘책 　(1회차) ② 2단계 수학문제집	• 진도에 맞춰 오답확인 ① 수학교과서/익힘책 　(2회차) ② 2단계 수학문제집
• 복습으로 심화 문제 풀기 이전 학기 4단계 문 제집	• 진도에 맞춰 심화문제 풀기 3단계 수학문제집	• 복습으로 심화 문제 풀기 이전 학기 4단계 문 제집	• 진도에 맞춰 심화문제 풀기 3단계 수학문제집
진도에 맞춰 매일 연산연습 10분 + 연산실수 잡기			

〈심화〉과정의 수학학습 방향

1) 학교수업, 수학교과서 공부를 소홀히 하지 않게 해주세요

학교수학이 쉽다고 우습게 보는 습관이 몸에 배면 수학을 잘할 수 없습니다. 수학을 잘해도 개념은 어설프게 알고 있을 수 있습니다. 학교수업에 집중하는 것은 물론, 수학교과서도 구석구석 빼먹지 말고 공부해야 합니다.

2) 방학 때 한 학기 예습, 학기 중 심화학습을 진행합니다

예습할 때는 수학교과서와 수학익힘책부터 공부하도록 해주세요. 연산 연습은 수학교과서의 연산 원리를 확실하게 이해한 후 병행합니다. 교과서 예습이 끝나면 2단계 문제집으로 공부합니다. 학기 중에는 3단계 문제집으로 좀 더 심화된 문제를 접해보도록 합니다. 방학 때 공부하면서 틀린 문제의 오답도 한 번 더 풀어보세요. 3단계 문제집을 훨씬 쉽게 풀 수 있습니다.

3) 연산실수를 잡아주세요

연산실수를 했을 때, 다시 풀면 제대로 푼다고 가볍게 넘어가면 늘 같은 실수를 거듭하게 됩니다. 연산을 잘하는 아이가 실수하는 이유는 2가지입니다. 연산에 자신 있다고 빠르게 풀다 엉뚱한 답을 쓰거나, 검산을 안 했기 때문입니다. 평소에 문제집 풀 때 연산실수가 나오면 같은 유형의 연산문제를 〈10-10-10〉 문제풀이한다고 약속해보세요. 다 아는 문제를 또 풀지 않기 위해서라도 집중하게 됩니다. 검산만 제대로 해도 학교시험에서 연산실수가 많이 줄어듭니다. 검산은 완전히 새로 문제를 푼다는 자세로 하는 것이라고 알려주세요.

4) 3단계 문제집의 오답까지 해결한 후, 시간이 남으면 4단계 문제집을 푸세요

4단계 문제집의 앞부분은 쉽기 때문에 만만하게 풀 수 있습니다. 그러나 뒤로 갈수록 어려운 문제가 많아집니다. 아이가 힘들어하는데 억지로 풀게 하지 마세요. 쉬운 문제만 풀어도 실력이 오르지 못하지만, 너무 어려운 문제를 만나면 문제를 해결해보기도 전에 지레 포기하게 됩니다. '살짝 어려운 문제'가 적당한 수준입니다. 3단계 문제집의 심화 문제 정답률이 90%가 넘어가는지 먼저 확인해보세요. 4단계 문제집은 그다음에 도전해주세요(시간이 부족하면 방학을 활용하는 것이 좋습니다).

〈심화〉과정의 시험공부는 이렇게!

수학개념을 묻는 문제, 활동하기의 열린 질문은 수학교과서를 공부하지 않으면 답을 쓸 수 없습니다. 〈문제해결〉 편의 사고력 문제 역시 마찬가지입니다. 교과서를 덮고 개념을 말로 설명할 수 있어야 진짜 아는 것입니다. 도형 영역은 정의와 성질을 바로 답할 수 있을 때까지 정확하게 외우도록 해주세요. 시험이 좀 어렵게 나오는 학교라면 그동안 푼 문제집에서 틀린 문제만 다시 풀어봅니다.

[예습] 2단계 수학문제집 (방학 때, 1권 선택)

| 우등생 해법수학 (천재교육) | 디딤돌 초등수학 기본 (디딤돌) | 백점 맞는 수학 (동아출판) | 개념+유형 라이트 초등수학 (비상교육) | 우공비 초등수학 (좋은책신사고) |

[복습/심화] 3단계 수학문제집 (학기 중, 1~2권 선택)

일등 해법수학　　디딤돌 초등 수학　　챌린지 해법수학　　개념+유형 파워　　생각수학 1031
(천재교육)　　응용 (디딤돌)　　(천재교육)　　초등수학 (비상교육)　　문제서 (시매쓰)

[실수잡기/교과진도] 연산문제집 (매일)

[1단계] 잠수네 연산　　[1단계] 기적의　　[3단계] 상위권 연산
　　계산법 (길벗스쿨)　　960 (시매쓰)

[선택사항1] 유형별, 서술형, 사고력 문제집

[3단계-유형] 쎈　　[4단계-서술형]　　[4단계-사고력]
수학 (좋은책신사고)　　문제해결의 길잡이　　초등 창의사고력
　　심화 (미래엔)　　수학 팩토 탐구
　　　　(매스티안)

1. 유형별 문제집: 유형별 문제집은 쉬운 문제까지 다 풀지 않아도 됩니다. 자
   주 틀리는 유형만 골라 푸세요.

2. 서술형 문제집: 심화된 서술형 문제를 어려워하면 따로 풉니다.

3. 사고력 문제집: 주말이나 방학 때 한 학년 아래 문제집을 풉니다.

[선택사항2] 수학퍼즐/보드게임 (방학 때 해보세요)

초콜릿 픽스   블록 바이 블록   배틀쉽 (Battleship)   루미큐브   다빈치코드 (Da
(Chocolate Fix)   (Block By Block)   (Rummikub)   Vinci Code)

〈심화〉과정의 체크포인트

[방학]

① 복습 차원에서 심화문제를 풀어봅니다.

② 다음 학기 예습으로 〈수학교과서〉를 읽어보고, 〈2단계 문제집〉을 풀어봅니다.

③ 1, 2단계 연산문제집으로 진도에 맞춰 〈10-10-10〉 문제풀이를 합니다.

④ 수학퍼즐과 보드게임, 아이가 좋아하는 수학 관련 책을 읽어봅니다.

[학기 중]

① 개념을 다지기 위해 〈수학교과서〉를 꾸준히 읽습니다.

② 연산실수가 있는 부분만 〈10-10-10〉 문제풀이를 합니다.

③ 방학 때 푼 〈2단계 문제집〉의 오답을 확인하고, 〈3단계 문제집〉을 풉니다.

〈심화〉과정 → 〈심화플러스〉과정으로 가려면?

1. 선행하지 말고, 자기 학년 심화에 집중!

초등 아이들에게 수학선행을 시키는 것은 중등수학을 빨리 시작해야 한다는 조바심 때문입니다. 중등수학을 하려면 5, 6학년 수학진도를 빠르게 나가야 합니다. 그러다 보면 5, 6학년 수학이 부실해지고 중학교 수학이 커다란 벽처럼 다가옵니다. 수학을 잘하기 위해 선행을 하는 것인데, 무리한 선행으로 오히려 수학에 대한 흥미를 잃을 가능성이 높습니다.

2. 방학 때 4단계 문제집으로 문제해결력을 키운다

학기 중 3단계 문제집을 오답까지 다 풀었다면 방학 때 복습 차원에서 4단계 서술형 문제집을 풀어봅니다. 4단계 심화문제집을 푼다면 앞부분의 쉬운 문제는 건너뛰고 중간난이도부터 푸세요. 돈 주고 구입한 문제집이라고 다 풀 필요는 없습니다. 상황에 맞게 효율적으로 활용하는 것이 현명한 방법입니다. 4단계 문제집은 여름방학보다 겨울방학에 하는 것이 낫습니다. 여름방학은 며칠 되지도 않는데다 휴가까지 생각하면 다음 학기 예습만 하기에도 빡빡합니다. 반면 학년이 다 끝난 겨울방학은 아이의 부담도 덜하고 시간 면에서도 여유롭습니다.

3. 주말, 방학을 이용해서 사고력 문제집을 풀어본다(선택사항)

사고력 문제집은 퀴즈 형태의 문제들입니다. 집중해서 생각해야 하는 문제들이라 시간 여유가 있을 때 하는 것이 좋습니다. 꼭 해야 하는 것은 아니므로 아이가 재미있어하면 주말이나 방학을 이용해보세요. 사고력 문제 형태를 별로 안 좋아하면 굳이 하지 않아도 됩니다.

!!! 3단계 문제집의 정답률이 90%가 넘으면 〈심화플러스〉과정으로 진행합니다.

〈심화〉과정 추천도서

[JK5] 영의 모험 (승산)

[JK5] 피타고라스의
발견 (승산)

[JK5] 항아리 속
이야기 (비룡소)

[JK5] 내가 만난
이상한 고양이
(아이세움)

[JK5] 마법의 숫자들
(비룡소)

[JK5] 옛날 옛적에
수학이 말이야
(주니어김영사)

[JK5] 숫자돌이랑 놀자
(주니어김영사)

[JK6] 돼지 삼총사
아슬아슬 수학 소풍
(다림)

[JK6] 12개의 황금열쇠
(주니어김영사)

[JK6] 비교: 단위편
(부즈펌)

[JK7] 수학여왕 제이든
구출작전 (일출봉)

[JK7] 수학에 번쩍
눈뜨게 한 비밀 친구들
1 (가나출판사)

[JK7] 수학이 수군수군
(주니어김영사)

[JK7] 탈레스
박사와 수학
영재들의 미로게임
(주니어김영사)

[JK7] 수학 시험을
막아라! (베틀북)

[JK7] 분수, 넌 내
밥이야! (북멘토)

[JK7] 로지아 논리
공주를 구출하라
(쿠폰북)

[JK7] 조선 수학의 신,
홍정하 (휴먼어린이)

[JK7] 사라진 명화를
찾아라 (주니어김영사)

[JK7] 수학 나라에서
만난 수학 괴짜들
(주니어RHK)

〈심화플러스〉과정

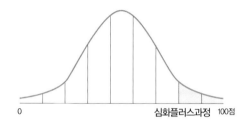

〈심화플러스〉과정 기준: 3단계 문제집 정답률 90% 이상＋4단계 문제집 정답률 70%

0   심화플러스과정   100점

〈심화플러스〉과정 진단

수학을 뛰어나게 잘하는 아이들은 크게 두 부류가 있습니다. 개념과 심화를 성실하게 공부한 아이들과 선천적으로 수학에 재능이 있는 아이들입니다. 성실하게 공부하는 아이들은 모범생 스타일로 꾸준히 공부하며 이 수준을 지킵니다. 이대로 죽 가면 중고등학교 수학에서 최상위를 유지할 수 있습니다. 수학의 감이 뛰어난 아이들은 창의적이고 심화된 문제들을 재미있어합니다. 수학원리책을 반복해서 읽으며 모르는 개념을 습득하고 수학퀴즈 책을 탐독하기도 합니다. 그러나 단순연산 문제, 같은 유형 반복, 문제양만 많은 두꺼운 문제집 풀기를 몸서리치게 싫어합니다. 수학교과서가 너무 쉬워 학교수업에 집중을 못하는 아이들도 간혹 보입니다.

〈심화플러스〉과정의 1년 수학로드맵

1~2월 겨울방학(8주)	3~6월 1학기(16주)	7~8월 여름방학(8주)	9~12월 2학기(16주)
• 새학년 1학기 예습 ① 수학교과서/익힘책 　(1회차) ② 2~3단계 수학문제집	• 진도에 맞춰 오답확인 ① 수학교과서/익힘책 　(2회차) ② 수학문제집	• 2학기 예습 ① 수학교과서/익힘책 　(1회차) ② 2~3단계 수학문제집	• 진도에 맞춰 오답확인 ① 수학교과서/익힘책 　(2회차) ② 수학문제집
• 한글책, 영어가 탄탄 하면 　능력껏 선행/심화학 　습 진행	• 진도에 맞춰 심화문제 풀기 　3~4단계 수학문제집	• 한글책, 영어가 탄탄 하면 　능력껏 선행/심화학 　습 진행	• 진도에 맞춰 심화문제 풀기 　3~4단계 수학문제집
예습 시 필요하면 연산연습 10분 + 연산실수 잡기			

〈심화플러스〉과정의 수학학습 방향

1) 연산실수를 잡습니다

연산에 문제가 없으면 쉬운 연산문제집으로 따박따박 연산연습을 시키지 않아도 됩니다. 오히려 억지로 시키면 수학이 재미없다고 느낄 수 있습니다. 그러나 연산에서 실수가 있다면 원인을 찾아야 합니다. 단순한 실수라면 다음에 집중해서 풀어보자고 해도 됩니다. 만약 비슷한 실수가 반복된다면(머리로는 아는데 손은 엉뚱한 답을 쓰는 경우) 〈10-10-10〉 문제풀이로 바로잡아야 합니다.

2) 방학 때는 예습, 학기 중에는 심화학습을 합니다

방학 때 수학교과서와 익힘책, 2, 3단계 문제집으로 예습을 하고 학기 중에는 3, 4단계 문제집으로 심화학습을 합니다. 예습할 때는 거의 오답이 나오지 않겠지만 틀리는 문제가 보이면 확실하게 알고 넘어가도록 합니다. 4단계 문제집도 쉽다면 아이에게 선택권을 주세요. 더 어려운 문제집을 풀고 싶다면 구해주고, 아니라면 한글책 읽기와 영어에 더 투자합니다.

3) 문제풀이 노트를 사용합니다

수학교과서나 수학익힘책, 수학문제집의 쉬운 문제들은 머리로 생각만 해도 답이 나오니, 어려운 문제도 풀이과정을 안 쓰고 답만 적으려 합니다. 식을 안 쓰면 중간에 틀리기 마련입니다. 서술형 문제를 풀 때는 꼭 풀이노트를 이용하도록 해주세요.

4) 한글책, 영어가 충분하다면(〈심화 2〉 이상) 능력껏 선행을 해도 됩니다

한글책을 좋아하고 영어가 잠수네 기준 〈심화 2〉과정 이상이라면 선행을 해도 됩니다. 단, 영재학교나 과학고를 목표로 한다는 전제입니다. 그 외에는 지금 선행을 하는 것이 의미 없습니다. 그 시간에 아이가 좋아하는 책을 읽고 영어실력을 더 키우세요. 선행할 때는 심화학습도 같이 해야 합니다. 그래야 중학교 수학을 진행할 때 수월합니다.

5) 수학지식책 읽기로 선행과 심화가 됩니다

아이가 흥미를 느낄 만한 수학지식책을 찾아주세요. 책을 읽으며 위 학년의 수학개념과 원리를 익힐 수 있습니다. 심화문제집과 다른 차원의 심도 있는 문제를 접하게 하고 싶을 때도 수학지식책이 좋습니다.

〈심화플러스〉과정의 시험공부는 이렇게!

따로 시험공부를 안 해도 학교시험은 문제가 없습니다. 그러나 다 아는 내용이라도 시험공부할 때는 수학교과서를 꼼꼼하게 읽어야 합니다. 교과서의 개방형 질문도 모두 답해보도록 해주세요. 덤벙대다 문제를 제대로 안 읽고 넘어가거나 가벼운 연산실수, 자기가 쓴 숫자 엉뚱하게 읽기, 문제를 잘 풀고는 엉뚱한 답 쓰기 등 생각지도 못하는 실수를 하는 아이들도 있습니다. 시간이 흘러 나이를 먹고 수학이 어려워지면 실수가 줄어듭니다. 너무 심각하게 생각하지 말고 소리 내서 읽으면서 문제를 토씨 하나 빼먹지 않고 읽는 습관, 검산하는 습관을 들이도록 해주세요.

[예습] 3단계 수학문제집 (방학 때, 1권 선택)

일등 해법수학
(천재교육)

디딤돌 초등 수학
응용 (디딤돌)

챌린지 해법수학
(천재교육)

개념+유형 파워
초등수학 (비상교육)

생각수학 1031
문제서 (시매쓰)

[복습/심화] 4단계 수학문제집 (학기 중, 1~2권 선택)

최고수준 심화
(천재교육)

최상위 초등수학
(디딤돌)

[실수잡기/교과진도] 연산문제집

[1단계] 잠수네 연산
→ 실수잡기

[1단계] 기적의
계산법 (길벗스쿨)
→ 실수잡기

[3단계] 상위권 연산
960 (시매쓰)
→ 교과진도

[선택사항1] 서술형, 사고력 문제집

[4단계-서술형]
문제해결의 길잡이
심화 (미래엔)

[4단계-사고력] 초등
창의사고력 수학
팩토 탐구 (매스티안)

1. 서술형 문제집: 4단계 심화문제집과 병행해서 풀어도 됩니다.

2. 사고력 문제집: 주말이나 방학 때 풀어봅니다.

[선택사항2] 수학퍼즐/보드게임 (방학 때 해보세요)

하노이탑 (Hanoi
Tower)

쿼리도 (Quoridor)

체스 (Chess)

머긴스 (Muggins)

〈심화플러스〉과정의 체크포인트

[방학]

① 다음 학기 예습으로 〈수학교과서〉와 〈2, 3단계 문제집〉을 풀어봅니다.

② 2, 3단계 연산문제집을 진도에 맞춰 가볍게 풀어봅니다.

③ 수학퍼즐과 보드게임, 좋아하는 수학 관련 책을 읽어봅니다.

[학기 중]

① 개념을 다지기 위해 〈수학교과서〉를 꾸준히 읽습니다.

② 연산실수가 있는 부분만 〈10-10-10〉 문제풀이를 합니다.

③ 방학 때 푼 〈2, 3단계 문제집〉의 오답을 확인하고, 〈3, 4단계 문제집〉을 풉니다.

수학에 재능 있는 아이를 위하여……

1. 과도한 선행보다 한글책, 영어를 탄탄하게

하나를 얻으면 하나를 잃는 것이 세상 이치입니다. 초등 5, 6학년 진도를 빨리 끝내고 중학수학을 하기 시작하면 수학공부 시간이 걷잡을 수 없이 늘어나게 됩니다. 중등수학은 초등수학에 비해 분량이 몇 배 많고 난이도도 상당히 높기 때문입니다. 수학으로 달리기 시작하면 쉬는 시간에 게임을 하려고 하지 한글책으로 손이 안 갑니다. 영어실력도 하락곡선을 그리게 됩니다. 잘해야 제자리걸음이고요. 초등 6학년까지는 한글책과 영어 수준을 탄탄하게 올려두세요. 중고등 가서 수학공부 시간에 밀리면 똑같은 상황이 연출됩니다. 한글책 수준과 영어실력이 초3~초4 수준에서 머무를지, 초6 수준까지 갈지, 순간의 선택이 좌우합니다.

2. 1년 이상 선행을 하고 있다면, 유형문제풀이가 아닌 개념심화에 중점

학원에서 선행하는 많은 아이들이 선생님의 설명을 듣고 문제를 푸는 방식으로 진도를 나갑니다. 유형 풀이를 해준 뒤 비슷한 문제를 풀게 하는 문제집도 많습니다. 이렇게 선행을 하면 나중에 다 잊어버립니다. 개념을 정확하게 이해했다면 심화문제까지 혼자 힘으로 풀어내야 진짜 자기 실력이 됩니다. 〈수학교과서〉로 개념을 익히고 나면 개념을 이용해서 문제를 풀어내는 습관을 들여야 합니다. 비슷한 문제가 나오면 다른 방식으로 풀어보려는 태도를 갖추도록 해주세요.

3. 다른 아이의 선행 진도를 무리해서 따라가지 말자

수학을 잘하는 아이들일수록 실력 차가 눈에 두드러지게 보입니다. 보통 아이들이 엄두를 못 내는 속도로 앞서나가는 천재급, 수재급 아이들이 존재합니다. 다른 아이가 중등수학을 나간다, 고등수학을 나간다고 겁먹지 마세요. 그 일정을 소화할 수 있는 아이라면 내 아이와 다른 길을 가는 것이고, 부모의 욕심만으로 진도를 나가고 있다면 무시해도 될 일입니다.

〈심화플러스〉과정 추천도서

[JK5] 피보나치: 나는
피사의 행복한 수학자!
(봄나무)

[JK5] 미로 저택의
비밀 (주니어RHK)

[JK5] 집요한 과학씨:
무한 변신 수학에 풍덩
빠지다 (웅진주니어)

[JK6] 신기한 숫자
나라 넘버랜드
(푸른날개)

[JK6] 대한민국
초등학생, 논리로 수학
뚝딱! (경문사)

[JK6] 삼각형 (비룡소)

[JK6] 수학의 비밀
(청솔출판사)

[JK6] 영재들의 1등급
수학교실: 신기한
도형의 세계 (물음표)

[JK7] 수학대소동
(다산어린이)

[JK7] 생각이 확
열리는 생활 수학
(동쪽나라)

[JK7] 축구 신동
샤오베이, 수학 탐험에
나서다 (그린북)

[JK7] 수학 영재들,
지구를 지켜라!
(주니어김영사)

[JK7] 수학탐정 매키와
누팡의 대결: 수와
연산 (두리미디어)

[JK7] 수학 몬스터 (홍)

[JK7] 리틀 수학천재가
꼭 알아야 할 수학
이야기 (교학사)

[JK7] 수학 이솝 우화
(살림어린이)

[JK8] 원리로 양념하고
재미로 요리하는
수학파티 1 (휘슬러)

[JK8] 밥상에 오른
수학 (두산동아)

[JK8] 수학 귀신
(비룡소)

[JK8] 아하 수학공부
이렇게 하는 거군요
(예문당)

잦은 연산실수. 저는 이렇게 해보았어요
작성자: 그레이스드림 (초4) ··· 현재 초6

우리 아이 연산실수 때문에 고민하다가 요새 하는 방법이라도 써보자 해서 올립니다.

우리 집 아이가 수학시험을 보고 와서 뭐가 틀렸나 보면 연산실수가 꼭 있구요, 문제집 풀 때도 10개 틀렸다 하면 8개는 연산실수였어요. 실수가 실력이라며, 실수로 틀렸다고 선생님이 다시 풀 기회를 주시진 않는다 설명하면서 타일러도 보고 정신 차려 풀라고 혼내보아도 그때뿐 소용없더라구요.

혼내봤자 아이 맘도 상처받고 뒤돌아선 저도 속상하기에 이렇게 하기로 했어요.

먼저, 연산 하나 틀릴 때마다 3문제씩 추가로 풀기로 했습니다. 제 입장에선 소리 안 지르니 좋고 문제 더 푸니 좋고, 아이 입장에선 연산 3개만 틀려도 바로 9문제 추가되는 경험하고는 좀 정신 차려 푸는 것 같았어요.

또 하나는 식만 공책에 또박또박 쓰는 게 아니라 계산할 때도 글씨 또박또박, 정확히 푸는 느낌으로 써가며 풀기로 했어요. 연산할 때는 지렁이 엉킨 듯 숫자를 쓰니 자기도 못 알아보고 그랬거든요. ㅠㅠ

첨에는 지겨워서 짜증 잔뜩 내더니 좀 습관 되니까 오답률이 줄어들고 혹 틀려도 어디를 틀렸는지 알 수 있었어요. 예를 들어 약분을 잘못했는지 곱셈을 잘못했는지 말이죠.

지금도 완벽하지는 않지만 많이 좋아지는 걸 보면 저희 경우는 이런 방법도 효과적이었던 것 같습니다.

초3 남자아이 수학공부 습관 잡기와 공부방법

작성자: 초록나무별(초3) ··· 현재 중3

(1) 조금씩이라도 매일 공부할 것

저희 집 아이도 예전에는 일주일에 이틀, 1시간씩 수학공부를 하다가 지금
은 매일 30분씩 하고 있어요. 습관이 들어 이제는 알아서 합니다. 수학적
감을 유지하는 데는 매일 하는 것이 효과적인 것 같아요.

**(2) 아이 실력에 맞춰 너무 어렵지 않은 문제집으로 시작해서 서서히 1단계씩 올
려갈 것**

어려운 문제는 거들떠도 안 본다면, 일단 학기 중에는 개념과 원리를 병행
하고, 심화는 방학 때부터 시작하는 것이 어떨까 싶네요. 울 아이도 그전에
는 2단계 정도의 문제집 위주로 풀게 하고 심화서는 하지 않았습니다. 학
교 시험은 2단계 문제집 수준이어서 단원평가나 중간/기말 대비라면 군이
3단계 이상 문제집까지 풀리지 않아도 성적은 좋더군요. 그러다가 지난 여
름방학 때 3단계 문제집 《일등수학》으로 직전 학기에 배운 내용을 복습시
켰습니다. 학기 중에는 어렵다고 했는데, 학기 끝나고 복습시키니 수월하
게 풀어내더라구요. 그때 마구 칭찬을 퍼부어주니 자신감이 생긴 것 같아
요. 그 뒤로는 어려운 문제라도 한번 풀어보려는 근성도 보이고요.

아이가 풀기 어려워하는 문제집을 내밀면 수학은 너무 어렵다는 선입관 때
문에 조금만 고민해도 답을 찾을 수 있는 문제조차 거들떠보지 않게 되는
경우가 발생하는 것 같습니다. 아이가 어려워하는 문제는 충분히 고민할
시간을 주어 풀도록 하는 것이 효과적이므로 경험상 방학 때 하는 게 좋았
습니다. 어려운 문제를 기피한다고 하니, 일단 지금은 개념&원리 문제집

을 확실히 잡고 가겠다는 목표를 정하면 어떠실런지요.

(3) 채점은 바로 그 자리에서 하고, 왜 틀렸는지 스스로 답을 찾도록 유도할 것

채점해보면 아이가 틀리는 유형이 비슷한 경우가 많습니다. 오답은 그 자리에서 다시 풀게 하되, 먼저 어느 부분에서 틀렸는지를 스스로 분석하게 하고, 비슷한 유형의 문제들을 모아서 풀게 해보세요.

(4) 틀린 문제는 오답 노트를 활용하여 반복하여 풀게 할 것

한 단원이 끝나면 그 단원의 오답을 모아놓고 다시 풀게 해보세요. 울 아이는 그날 푼 문제들 채점하고 바로 풀게 하고, 한 단원 끝나면 다시 단원 내의 오답 모아서 2번째 풀게 하고, 중간고사나 기말시험 전에 다시 풀게 합니다. 이렇게 기본 3번은 오답을 다시 풀게 하는데, 특별히 어려워했던 문제나 자주 틀리는 문제는 체크해두고 더 풀도록 하지요.

(5) 처음에는 적절한 당근을 활용할 것

안 틀리고 잘 풀면 포상을 제시하는 겁니다. 다 맞으면 별 2개, 1개 틀리면 별 1개, 이런 식으로 스티커를 모아서 일주일간 별 10개 이상이면 적절한 포상을 제시하는 식이요. 아이가 최선을 다하게끔 포상도 매력적이어야겠지요? ^^ 어느 정도 지나 틀이 잡히면 포상 없이도 스스로 열심히 하는 단계에 다다를 거예요.

한번 열심히 해보세요. 수학은 남이 설명해주는 것만으로는 분명 한계가 있어, 스스로 사고하는 힘을 길러주는 것이 정석 같습니다.

1. 더하기 빼기가 안 됨 - 초1

〈아이의 상황〉 손가락 없이는 더하기 빼기가 해결 안 돼 발가락까지 동원.

〈시행착오〉 남들이 좋다는 《상위권연산》 문제집 풀림. 몇 장 풀다가 나가 떨어짐.

〈엄마의 특급처방〉 모든 것 중단하고 두 수 가르기부터 개념 이해와 반복에 충실. 속도 빨라짐.

2. 넘어야 할 산 구구단 - 초2

〈아이의 상황〉 반 아이들 대부분이 외우는 구구단 암기가 너무나 버거움.

〈시행착오〉 구구단송도 잘 못 외워 무조건 베껴 쓰기 시킴. 싫어해도 억지로 암기 강요.

〈엄마의 특급처방〉 욕심내지 않고 하루에 1단만 외우기로 함. 아래의 구구단게임이 구구단 외우기의 효자 노릇. 바닥에 펼쳐두고 짝 먼저 찾기, 엄마가 문제 내면 구구단표 컨닝하면서 답 알아맞히기, 뒤집어놓고 하나씩 답 먼저 알아맞히기…….

3. 도대체 힘들다 나눗셈 – 초3

〈아이의 상황〉 어림수가 안 돼 몫을 7번까지 고침. 연산에 문제가 있으니 익힘책도 버거움.

〈시행착오〉 연산을 다지지 않고, 제 학년 진도 맞추기에 급급.

〈엄마의 특급처방〉 처음부터 다시 시작합니다. 한 자리 수 덧셈과 한 자리 수 곱셈이 수월해지고 나서 구구단 거꾸로 외우기 시키고 시간도 재기 시작합니다. 그리고 2학년 때 했던 구구단게임을 스피드게임처럼 넘기면서 바로바로 답이 나올 수 있도록 매일 연습시킵니다. 이 과정이 마무리되면서 드디어 나눗셈을 할 수 있는 경지에 이릅니다.

4. 수학문제집을 풀어보자. 이제 – 초4

〈아이의 상황〉 사칙연산이 자리 잡아가고 평소 익힘책과 교과서를 예습시켜서 수학이 조금은 만만한 과목이 됐다고 느껴지자 수학문제집을 풀기 시작합니다.

〈시행착오〉 느린 아이니 1권만 제대로 하자고 생각하고 쉬운 단계의 문제집과 익힘책을 풀게 하고 학교 시험을 봤으나 여지없이 60점 대를 맞습니다. ㅜㅜ 무엇이 문제였을까 고민에 고민을 합니다.

〈엄마의 특급처방〉 개념노트를 직접 쓰게 합니다. 매일 문제 풀기 전 개념노트의 개념을 확인 후 풉니다. 아주 쉬운 문제집으로 개념을 익힌 다음 바로 위 단계 문제집으로 해당 단원을 다지기 합니다(결국 1단원을 2개의 문제집으로 진행합니다). 학기 중에는 진도에 맞춰 심화문제집을 풉니다. 채점은 1문제 풀고 바로 하고 틀린 문제는 그 자리에서 오답정리를 합니다. 문제집 1권이 마무리되면 틀린 문제들만 모아서 다시 오답정리를 합니다.

- 개념노트

노트를 준비한 후 각 파트별로 구분합니다. 개념을 쓸 때에는 그림도 함께 그리고 간단한 예시를 적도록 했습니다. 여백을 둬서 심화문제집을 풀 때 접하는 개념들도 적을 수 있도록 했습니다. 개념노트의 내용은 익힘책 박스 안(오른쪽 사진)에 내용을 우선으로 했습니다(수학교과서보다 예시가 자세히 나와 있어서입니다).

- 오답노트 만들기

쉬운 문제집은 1쪽에 문제 2개씩 아예 문제집의 문제를 오려서 만들었습니다. 최상위는 1쪽에 1문제씩 틀린 문제를 복사한 후 붙였습니다. 심화문제는 또 틀릴 수 있으니 남은 여백에 다시 풀기 위해서입니다.

- 서술형 잡기

아래 첫 번째 사진이 《큐브 5-1》 문제집입니다. 왼쪽에 문제를 풀고 쌍둥이 유형 문제를 오른쪽에 풀게 되어 있는데 도대체 요령을 모르는 느린 아이들에게 딱인 듯합니다. 이렇게 연습이 되면 2번째 사진의 디딤돌 응용 서술형 문제를 푸는 데 많은 도움이 됩니다.

수학공부 이렇게 했어요
작성자: 레고리엄마 (초3)

• 학기 중에는 무조건 학교 진도에 맞춰서 응용서와 심화를 풀려요. 보통 학교에서 1개 단원을 3주 동안 나가요

1주차:《일등수학》. 해당 단원을 5~6일 정도로 나눠서 풀어요. 이것도 오답은 그날 꼭. 안 되면 다음 날.

2주차:《최상위수학》도 주말 제외하고 마찬가지. 오답 마찬가지.

3주차: 2번째 오답정리를 해요. 그리고 부족한 부분 복습.

이렇게 하면 문제집이 학교 진도보다 더 빨리 끝난 날도 있어요. 그러면 새 단원 나갈 때까지 수학문제집 안 풀어요.

• 오답 관련

1. 오늘 푼 문제 중 틀린 것에 표시해요(문제번호에: /)

바로 오늘 틀린 거 다시 풀어요. 맞으면 (△)로 바뀌요. 또 틀리면 냅둬요.

(/) 상태죠. ← 오답 1번 확인.

2. 틀린 것(/, △)을 문제지에서 자른 다음 오답노트에 붙여요

이건 애 시키지 말고 엄마가 하세요. 그러면 한 단원이 끝난 뒤 아이가 틀렸던 문제유형이 보이겠죠. 그것만 주말에 한 번 더 풀면 좋겠지만 잘 안 되는 관계로 문제집 한 단원 끝날 때 또 좍 풀어요. 애 상태에 따라 △만 해도 돼요. ← 오답 2번째 확인.

그리고 중간고사 보기 전에 단원별로 오답노트에 있는 문제 쭉 풀어요. ← 오답 3번째 확인.

신기한 게 오답 확인했을 때는 맞았더라도 일주일 후엔 또 틀리는 정말 어메이징한 일이 생겨요(우리 아들만 그런가? ^^). 나만의 수학 노트가 되는 거죠. 만약 틀린 것이 앞장과 뒷장과 겹치면 더 중요한 문제를 붙이시던지, 쓰게 하시던지(우리 학년에겐 이건 너무 가혹한 듯), 복사하시던지 하세요. 각자 편한 대로~.

이렇게 진행하면 하루에 교과 30분, 연산 20분 걸려서 50분 정도면 수학 공부 끝이에요.

• 개념은 어떻게 잡나?

그건 아이마다 달라서요. 엄마가 공부해야 해요. 우리 쌩쌩인 우뇌적인 아이니 개념은 무조건 구체물로! 이해 못하면 눈으로 보여줘야 이해했어요. 곱셈을 몰라? 그럼 곱셈의 어원부터 다시~ 바둑알로 묶어세기. 분수를 몰라? 과일이나 색종이 자르면서 풀로 붙여가며 해봐야 해요. 직접 손에 쥐어지게 했어요.

그리고 수와 양이 무조건 일치되어야 합니다. 수와 양의 일치는 무엇이냐? 1은 하나. 2는 둘. 여기까진 쉽죠? $\frac{2}{5}$. 단순히 5분의 2가 아니라, 1개를 똑같이 5조각으로 나눈 것 중에 2개라는 인식이 머릿속에 있어야 해요.

수모형도 머리에 있어야 해요. 개념) 328은 백모형이 3개, 십모형이 2개.

낱개모형이 8개가 머릿속에 그려져야 해요. 응용) 백모형이 2개, 십모형이 ㅁ개. 일모형이 8개라면 십모형은 몇 개인가? 머릿속에 개념이 잡힌 애들은 바로 답이 나오겠죠.

이렇게 엄마가 개념을 어떻게 잡아줄지 고민하셔야 해요.

• 서술형 문제 풀기

서술형 읽기 싫어하죠? 쌩쌩이 친구들 중 1학년 때 싫어한 애들은 지금도 싫어한다고 해요. 그럼 4학년 때는 할까요? 글쎄요. 이건 수학독해가 돼야 하고요. 문제 끊어읽기가 돼야 해요. 문제에 조건에 맞춰(/)표시하고, 조건까지는 (ㄴ)표시, 구하는 것에 줄 긋고 중요 부문 동그라미 치면 끝!

• 결론은요

1. 탄탄한 개념 잡기.

2. 문제 끊어 읽고 식 세우기입니다.

수학문제집을 중심으로 초등 3, 4학년을 돌아보면 ✉

작성자: 꽃꽃 (초6, 초3) ⋯ 현재 중1, 초4

3학년 1학기입니다.

《최상위》가 보이지요? 하지만 한두 단원만 풀고 모두 풀지 않았습니다. 못

풀었던 것이지요. ^^;;《큐브 수학》으로 예습하고 본 학기에《기적의 초등 수학》을 사서 일부만 풀었네요. 이때 도형 돌리기와 분수가 나와서 보충하느라 풀고《챌린지》를 1권 더 사서 틀린 부분 다시 풀고 구멍인 단원 모두 풀고 그랬네요.

수학적 그릇 키우기 참 어렵더이다~. 수학 관련 책도 많이 읽히고 방학마다 첫째 린이를 데리고 여러 가지 수학적 활동들을 한다고 애는 써보았는데 문과 엄마로서 한계가 있는지라 제가 편하게 할 수 있는 문제집 풀기에 더 많은 시간과 에너지를 썼던 것 같습니다. 하지만 종이접기로 하는 수학도 같이하고, 잠수네 칠교 놀이도 출력해서 몽땅 해보고, 퍼즐, 오르다 그 밖의 보드 게임 등등 확장시켜서 할 수 있는 것들을 모두 해보았습니다. 아이도 엄마랑 하는 활동들을 좋아하는 나이이고 사고력도 커가는 시기였으니까요.

둘째 은이는 3학년 1학기부터 아빠랑 본격적으로 수학공부를 시작했습니다.《백점 맞는 수학》과《챌린지》2권 빠짐없이 풀게 했네요. ㅋ 저렇게 많이 할 필요가 없다는 거지요. 기본서와 준심화서 정도인《챌린지》2권만 충실히. 하긴 많아 보여도 빠짐없이 푼 건 린이도《큐브 수학》이랑《챌린지》네요.

3학년 2학기입니다.

《포인트 왕수학》과《챌린지》는 오답 처리까지 하며 꼼꼼하게 풀었구요, 최

상위는 군데군데 풀다 말았네여~. 학기 중에는《포인트 왕수학》과《챌린지》를 풀었습니다. 은이는 3학년 2학기로《포인트 왕수학》과 문제가 많은《쎈》을 풀렸습니다. 개념서는 뭘 써도 별다를 것이 없을 듯하구요. 그다음에 하는 것이 아이 상태에 맞게 들어가야 하는데 은이는 양적으로 부족한 듯싶어 양이 많은《쎈》을 선택했습니다. 지나고 보니 연산보다는 사고력 수학에 더 비중을 많이 두었네요. 사실 제가 숫자보다는 글자랑 더 친하고 편한 사람인지라 연산하는 것보다 사고력 수학이라 불리는 문제들을 더 좋아합니다. ^^;;; 숫자 대신 글자가 많아서요.《문해길》원리는 학기 중에, 심화는 겨울방학에 풀었습니다.

그리고 2달 동안 친구들이랑 사고력 수학 학원에 보냈었는데 교구 가지고 원리를 설명해주길 원했지만 주로 문풀 위주여서 그만두었구요. 개념 설명, 원리 설명은 역시나 생활 속에서 부모가 하는 것이라는 점을 2달치 학원비 내고 확.실.하게 깨달았습니다. 이걸 귀찮아서 남에게 미루면 끝도 없고 비용도 많이 들구요. ^^

린이는 성향상 말로 설명해주는 것보다 글로 잘~ 써 있는 것을 읽게 하는 것이 습득이 빨라 수학 관련 책 읽히는 데 더 신경을 쓰기 시작했습니다. 게다가 제가 자신이 없어서요. 원리보다는 그 원리가 나오게 된 배경과 역사 설명하다 자꾸 원리 자체는 뒷전이 되어, 엄마보다는 전문가가 쓴 책이 더 좋겠지 하는 생각으로요. 그니까 저는 골수 문과 맞아요.

4학년 1학기입니다.

4학년 3월에 본 잠수네 테스트는 평균보다 10점 높게 나오기는 했으나 상위 20% 정도였네요. 학교 수학점수도 좋고 KME는 매번 금상을 받아오고 있어 이 정도면 만족스럽다고 생각했었는데 잠수 수학테스트는 또 다른 세계를 본 듯했습니다. 우물 밖 더 넓은 세계요~. 아마도 기본서 풀고 《챌린지》 정도의 준심화서로는 잠수 테스트에서 선방하기 어려웠을 것입니다. 4학년부터는 기본서에 준심화서 그리고 심화서 풀렸습니다. 3권 모두 충실하게 풀었네요.

은이는 이번 겨울방학에 아빠랑 4-1과 4-2를 《백점 맞는 수학》으로 빠르게 개념 훑기 하고 있습니다. 개정된 수학 4-2는 꽤 쉬운 학기인 듯해서 생각보다 빨리 진도가 나가고 있습니다. 《팩토》는 3단계 b 원리, 탐구를 하고 있어 4학년 때까지는 4단계를 모두 마치는 것이 목표입니다.

4학년 2학기입니다.

린이는 심화서로 최상위가 더 좋다며 《챌린지》 마치고 《최상위》를 첨으로 끝까지 오답처리하며 푼 학기였네요. 심화서라고 하는 문제집을 첨으로 제대로 풀어보아서인지 4학년 12월 잠수 수학테스트에서 85점으로 상위 9% 정도의 스코어가 되더이다.

잠수네 수학테스트, 〈심화〉 → 〈심화플러스〉로 가기까지
작성자: 규린사랑 (초4) … 현재 초5

저희 딸램 씨는, 엄마랑 자리에 앉아 제대로 수학이란 걸 하기 시작한 것이 3학년 2학기 9월이에요. 그전까지는 연산 1장도 규칙적으로 풀지 못했어요. 하기 싫어라 한 것이 가장 크지요. 풀려보면 딱히 못하지는 않는데, 넘넘 하기 싫어하더라구요. 1학년 때 《일등 해법수학》 들이밀었다가 뒤로 넘어가기 직전까지 간지라 그 뒤로 해법은 쳐다도 안 보려고 한다는 슬픈 이야기가. ㅠㅠ

집에서는 틈틈이 보드게임 많이 가지고 놀았어요. 학원이나 과외 경험은 전무입니다. 수학책도 좋아라 해서 이런저런 전집부터 시작하여 잠수네 도움받아 좋은 수학책들도 많이 접해왔구요. 옆에서 문제 푸는 걸 쳐다보면 요런 것들이 도움이 되는구나 싶어요.

이 시점에서, 저희 집의 수학 진행과정을 정리해봅니다.

• 3학년 2학기
《기탄 수학》과 《잠수네 연산》으로 하루 15~20분으로 진행 시작. 연산이 주가 되고, 《포인트 왕수학》(응용, 3단계) 과정으로 문제집 시작. 월~금까지 주 5일 진행.

- **겨울방학**

기본연산과《포인트 왕수학》(3단계)에《팩토》를 더하여 주 5일 진행합니다. 쉽게 낮추어 시작하라는 말을 듣고 3a 원리부터 시작해요. 딸램 씨가 좋아하는 문제집이 있다는 걸 처음 압니다만, 사고력에 너무 투자할 수가 없어 진행은 그닥……. 2월이 되어서야《디딤돌 초등수학 기본》(2단계)으로 예습 시작. 문제집 수가 늘어난 만큼 진행 시간도 40분~1시간가량으로 늘어났지만, 주말 진행이 없어 평균은 20~30분 사이네요.

- **4학년 1학기**

→《기탄 수학》+《잠수네 연산》

→《디딤돌 초등수학 기본》(2단계) 4-1,《포인트 왕수학》(실력, 3단계) 4-1: 동시 진행/주5일

기본서로 단원을 앞서 나가면 뒤이어《포인트 왕수학》으로 학교 진도 맞춰 따라가는 방식. 역시나 평균은 30분을 넘지 못하고, 매일 40분가량으로 진행합니다만 간혹 어려운 문제를 만나거나 필 받으면 1시간씩 하는 날도 처음으로 생겨나네요.《포인트 왕수학》은 여기까지 하고 stop. 풀긴 풀었으나, 그닥 안 좋아해요. ㅜㅜㅜ 디딤돌 기본서 재밌다라고 하길래 그냥 3단계 다른 문제집 선택하기로 했습니다.

- **여름방학**

처음으로 심화서를 시작해봅니다.

→《기탄 수학》+《잠수네 연산》: 매일

→《최상위 초등수학》(4단계) 4-1,《디딤돌 초등수학 기본》(2단계) 4-2: 주 3회

→《팩토》(3b 사고력): 주 1회

그래도 level up test까지는 정답률 왔다갔다 하지만 풀어내는데,《최상위》는 단원에 따라 고전을 면치 못하네요. 그런데 신기하게도 딸램 씨 재밌다는 문제들이 생겨납니다. 어렵지만 해보겠다는 말도 하고, 1문제 붙들고 1시간 넘게 씨름도 합니다. 7월 초부터 9월 중순까지 예습과 심화서 둘 다 잘 마쳤어요.

방학부터는 주말 진행도 시작합니다. 주 7일 진행하니, 평균 50분 근처로 나오네요. 또한 그전까지 매일 모든 문제집을 고루 진행하던 방식을 버리고, 하루에 연산과 문제집 하나만 선택하여 푸는 방식으로 변경합니다.

・ 4학년 2학기 현재

→《기탄 수학》+《잠수네 연산》: 매일
→《디딤돌 초등수학 응용》(3단계) 4-2,《최고수준》(4단계) 4-1: 월, 수, 목
→《문해길》(심화) 4: 화, 금, 토
→《팩토》(3c): 일

채점은 기본서는 1장당 바로바로 채점. 심화서는 1문제씩 바로바로 채점. 오답도 바로바로 수정. 단, 이후에 오답 체크는 전혀~. ㅜㅜㅜ

현재 문제풀이는 잠수네에서 팁 얻어 스프링노트 활용하고 있어요. 가운데 줄이 그어져 있어서 왼쪽은 문제풀이, 오른쪽은 오답 처리. 줄이 그어져 있고, 스프링이라 접어 쓰기 편하고, 여러모로 일반 노트보다 좋더라구요. 아예 인터넷에서 여러 권 구매해서 쟁여두었답니다. 단, 풀이노트는 심화문제집에만 적용하고 있어요. 그 이외에서는 도통 쓸 게 없다는 딸램 씨 말에……. ⌐,⌐^

문제풀이를 할 때 저는 옆자리를 지키고는 있지만, 문제에는 전혀 관여 안 해요. 다른 일을 하면서 채점만 해주고 무조건 혼자 힘으로 풀고, 답지도

보여준 것이 손에 꼽습니다. 사실, 엄마는 잠수네 콘텐츠 공부하는 거 외에는 실질적으로 수학에 도움 줄 수 있는 실력이 안 되는지라. 아빠가 도와주겠다 하지만, 초등 4학년 아이한테 다짜고짜 방정식 가르치려 하길래 중등 이후에나 도움받으려 해요. 참, 수학 진행 시간은 1시간 이상하면 반드시 영어책에 구멍이 생겨요.

마지막으로 잠수네 수학테스트, 3학년 때 다시 시작. 계속 평균보다 약간 위에서 맴돌다가 이번 9월에 첨으로 90점대 진입했어요.

초등 3, 4학년을 위한

잠수네
국어공부법

3

초등 **3, 4**학년

국어, 이것이 궁금해요

국어를
잘하려면?

. . . .

국어를 잘하려면 딱 2가지만 하면 됩니다. 책읽기와 국어공부. 다 아는 빤한 내용입니다. 그러나 슬그머니 다른 생각이 들기도 합니다. '책을 별로 안 읽었는데도 국어를 잘하던데?' 하고요. 아이가 책을 좋아하고 많이 읽어도 국어를 못해서 걱정인 집도 많습니다. 이런 이야기를 들으면 '책읽기와 국어성적은 별개인가?' 의심스럽습니다. 고등학생이 되면 '국어는 공부해도 성적이 안 오르고, 공부 안 해도 성적을 유지한다'는 소리를 많이 합니다. 이거 원 국어공부를 하란 건지, 하지 말란 건지 혼란스럽습니다.

왜 이런 말이 들릴까요? 다음 4가지 경우를 생각해보죠.

① 책도 많이 읽고, 국어공부도 열심히 한다.

② 책은 많이 읽지만, 국어공부는 안 한다.

③ 책은 안 읽지만, 국어공부는 열심히 한다.

④ 책도 안 읽고, 국어공부도 안 한다.

①번은 가장 이상적인 경우입니다. 초등은 물론 중고등학교 가서도 안정적으로 국어를 잘할 수밖에 없습니다. ④번이라면 국어점수가 잘 나오리라 기대하기란 무리겠지요. 문제는 ②번입니다. 책을 많이 읽는 아이들 중 상당수가 국어공부를 안 합니다. 국어공부를 따로 안 해도 국어시험 결과가 좋으니 공부할 필요성을 못 느끼는 거죠. 함정이라면 책 읽은 덕에 국어를 잘하는 것은 초등으로 끝이라는 것. 중학교에 진학하면 오히려 ③번처럼 책은 안 읽어도 국어교과서를 달달 외우며 공부한 아이들이 최상위권에 포진합니다.

그런데 고등학생이 되면 상황이 약간 달라집니다. 중학교 국어시험은 정해진 범위 내에서 국어교과서 내용이 출제됩니다. 그러나 고등학교 모의고사는 시험범위 없이 처음 보는 낯선 지문이 나오므로, 어휘력, 독해력이 부족하면 정해진 시간 내에 지문을 읽고 답하기가 매우 어렵습니다. 이 때문에 ③번처럼 책 안 읽고 국어공부만 열심히 한 경우 상당수가 국어성적이 안 나와 고생을 합니다. 이 아이들 입장에서 보면 '국어는 공부해도 성적이 안 나온다'고 할 수밖에 없습니다. 그래서 고등학교 국어선생님들이 고등학생도 책을 읽어야 한다고 강조하는 겁니다. 반면 ②번처럼 책은 많이 읽지만 국어공부는 안 하던 아이들이 '철'

이 들면 다크호스처럼 두각을 나타냅니다. 작심하고 국어공부를 제대로 하면 죽죽 성적이 올라갑니다.

이유는 국어과목의 특성 때문입니다. 초등, 중등, 고등 국어교과서에서 배우는 핵심개념은 같습니다. 대신 초중고 12년간 나선형으로 서서히 난이도가 올라갑니다(개념을 지칭하는 용어가 어려워지고 지문이 심화됩니다). 수학은 아래 학년 개념을 이해 못하면 위 학년 공부를 할 수 없습니다. 그러나 국어는 국어능력, 즉 어휘력과 독해력이 탄탄할 경우, 초등, 중등 때 국어공부를 안 했어도 고등학교 때 마음 먹고 하면 성적이 나옵니다.

'어? 초등, 중등 때는 책만 열심히 읽고 고등학교 가서 국어공부를 하면 되는 거 아냐?' 하는 생각이 바로 들 겁니다. 그러나 뒤늦게 국어개념부터 공부하려면 다른 과목 공부할 시간이 줄어든다는 것이 가장 큰 문제입니다. 반대로 ①번처럼 초등 때 책읽기와 국어공부가 잘되어 있다면 중등 때 편하고, 중등 때 열심히 했다면 고등 때 편합니다. 사실 영어, 수학에 들이는 공의 반의반만 국어에 투자해도 고등학교 가서 국어는 한숨 돌릴 수 있습니다.

물론 살짝 예외적인 경우도 있습니다. 책은 별로 안 읽어도 국어공부를 완벽하게 해서 좋은 점수를 받는 아이들이 있습니다. 학습능력이 아주 뛰어난 거죠. 또 수학에 재능이 있는 아이가 있는 것처럼 언어적인 감각이 정말 뛰어난 아이들이 있습니다. 국어공부는 별로 안 해도 책읽기만으로 국어성적이 잘 나오는 거죠. 이런 아이들을 보고 '따로 공부

안 해도 국어를 잘한다'는 말이 나오는 거예요. 둘 다 지문독해와 출제자의 의도 파악이 잘되는 경우입니다. 그러나 여기에 해당되는 아이들은 정말 극소수이니 행운을 기대하지 마세요.

여기서 한 가지 의문이 들 수 있습니다. 책은 많이 읽는데 국어를 못하는 이유는 무엇일까요? 이런 아이들은 읽는 책의 종류, 책을 읽는 방법에 문제가 있을 가능성이 높습니다. 좋은 책을 읽으면 어휘력, 독해력, 배경지식, 사고력이 늘어납니다. 반면 단순하고 뻔한 내용, 황당무계한 줄거리의 책들은 어휘가 한정되어 있습니다. 생각하지 않고도 술술 읽히니 독해력이나 사고력이 자라기 힘듭니다. 해법은 좋은 책 읽기, 국어교과서로 정독하는 연습하기입니다.

국어를 잘하기 위해 초등 3, 4학년에서 할 것은 첫째, 책 읽는 시간 확보입니다. 하루 1시간 한글책 읽기를 최우선으로 해주세요. 학원을 다니느라 책 읽을 시간이 안 나온다면 학원부터 중단해야 합니다. 그다음 국어공부입니다. 그러나 아이들의 국어교과서가 어떻게 생겼는지도 잘 모르는 부모들이 태반입니다. 교실에 교과서를 두고 다니게 하는 학교가 많기 때문입니다. 새 학기가 되면 교과서를 따로 구입해서 아이가 무엇을 배우는지 살피고, 집에서 공부하도록 해주세요.

좋은 책읽기로 이끌려면
어떻게?

• • • •

왜 책을 읽어야 하지?

책읽기가 중요하다는 것을 모르는 사람은 없을 겁니다. 국어를 잘하려면 책읽기가 중요하다는 것도 상식이고요. '책을 좋아하는 아이로 자랐으면⋯⋯' 하는 바람을 갖고 어릴 때부터 꾸준히 노력하는 집도 적지 않습니다. 그러나 이런 바람과는 반대로 시간이 흐를수록 책을 읽지 않는 아이들이 늘어납니다.

이유는 여러 가지입니다. 초등 3, 4학년이 되면 영어도 해야 하고 수학도 해야 해서 마음이 급해집니다. 학원까지 다니고 있다면 책 읽을 시간이 절대적으로 부족해질 수밖에 없습니다. 머리로는 책읽기가 중요하다 생각하면서도 당장 급한 것부터 하다 보면 자꾸 뒤로 밀리는 거죠. 시간 여유가 생기더라도 책보다 더 재미있는 스마트폰, 게임에 몰두하는 아이들이 대부분인 것이 현실이고요.

해결의 열쇠는 부모가 쥐고 있습니다. 무엇보다 책 읽는 시간을 아까워하는 마음을 버리는 것이 중요합니다. 한글책 읽기를 최우선으로 하고, 제일 좋은 시간에 책을 읽도록 환경을 조성해야 책과 가까워집니다. 초등 고학년, 중학생이 되어서도 재미와 감동이 있는 책을 꾸준히 찾아주어야 하고요. 이렇게 해도 아이가 책을 싫어한다면 부모가 열정을 갖고 꾸준히 읽어주어야 합니다.

그러나 머리로는 다 알아도 꾸준히 실천하기가 쉽지 않습니다. 상당수의 부모들이 아이와 부딪히기 싫어 논술(을 빙자한 책읽기)학원을 찾습니다. 학원을 싫어하는 아이를 위해 도서관에 가서 열심히 책을 빌려다 주기도 하지만, 시큰둥한 반응을 보이면 열이 확 오릅니다. 억지로 하루에 몇 권씩 읽혀도 제대로 읽는 것인지 알 수 없어 답답합니다. 그렇다고 직접 읽어주기는 귀찮은 것이 솔직한 심정입니다. 어쩌다 마음을 굳게 먹고 책을 읽어주다가도, 글을 못 읽는 어린아이도 아닌데 언제까지 이렇게 해줘야 하나 한숨만 푹푹 나옵니다.

원점에서 시작해볼까요? 책을 읽어야 하는 이유는 많습니다. 그중에 다음 2가지가 국어학습 면에서 중요합니다.

첫째, 어휘력입니다. 어휘력이 부족하면 학교수업을 따라가기 어렵습니다. 선생님의 말씀을 알아듣지 못하고 멍하니 앉아 있게 됩니다. 교과서를 봐도 이해가 잘 안 되고, 공부하는 데도 시간이 많이 걸립니다. 단어 뜻을 정확하게 모르고 무작정 외우니 문제가 조금만 변형되어도 답을 못 찾습니다. 당연히 시험공부를 열심히 해도 좋은 결과를 얻지 못합니다.

어휘를 늘리려면 새로운 어휘를 꾸준히, 많이 접해야 합니다. 그러나 교과서의 모르는 단어 익히기, 어휘문제집 공부로는 어휘량이 턱없이 부족합니다. 반복하지 않으면 금방 잊어버린다는 문제도 있습니다. 책은 좀 다릅니다. 책을 읽을 때 모르는 단어가 나오면 한두 번은 건너뛸 수 있습니다. 그러나 같은 단어가 자꾸 나오면 앞뒤 문맥을 보고 어떤 의미인지 생각하게 됩니다. 이런 과정이 반복되면 자연스럽게 어휘가 확장됩니다(영어책을 읽을 때도 똑같은 과정을 거칩니다). 결국 책읽기가 어휘량을 늘리는 일등공신인 셈입니다.

둘째, 독해력입니다. 독해력은 국어뿐 아니라 영어, 수학, 사회, 과학 과목 공부에도 매우 중요합니다. 어렵고 복잡한 문제의 이해는 물론이고요.

국어교과서는 읽기능력, 즉 독해능력을 키우기 위한 교재입니다. 그러나 국어교과서만 공부해서는 독해력이 늘기 어렵습니다. 국어교과서는 하루, 이틀이면 다 읽을 수 있는 적은 분량입니다. 책에서 일부 지문만 따왔기 때문에 재미를 느끼기에는 많이 부족합니다.

※ 같은 언어영역인 영어도 마찬가지입니다. 중학교 영어교과서는 잠수네 영어 〈발전〉과정 아이라면 앉은 자리에서 다 읽을 수 있는 분량입니다. 국어와 마찬가지로 영어교과서의 지문은 썩 재미있지 않습니다. 영어 역시 잘하

려면 영어책을 많이 읽어야 합니다.

독해력이란 '글을 잘 읽는 능력'입니다. 글을 잘 읽으려면 많이 읽는 수밖에 없습니다. 축구를 잘하려면 축구연습을 많이 해야 하고, 수영을 잘하려면 수영연습을 많이 해야 하는 것처럼요(책을 안 읽고도 국어를 잘한다면 꼭 책이 아니어도 여러 가지 글을 많이 읽었기 때문입니다). 축구나 수영을 하루아침에 잘하기는 어렵습니다. 오랫동안 연습해야 합니다. 독해능력도 꾸준히 책을 읽어야 올라갑니다. 책읽기 습관을 오래 유지하려면 책을 읽는 것이 정말 즐겁고 휴식으로 느껴야 합니다. 그래야 아이 스스로 책을 꺼내 읽게 되지요.

어떻게 읽을까?

독서방법을 이야기하는 책, 학원의 설명회, 신문 기사 등을 보면 〈다독〉보다 〈정독〉을 강조하는 경향이 있습니다. 잘 모르는 부모 입장에서는 '전문가'들의 말에 고개를 끄덕일 수밖에 없습니다. 사람 마음은 참 간사합니다. 책을 안 읽을 때는 '아무 책이라도 좋다, 재미있게 읽어만 다오!' 하다가, 책을 읽는 모습을 보면 제대로 읽는지 확인하고 싶어집니다. "주인공 이름이 뭐야? 줄거리가 뭐야?" 하고 뜬금없이 질문을 던졌을 때 제대로 대답하지 못하면 '정독이 안 되는구나!' 가슴이 덜컹 내려앉습니다. "책을 읽어도 내용을 물어보면 모른다. 읽는 속도가 너무 빠르다"는 하소연이 뒤따릅니다.

다독은 많이 읽기, 정독은 뜻을 새겨가며 자세히 읽기입니다. 다독은 얕지만 넓게 읽기이고, 정독은 좁지만 깊이 읽기입니다. 다독으로 어휘력, 독해력이 자란다면 정독은 사고력을 키우는 데 유용합니다. 다독이 재미를 추구한다면 정독은 무언가를 얻기 위한 책읽기입니다. 재미있고 읽기 만만한 책으로 다독한다면, 어려운 책은 정독할 수밖에 없습니다.

간혹 책을 천천히 음미하며 정독하는 성향의 아이들도 있습니다(이 아이들의 부모는 다독이 안 된다고 고민합니다). 그러나 재미 위주로 책을 죽죽 읽어가는 것을 즐기는 아이도 많습니다. 이런 아이에게 책 내용을 정확하게 알아야 한다, 꼼꼼하게 읽으라고 관여하면 책읽기가 싫어지기 마련입니다. 일단 아이가 원하는 대로 편안하게 책을 읽도록 해주세요.

집에서 할 수 있는 정독은 '아이가 읽은 책으로 대화하기'와 '반복해서 읽기'입니다. 국어교과서를 보세요(국어교과서는 정독하는 방법을 알려주는 책입니다). 이야기책을 어떻게 읽어야 하는지가 아이들 눈높이에서 설명되어 있습니다. 책 내용을 추궁하지 말고 "주인공과 다른 등장인물의 마음은 어땠을까?", "왜 그런 행동을 했을까?"라고 질문하며 이야기를 나눠보세요. 독후감을 쓸 때도 이렇게 대화하고 쓰면 훨씬 깊이 있고 다양한 내용을 담을 수 있습니다. 아이들은 재미있으면 여러 번 반복합니다. 반복해서 읽다 보면 저절로 주인공의 마음을 헤아리고 이야기의 흐름을 생각하게 됩니다. 자연스러운 정독이 되는 거죠.

단, 지식책을 읽고 국어교과서에서 알려준 대로 중심내용과 주제를 찾으라고 하면 아이들이 뒤로 넘어갑니다. 사회, 과학, 도덕교과서로 정독 연습을 하는 정도면 충분합니다.

어떤 책을 읽을까?

세상에는 2가지 종류의 책이 있습니다. 문학(Fiction)과 비문학(Nonfiction). 문학은 그림책, 동화책, 소설, 시 등 창작책이고, 비문학은 사회, 과학, 수학 등 지식을 담은 책입니다. 창작책은 감동을 얻기 위해, 지식책은 말 그대로 지식을 얻기 위해 읽습니다.

창작책은 공감이 가야 감동이 옵니다. 책이 재미없다면 공감이 안 가거나 어렵다는 의미입니다. 그래서 아이들에게 창작책을 권할 때는 제일 먼저 주인공의 나이를 봐야 해요. 자기 또래의 이야기는 등장인물의 말이나 행동에 쉽게 공감하며 재미있게 읽을 수 있습니다. 그러나 중학생이나 고등학생이 주인공이면 '왜 저래?' 하고 이해를 못 한 채 줄거리만 따라가기 쉽습니다. 책 수준도 읽기 만만해야 재미있게 읽을 수 있습니다. 잠수네의 한글책 단계는 잠수네 아이들이 주로 많이 읽는 학년을 기준으로 했지만, 등장인물의 나이도 고려합니다. 초등 3학년이라면 JK5단계, 초등 4학년이라면 JK6단계가 적정선이에요.

지식책은 배경지식이 있어야 재미있게 읽을 수 있습니다. 아이가 좋아하지 않는 분야, 잘 읽지 않은 분야의 책은 모르는 내용이 대부분입니다. 읽어도 내용 이해가 쉽지 않습니다. 반면 흥미를 가진 분야이면 내용을 대부분 아는 상태입니다. 약간의 모르는 내용만 이해하면 되니 저절로 재미있다는 소리가 나올 수밖에 없습니다.

부모 생각으로는 창작책과 지식책을 골고루 읽었으면 합니다. 하지만 아이가 읽기 싫어하는 분야를 억지로 강요하기는 힘들지요.

창작책만 읽으려는 아이

창작책을 좋아하는 아이는 어휘력, 독해력이 탄탄합니다. 배경지식만 있으면 지식책을 좋아하는 것은 시간문제입니다. 창작책을 읽으면서도 배경지식을 얻을 수 있습니다. 우리나라 역사 속의 한 인물을 주인공으로 했다면 읽으면서 그 시대의 역사를 이해하게 되거든요.

지식책을 싫어한다면 지식을 이야기로 버무린 책을 권해보세요. 역사를 이야기로 풀어낸 책, 과학자 이야기를 다룬 책 등 종류가 다양합니다. 박물관이나 과학관 등을 다니며 아는 분야를 넓히면 관련된 지식책을 좀 더 흥미롭게 읽을 수 있습니다. 본격적인 지식책 읽기는 자기 학년보다 한두 단계 낮은 것부터 시작해야 편하게 읽을 수 있습니다. 초등 3학년이라면 잠수네 한글책 단계로 JK3~JK4단계, 초등 4학년이라면 JK4~JK5단계 정도가 좋습니다. 자기 학년 수준의 지식책은 배경지식이 탄탄해지면 흥미롭게 볼 수 있습니다.

지식책(사회, 과학, 수학 등)만 읽으려는 아이

허구의 이야기를 싫어하는 아이들은 창작책을 잘 안 읽으려고 합니다. 대안은 부모가 읽어주기입니다. 잠자기 전에 옛날이야기를 매일 읽어주세요. 줄거리가 재미있는 책으로도 읽어주고요. 앞부분만 읽고 아이

책상 위에 책을 올려두면 뒷이야기가 궁금해서 스스로 책을 손에 들게 됩니다.

책읽기를 싫어하는 아이

왜 책읽기를 싫어하는지 원인을 생각해보세요. 책을 읽을 시간이 충분한가, 너무 어렵거나 흥미 없는 책을 읽으라고 강요하는 것은 아닌가, 재미있어할 만한 책을 계속 찾아주었는가 하고요. 책 읽는 시간을 최우선으로 하고, 아이가 재미있어할 만한 쉬운 창작책을 꾸준히 구해주다 보면 책에 관심을 갖게 됩니다. 스마트폰이나 게임에 몰입하느라 책에 흥미를 못 느낀다면 환경 조성이 먼저입니다. 처음부터 스마트폰과 게임을 차단하면 관계가 악화될 수 있습니다. 약속을 해서 시간을 줄이도록 해야 해요. 이렇게 해도 스스로 책을 읽지 않는다면 부모가 읽어주세요. 읽어주는 책은 재미있는 이야기책이 좋습니다. 부모와 아이가 1쪽씩 번갈아 읽어보는 것도 좋습니다. 엄마아빠가 매일 몇 쪽씩 돌아가며 읽어주기도 하고요. 계속해서 읽어주다 보면 아이 입에서 "책이 정말 재미있어요!"라는 말이 나오게 됩니다. 이러면 대성공입니다.

만화만 보려는 아이

책을 잘 읽는 아이라면 만화가 휴식이 됩니다. 잘 안 읽는 영역이 있다면 학습만화로 접근할 수도 있습니다. 그러나 다른 책은 안 읽고 만화만 본다면 글줄책으로 넘어가기 어렵습니다. 대부분의 만화책은 어휘가 단순합니다. 만화 그림이 중심이고 풍선글 속의 대화는 보조역할을 할 뿐입니다. 학습만화를 봐도 십중팔구 '학습적인 내용'은 건너뛰고 '웃기는 만화'만 볼 공산이 큽니다. 만화 이상으로 책이 재미있다는 것을 알게 해주세요. 그러려면 부모가 꾸준히 읽어주는 것이 현실적인 대안입니다. 만화책은 당근으로 활용하는 것이 좋습니다. 글줄책을 잘 읽으면 주말에 1권 정도 보여주는 식으로요.

초등 **3, 4** 학년

잠수네
국어로드맵

초등 3, 4학년 국어교과서
핵심 체크

• • •

국어교과서는 국어를 잘하기 위한 방법을 알려주는 교재입니다. 듣기와 말하기, 읽기, 쓰기를 어떻게 접근하면 좋을지 구체적인 길을 제시합니다. 초등 3, 4학년 국어교과서에 나오는 내용은 앞으로 초등 고학년, 중고등에서도 계속 반복됩니다. 그러나 학교 시험만을 위해 국어를 공부한다면 국어교과서에 담긴 중요한 부분을 놓치게 됩니다. 국어교과서를 보는 시각을 살짝 바꿔보세요. 내 아이의 학년에 딱 맞는 정독, 글쓰기 방법을 알려주는 책이라고 생각하면 눈이 번쩍 뜨일 내용이 상당히 많습니다(이야기 읽기는 창작책을 정독하는 방법, 설명문 읽기는 지식책 정독 방법이라고 보면 됩니다).

※ 국어교과서 구성

1. 초등 국어교과서는 국어(주교과서)와 국어활동(보조교과서)으로 구성되어 있습니다. 학기당 국어 2권, 국어활동 2권씩 총 8권입니다.

2. 국어교과서의 각 단원 뒤에는 국어활동과 연계된 쪽수가 안내되어 있습니다.

3. 국어활동 맨 뒤에 국어교과서 활동문제 답이 있습니다.

4. 국어활동은 〈생활 속에서〉 부분만 학교에서 공부하며 나머지는 가정학습용입니다.

시와 친하게 지내기

국어교과서에는 다양한 종류의 글이 실려 있습니다. 이 중 학년마다 빠지지 않고 등장하는 것이 〈시〉입니다. 3, 4학년에서도 한 학기에 한두 번은 시를 다룹니다. 시는 우리의 삶을 풍요롭게 해주는 문학장르 중 하나입니다. 책을 많이 읽어야 글을 잘 읽고 쓸 수 있는 것처럼, 시를 많이 읽으면 시를 이해하고 쓰는 데 도움이 됩니다. 정서도 풍부해지고 국어 공부까지 되니 일거양득입니다.

그러나 아이들마다 좋아하는 글, 싫어하는 글이 있을 수 있습니다. 시 역시 좋아할 수도, 싫어할 수도 있습니다. 평소 시를 거의 접해보지 않았다면 교과서의 학습목표인 느낌을 살려 시를 암송하는 것이 왜 중요한지 체감하기 어렵습니다. 시를 싫어하면 중고등학교 국어의 시 영역에서 고전을 면치 못하게 됩니다. 아이들이 책을 읽을 때 이야기책과 함께 재미있고 감동적인 시집을 권해주세요. 시를 암송하는 것까지 힘들다면 아이와 같이 시를 낭송하며 분위기를 느껴도 보고요.

이야기를 읽는 방법 알기

이야기(창작책)를 읽는 방법은 국어교과서에 빠지지 않고 등장합니다.

3학년 1학기 1단원은 '인물의 마음을 생각하며 읽기, 인물의 표정이나 몸짓, 행동에 어울리는 목소리로 읽기'가 학습목표입니다. 2학기 1단원에서는 '재미있는 장면이나 표현 찾기, 자기의 경험과 비교하여 읽기'를 다룹니다. 아이들은 다른 사람이 읽어주면 이해를 더 잘합니다. 혼자 책을 잘 읽는 아이라도 잠자리에서 책 읽어주기를 계속해주세요. 책을 읽어줄 때는 (교과서의 학습목표를 떠올리며) 실감나게 읽어주면 좋습니다. 가끔 1쪽씩 아이와 번갈아 읽기를 해보면 부모의 말투대로 읽는 모습을 볼 수 있을 거예요. 재미있는 부분이 나오면 등장인물이 왜 그런 행동을 했는지, 이에 대해 어떻게 생각하는지 이야기를 나눠보세요. 국어교과서 학습목표의 예습, 복습은 물론 독해력도 올라갑니다. 덤으로 일상생활에서 꼭 필요한 '공감능력'도 키울 수 있습니다.

4학년 1학기 1단원에서는 본격적으로 문학작품을 분석합니다. '이야기의 구성요소는 인물, 사건, 배경이다. 인물의 말이나 행동을 보면 인물의 성격을 파악할 수 있다'는 중고등학교에서도 계속 반복되는 개념입니다. 문학작품 읽기의 기초가 되기 때문입니다. 그러나 교과서에서 배운 개념을 책 읽을 때 바로 활용하기란 쉽지 않습니다.

아이들은 정말 재미있게 읽었거나 감동받은 책이 있으면 부모에게 조잘조잘 이야기하고 싶어합니다. 이때를 활용해보세요. 아이의 생각을 들어주면서 "왜 걔가 그렇게 했대?(행동) 그런 말을 한 이유는 뭐야?(말)" 하고 물어보세요. 자연스럽게 인물의 성격분석을 하게 됩니다. 독서록 쓰기를 막막해할 때도 이런 식으로 물어보면 글의 내용도 풍부해지고 국어공부도 됩니다. 일기 쓸거리가 없다고 투덜거리면 오늘 어디에서 어떤 일이 있었는지 물어보세요. 이야기의 구성요소를 토대로 글을 쓰는 연습이 저절로 됩니다.

문단의 짜임 알기

문단의 짜임은 학년이 올라갈 때마다 나오는 매우 중요한 개념입니다. 글을 읽거나 쓸 때 문단의 짜임을 알면 도움이 되기 때문입니다. 국어교과서에서는 설명문의 문단 짜임을 먼저 공부합니다. 3학년 1학기 2단원에 1개의 문단이 중심문장과 뒷받침문장으로 구성된다는 것을 배운 후, 4학년 1학기 4단원에서 여러 문단의 중심내용을 바탕으로 글의 중심생각(주제)을 찾는 방법을 공부합니다. 이야기의 중심내용 파악하기는 4학년 2학기 4단원에 나옵니다.

'문단의 중심내용 파악하기'와 '한 문단 쓰기'는 동전의 양면과 같습니다. 문단에서 중심문장과 뒷받침문장을 찾을 수 있어야, 글도 중심문장과 뒷받침문장으로 쓸 수 있습니다. 그러나 교과서에서 배운 것을 읽기와 글쓰기에 활용하려면 학교 수업만으로는 부족합니다. 국어교과서

대로 집에서 문단을 나눠보고 글의 중심내용 찾기 연습을 해보세요. 처음에는 문단 나누기도 쉽지 않습니다. 짧은 글을 읽으면서 아이와 함께 중심문장과 뒷받침문장을 찾아보세요. 정독하는 연습도 되고 글쓰기 실력도 좋아집니다.

'한 문단에는 중심 생각 1개만 담는다', '한 문단은 중심문장과 여러 개의 뒷받침문장으로 쓴다', '문단을 시작할 때는 첫 칸을 들여 쓰고, 한 문단이 끝나면 줄을 바꾼다'는 개념을 글쓰기로 연결시키지 못하는 아이들이 많습니다. 아직 어려서 쓸거리가 별로 없기도 하지만, 글을 쓸 때는 문단쓰기가 생명이라는 것을 강조하는 사람이 별로 없다는 점도 문제입니다. 문장이 모여 문단이 되고, 문단이 모여 한 편의 글이 됩니다. 매일은 어렵겠지만 일주일에 1회라도 일기에 무언가를 설명하는 글을 〈문단쓰기〉 형식에 맞춰 써보게 하세요. 문단쓰기 수칙만 잘 지켜도 글이 탄탄해집니다(단, 처음부터 여러 문단으로 된 완성도 높은 글을 쓰기는 어렵습니다. 한 문단 쓰기부터 시작해보세요).

※ 시의 이해, 이야기와 설명문의 중심내용 파악을 힘들어하면 독해력학습서를 추가로 해보는 것도 좋습니다.

초등국어 독해력 비타민
(시서례)
1단계(초1)~6단계(초6)

공습국어 독해력 (스쿨라움)
A1~A6(초1·2),
B1~B6(초3·4),
C1~C6(초5·6)

간추리기

교과서에서는 이야기와 설명문으로 나누어 각각 요약하는 방법을 알려줍니다(국어교과서에서는 요약을 '간추리기'로 표현합니다). 3학년은 1학기 5단원에서 '이야기의 원인과 결과를 중심으로 내용 간추리기'를 배웁니다. 이어서 2학기 3단원에서 설명문과 이야기를 '일의 순서나 일어난 차례에 따라 내용 간추리기'하는 법을 공부합니다. 4학년에서는 1학기 4단원에서 '설명문에서 각 문단의 중심 내용을 찾아 간추리기'를, 2학기 1단원에서 '이야기의 사건을 중심으로 내용 간추리기'를 배웁니다.

〈이야기 간추리기〉는 작품의 전체 줄거리를 이해하는 데 꼭 필요합니다. 간추린다는 것은 '중요하지 않은 것은 뺀다'입니다. 그러나 아이들에게 이야기의 줄거리를 말해보라고 하면 두서없이 사건을 늘어놓기 마련입니다. 이야기 간추리기의 핵심은 '주인공에게 무슨 일(사건)이 일어났나?'입니다.

3학년이라면 주인공에게 일어난 사건의 원인과 결과를 중심으로 질문해주보세요. "주인공은 누구야?(인물) 무슨 일이 일어났는데?(사건) 왜 그렇게 된 건데?(원인) 그래서 어떻게 됐어?(결과)" 하고 물어봐주세요. 4학년이라면 사건을 중심으로 조금 더 구체적으로 물어보세요. "언제 어디서 일어난 일이야? 어떤 일인데? 주인공은 어떻게 해결했어?" 하고요. 제일 좋은 방법은 아이 책을 부모가 같이 읽는 것입니다. 시간이 여의치 않다면 서점의 책 소개나 리뷰를 읽고 이야기를 나누는 방법도 차선책이 될 수 있습니다. 엄마가(또는 아빠가) 그 책을 안 읽어봐서 어떤 내용인지 궁금하다고 이야기해 달라고 하는 방법도 좋습니다. 이야기를 나누면서 간추리기 요령을 터득할 수 있습니다.

〈설명문 간추리기〉는 국어공부뿐 아니라 사회, 과학, 수학 등 다른 과목을 공부할 때도 유용합니다. 중요한 내용을 기억하려면 요약하기가 필수니까요. 다른 과목 교과서의 단원 목차와 학습목표, 중요한 내용을 공책에 적어보게 해주세요. 해당 과목 공부도 되고 국어능력도 키울 수 있습니다. 교과서 내용 요약하기를 잘하면 자기주도학습은 저절로 됩니다. 국어교과서에는 '듣거나 본 것 간추리기'(3학년 1학기 3단원, 3학년 2학기 4단원)도 나옵니다. 여기에 나오는 밑줄 긋기, 메모하기 등도 교과서를 공부할 때 활용해보면 좋을 방법들입니다. 그러나 아직은 혼자서 교과서의 중요한 부분에 밑줄을 긋고 요약하기는 어려운 시기입니다. 아이가 제대로 못한다고 너무 답답해하지 마세요. 중학생도 요약하기가 안 되는 아이들이 수두룩한걸요.

설명하는 글쓰기, 의견이 드러나는 글쓰기

1, 2학년 때는 맞춤법에 맞게 쓰기, 일기쓰기가 전부였습니다. 그에 비해 3, 4학년은 글쓰기의 기초를 공부하는 때입니다. 3학년에는 '한 문단쓰기'(1학기 1단원)와 '독서감상문 쓰기'(1학기 10단원, 2학기 7단원)를 배웁니다. 4학년에는 '여러 개의 문단으로 된 한 편의 글쓰기'(1학기 4단원)를 완성하고, '의견이 드러나게 근거를 들어 글쓰기'(1학기 7단원)를 공부합니다. 그야말로 중요한 글쓰기 형식(설명문, 독서감상문, 주장글)은

다 배우는 거죠. 국어교과서에 담긴 글쓰기의 개념과 원리를 숙지하면 글쓰기의 기초이론을 다 아는 셈입니다.

그러나 국어교과서를 열심히 공부해서 국어시험을 100점 맞아도 글쓰기는 별개입니다. 책을 많이 읽었어도 글을 잘 쓰기 어렵습니다. 왜 그럴까요?

1. 글은 재료가 있어야 씁니다

글 쓸 재료로 제일 좋은 것은 경험입니다. 경험이 풍부하면 재료를 굳이 안 찾아도 됩니다. 경험한 것을 이야기하듯 술술 풀어가면 되니까요. 가장 행복한 글쓰기지요. 경험이 없으면 재료를 모아야 합니다. 글쓰기를 전업으로 하는 작가들도 글을 쓰기 전 '재료'를 모읍니다. 다른 사람의 글을 읽기도 하고, 자료조사 여행을 떠나거나, 인터뷰를 하기도 합니다. 특정 주제에 대해 쓸거리가 많아지면 글쓰기가 아주 편해집니다. 학교에서 내주는 글쓰기 숙제를 할 때, 글쓰기 대회에 글을 낸다면 관련된 글이나 자료를 먼저 읽도록 해주세요. 과학글쓰기 대회라면 과학을 주제로 한 영상이나 책, 잡지, 기사를 보고 읽는 거죠.

2. 글쓰기보다 생각하기가 먼저입니다

아직은 혼자 생각을 정리하기 어렵습니다. 국어교과서를 워크북이라고 생각하고 관련 단원의 개념을 토대로 아이와 이야기를 나눠보세요. 이야기책을 읽고 독서감상문을 쓴다면 교과서에서 이야기를 읽을 때 생각해야 할 사항들을 슬쩍슬쩍 물어보세요. 이야기한 것을 토대로 쓰면 생각보다 쉽게 탄탄한 글을 쓰게 됩니다. 설명문이라면 중심생각(글의 주제)을 정하고 어떤 내용을 풀어갈지 다듬는 것(문단의 중심내용)이 먼저입니다. 각 문단은 중심문장과 뒷받침문장으로 쓰고요. 설득하는 글(논술문)이라면 주장과 근거로 문단을 구성하면 됩니다. 평소 아이에게 부모의 의견을 말할 때 근거를 들어 말하고, 아이도 이유를 들어 요구사항을 말하는 습관을 갖게 해보세요. 글쓰기가 한결 수월해집니다.

3. 글은 많이 써봐야 늡니다

집에서 일기만 꾸준히 써도 글이 늡니다. 일기를 다양한 글쓰기 수단으로 활용해보세요. 체험학습을 갔다 오면 체험보고서를, 영화를 봤다면 영화감상문을, 곤충을 길렀으면 관찰일기를, 요리를 했으면 요리방법을 적는 거죠. 동시도 써보고, 책을 읽고 난 뒤 공감되는 부분이나 자신의 생각, 또는 뒷이야기를 상상해서 쓰도록 해보세요. 글쓰기 단원의 예습과 복습이 저절로 됩니다.

[JK5] 감자를 먹으며
(낮은산)

[JK5] 고양이 걸 씨
(국민서관)

[JK5] 학교야, 공 차자
(보림)

[JK5] 동시로 읽는
옛이야기 (계림북스)

[JK5] 쉬는 시간 언제
오나 (나라말)

[JK5] 내 배꼽을
만져보았다
(문학동네어린이)

[JK5] 살아난다,
살아난다
(문학과지성사)

[JK5] 아주 기분 좋은
날 (보리)

[JK5] 우주 자전거
(우리교육)

[JK5] 신현림의 세계
명화와 뛰노는 동시
놀이터 (살림어린이)

[JK6] 콩, 너는 죽었다
(실천문학사)

[JK6] 그림으로 만나는
우리 동시 (천둥거인)

[JK6] Love That Dog
아주 특별한 시 수업
(비룡소)

[JK6] 할아버지 요강
(보리)

[JK6] 몽당연필도
주소가 있다
(문학동네어린이)

[JK6] 아빠 얼굴이 더
빨갛다 (리젬)

[JK6] 향기 엘리베이터
(푸른책들)

[JK6] 맨날 내만 갖고
그런다 (우리교육)

[JK6] 거인들이 사는
나라 (푸른책들)

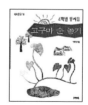

[JK6] 고구마 순 놓기
(우리교육)

[JK5] 지지고 볶고!:
밥상 (길벗어린이)

[JK5] 부엉이 곳간에
우리말 잔치 열렸네
(웅진주니어)

[JK5] 마지막 대결
우리말 왕중왕
(뜨인돌어린이)

[JK5] 신통방통 속담
(좋은책어린이)

[JK5] 속담 그림책
(한림출판사)

[JK5] 어휘력을 키워
주는 저학년 속담
(효리원)

[JK5] 믿거나 말거나
속담 이야기 (산하)

[JK5] 믿음이와
번갯불에 속담 볶기
(꿈꾸는달팽이)

[JK5] 신통방통
사자성어
(좋은책어린이)

[JK5] 자신만만
고사성어 (아이즐)

[JK5] 사자성어로
만나는 네 글자 세상
(시공주니어)

[JK5] 엉뚱방통
삼총사의 고사성어
탐험 (한솔수북)

[JK6] 우리말도 못
알아듣는 바보 (아르볼)

[JK6] 출동! 우리말
구조대 (한솔수북)

[JK6] 속담왕
태백이의 산골 유학기
(뜨인돌어린이)

[JK6] 나, 오늘은
첫술에 배부른 속담왕
(파란정원)

[JK6] 속담골 받아쓰기
대회 (뜨인돌어린이)

[JK6] 그래서 이런
말이 생겼대요: 속담
(길벗스쿨)

[JK6] 속담 속에 숨은
과학 1~3 (봄나무)

[JK6] 속담으로
배우는 과학원리
(웅진씽크하우스)

[JK6] 속담 파워
(웅진씽크하우스)

[JK6] 티끌 모아 속담
문장력 일취월장
(다봄)

[JK6] 속담을 말해봐!
(한솔수북)

[JK6] 유행어보다 재치
있는 우리 100대 속담
(삼성출판사)

[JK6] 이야기 우리속담
(창작나무)

[JK6] 속담 하나
이야기 하나 (산하)

[JK6] 속담왕 대
사자성어의 달인
(뜨인돌어린이)

[JK6] 엉뚱방통
삼총사의 고사성어 탐험
(한솔수북)

[JK6] 국어왕의
사자성어 암기법:
그리스 로마 신화로
보는 (가나출판사)

[JK6] 사자성어로
만나는 네 글자 세상
(시공주니어)

[JK6] 나, 오늘은
한번에 꿰뚫는
고사성어 (파란정원)

[JK6] 그래서 이런
말이 생겼대요
고사성어 (길벗스쿨)

[JK7] 의기양양
고사성어 어휘력
일취월장 (다봄)

[JK7] 재미있는
고사성어와
고전이야기
(가나출판사)

[JK7] 쌍둥이 형제와
문어 선장의 맞춤법
대결투 (한솔수북)

[JK7] 속담 속에 숨은
수학 1, 2 (봄나무)

[JK7] 윤석중
할아버지와 함께하는
속담여행 1~3
(아이북)

[JK7] 지혜를 키우는
이야기 고사성어
(두산동아)

[JK7] 백발백중
다다익선 고사성어
(아이세움)

[JK7-만화] 맹꽁이
서당 고사성어
(웅진주니어)

[JK5] 늘 푸른
환경일기 (진선출판사)

[JK5] 사진 일기 쓰기
(뜨인돌어린이)

[JK5] 일기 쓰기 싫어요!
(키위북스)

[JK5] 일기왕 김동우
(녹색지팡이)

[JK5] 진짜 일기왕은
누굴까? (소담주니어)

[JK5] 새롬이와 함께
일기 쓰기 (보리)

[JK5] 외계견 복실이의
참 쉬운 일기 쓰기
(와이즈아이)

[JK5] 오줌 싼 거
일기로 쓸 수 있어?
(산하)

[JK5] 일기 감추는 날
(웅진주니어)

[JK5] 일기 도서관
(사계절)

[JK5] 봄이의 동네
관찰 일기 (천둥거인)

[JK6] 일기가 나를
키웠어요 (명진출판)

[JK5] 이렇게 쓰면 나도
일기왕 (파란정원)

[JK5] 나, 오늘 일기 뭐
써! (파란정원)

[JK5] 신통방통
독서감상문 쓰기
(좋은책어린이)

[JK5] 독후감
쓰기 싫은 날
(주니어김영사)

[JK5] 나, 오늘 독서록
어떻게 써! (파란정원)

[JK5] 일기 · 독서록
잘 쓰는 방법 45
(파란정원)

[JK5] 꿈이 나를
불러요 (크레용하우스)

[JK6] 벼리서당 수상한
책벌레들 (계림북스)

국어교과서 공부 &
국어시험 준비

• • •

국어교과서를 1부 더 구입합니다

교실에 국어교과서를 두고 오는 학교가 많습니다. 학기 초에 교과서를 구입할 수 있으니 1부씩 꼭 구입해서 집에 비치해두세요.

한국검인정교과서 ……▶ www.ktbook.com

북코아 ……▶ www.bookoa.com

한국교과서 ……▶ www.ktbook.net

동아출판 ……▶ www.dongapublishing.com

천재교육 쇼핑몰 ……▶ mall.chunjae.co.kr

미래엔 도서몰 ……▶ textbookmall.mirae-n.com

평소 국어공부는?

1. 제일 먼저 볼 것은 〈단원의 학습목표〉입니다

단원 맨 앞에 전체 학습목표가 있고, 교과서 상단의 초록색/주황색 바탕의 박스 안에 세부 학습목표가 있습니다. 초록색 바탕의 학습목표는 개념 이해이고, 주황색 바탕의 학습목표는 개념을 적용해보는 것입니다. 학습목표를 정확하게 알면 교과서 내용 이해가 쉽습니다. 더불어 시험 대비도 됩니다. 학습목표에 맞춰 시험문제가 출제되기 때문입니다.

2. 소리 내서 읽으며 모르는 어휘에 체크합니다

교과서 공부를 그동안 전혀 안 했다면 교과서의 모든 글을 소리 내서 읽는 것이 좋습니다. 읽으라고 하면 대충 읽고, 모르는 말을 찾으라면 다 안다고 하는 아이가 많기 때문입니다. 교과서의 그림도 빼놓지 말고 찬찬히 보고, 풍선글도 다 읽도록 해주세요. 괜히 들어간 것이 아니거든요. 소리 내서 읽을 때 버벅거리는 단어는 모르는 단어일 가능성이 높습니다. 잘 읽더라도 모르는 단어 같으면 슬쩍 물어보세요. "어? 이 말 무슨 뜻이야? 나도 잘 모르겠네……" 하고요.

> ※ 4학년 2학기 8단원에서 '사전 찾기'를 배웁니다. 그전이라면 모르는 단어 뜻을 부모가 알려주어도 되고, 전과의 용어풀이를 보여주어도 됩니다. 물론 사전을 찾아 뜻을 확인해봐도 되고요. 그러나 처음부터 모르는 단어의 뜻을 억지로 외우라고 하지는 마세요. 반복해서 읽다 보면 의미를 이해하기 마련입니다.

3. 교과서의 질문에 답을 해봅니다

3번째 읽으면 내용이 좀 더 이해가 잘됩니다. 읽으면서 교과서의 질문에 답을 해봅니다(국어교과서 답지는 국어활동 뒤편에 붙어 있습니다). 쓰라고 하면 아이들이 힘들어합니다. 말로 이야기하게 해보세요. 엉뚱한 답을 말하면 학습목표와 염소선생님의 풍선글을 다시 읽어보게 하세요. '생각해봅시다'와 같이 열린 질문도 건너뛰면 안 됩니다. 교과서의 모든 질문은 학습목표와 연결되어 있기 때문입니다.

4. 국어활동을 읽습니다

국어활동은 집에서 공부하는 용도로 만든 책입니다(일부는 학교 수업 시간에 활용하기도 합니다). 국어교과서의 단원 마지막에 있는 '국어활동 몇 쪽을 공부하여 봅시다'에서 지시한 부분을 먼저 읽고, 나머지도 다 읽어봅니다.

※ 예습할까? 복습할까?

일단 느린 아이라고 생각되면 예습을 하는 것이 좋습니다. 수업시간에 무슨 말인지 몰라 멀뚱거리기 쉬우니까요. 수업 이해에 문제가 없어 보이면 복습하는 것이 좋습니다. 미리 공부하고 가면 수업이 재미없어질 수도 있거든요. 또한 예습과 복습은 단원별로 하는 것이 전체 흐름을 이해하기에 좋습니다.

국어시험 대비는?

1. 국어교과서, 국어활동을 꼼꼼하게 읽습니다

대충 읽는 아이는 소리 내서 읽게 해주세요. 꼼꼼하게 읽는다면 묵독도 괜찮습니다. 평소에 한차례 읽었다면 처음 읽을 때보다 교과서의 내용에 많이 친숙해집니다.

2. 〈학습목표〉를 숙지하고, 단원의 〈핵심개념〉은 암기합니다

모르는 어휘가 있다면 이제는 외워야 합니다. 학습목표가 시험문제입니다. 학습목표와 연계된 개념은 꼭 암기하도록 해주세요. 교과서의 질문에도 개념이 들어가 있습니다. 국어활동의 국어교과서 답지를 보면서 필요한 개념은 추가로 외웁니다(느린 아이는 공책에 개념을 적고 반복해서 외우도록 해주세요).

3. 문제집을 풀면서, 틀린 문제는 국어교과서를 보고 확인합니다

이제 문제집을 풉니다. 교과서를 여러 번 읽었기 때문에 이 문제는 학습목표이고, 이 문제는 교과서의 질문을 그대로 냈다는 것이 훤하게 보입니다. 틀린 문제가 있으면 국어교과서에서 관련 내용을 찾아 개념을 다시 외우거나 개념 이해를 정확하게 하도록 합니다.

초등 3학년 국어교과서 수록도서

국어 3-1

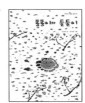
[1단원] [JK3]
퐁퐁이와 툴툴이
(시공주니어)

[1단원] [JK4] 귀신
도깨비 내 친구
(웅진주니어)

[1단원] [JK5] 감자꽃
(창비)

[1단원] [JK5]
꽃가지를 흔들 듯이
(보물창고)

[1단원] [JK5] 참 좋은
동시 60 (문공사)

[1단원] [JK5]
초등학생을 위한
학년별 동시·동화
모음집: 3학년
(홍진P&M)

[2단원] [JK4]
우리아이 창의력을
키워주는 신기한
로봇백과 (글송이)

[5단원] [JK3]
꼴찌라도 괜찮아!
(휴이넘)

[7단원] [JK3] 내
동생 싸게 팔아요
(아이세움)

[7단원] [JK6] 생각을
키우는 글쓰기
3, 4학년 (대교출판)

[7단원] [JK7]
물구나무 과학
(문학과지성사)

[10단원] [JK3] 나무
(어린이아현)

[10단원] [JK3]
발레하는 할아버지
(머스트비)

[10단원] [JK5] 재운이
(창비)

[10단원] [JK5] 어흥,
호랑이가 달린다
(웅진주니어)

[10단원] [JK6] 명절
속에 숨은 우리 과학
(시공주니어)

국어활동 3-1

[1단원] [JK3] 아무도
모를 거야 내가 누군지
(보림)

[1단원] [JK6] 시가
말을 걸어요 (토토북)

● 초등 3, 4학년 잠수네 국어로드맵 369

초등 3학년 국어교과서 수록도서

[2단원] [JK6] 겨울
한복 (대원사)

[3단원] [JK5]
화요일의 두꺼비
(사계절)

[4단원] [JK4]
아드님, 진지 드세요
(좋은책어린이)

[5단원] [JK2]
파랑이와 노랑이
(물구나무)

[6단원] [JK4]
너도나도 숟갈
들고 어서 오너라
(대교출판)

[7단원] [JK3] 갯벌에
뭐가 사나 볼래요
(보리)

[8단원] [JK5]
무녀리네 엄마 개순이
(두산동아)

[8단원] [JK6]
아름다운 가치 사전
(한울림)

[9단원] [JK4] 아씨방
일곱 동무 (비룡소)

[10단원] [JK4]
짜장 짬뽕 탕수육
(재미마주)

국어 3-2

[1단원] [JK3]
방귀쟁이 며느리
(사계절)

[1단원] [JK4] 수박씨
(창비)

[1단원] [JK4] 칠판
앞에 나가기 싫어!
(비룡소)

[1단원] [JK5] 내
배꼽을 만져보았다
(문학동네어린이)

[1단원] [JK5] 할머니
무릎 펴지는 날
(청개구리)

[1단원] [JK5]
내 입은 불량 입
(크레용하우스)

[1단원] [JK6] 까만 손
(보리)

[1단원] [JK6] 엄마의
런닝구 (보리)

[3단원] [JK3] 종이
봉지 공주 (비룡소)

[3단원] [JK3]
해치와 괴물 사형제
(길벗어린이)

[4단원] [JK6]
점자로 세상을 열다:
한글 점자 만든
박두성(우리교육)

[6단원] [JK5]
새롬이와 함께
일기쓰기 (보리)

[7단원] [JK5]
아낌없이 주는 나무
(시공주니어)

[7단원] [JK5] 딱
하루만 더 아프고 싶다
(문학동네어린이)

[7단원] [JK6] 오늘
재수 똥 튀겼네
(사계절)

[7단원] [JK6] 타임
캡슐 속의 필통 (창비)

[8단원] [JK3]
살랑살랑 꼬리로
말해요 (웅진주니어)

[8단원] [JK3] 쇠를
먹는 불가사리
(길벗어린이)

[8단원] [JK4] 점박이
한반도의 공룡: 어린이
동화 (웅진주니어)

국어활동 3-2

[1단원] [JK3]
초코파이 자전거
(비룡소)

[1단원] [JK5]
뻥튀기는 속상해
(푸른책들)

[2단원] [JK3] 왜 띄어
써야 돼? (책과콩나무)

[3단원] [JK3] 빵이 빵
터질까? (웅진주니어)

[7단원] [JK3]
바위나리와 아기별
(길벗어린이)

[7단원] [JK6]
맨날맨날
착하기는 힘들어
(문학동네어린이)

[8단원] [JK4] 점박이
한반도의 공룡: 어린이
동화 (웅진주니어)

[9단원] [JK4] 오세암:
엄마를 만나는 곳
(뻐아제어린이)

초등 4학년 국어교과서 수록도서

국어 4-1

[1단원] [JK4]
숨은 쥐를 잡아라
(웅진주니어)

[1단원] [JK5]
고양이야, 미안해!
(시공주니어)

[3단원] [JK3] 집 안
치우기 (길벗어린이)

[3단원] [JK5]
지우개 따먹기 법칙
(푸른책들)

[4단원] [JK6] 비행기
이야기 (기파랑)

[4단원] [JK6]
신기하고 특이한
식물이야기 (오늘)

[5단원] [JK5] 우리는
한편이야 (푸른책들)

[5단원] [JK6] 가끔씩
비 오는 날 (창비)

[5단원] [JK6]
몽당연필도 주소가
있다 (문학동네어린이)

[5단원] [JK6] 우리
나라 대표 동시 100선
(지경사)

[8단원] [JK6]
어린이를 위한 청백리
이야기 (어린른이)

[9단원] [JK6] 부자
나라의 부자 아이,
가난한 나라의 가난한
아이 (아이세움)

[9단원] [JK6] 세빈아,
오늘은 어떤 법을
만났니? (토토북)

[10단원] [JK3] 섬집
아기 (섬아이)

[10단원] [JK4] 웃음총
(효리원)

[10단원] [JK6]
가만히 들여다보면
(문학과지성사)

[10단원] [JK6] 내
손은 물방울 놀이터
(우리교육)

[10단원] [JK6] 참새네
칠판 (이가서)

국어활동 4-1

[1단원] [JK5] 누군
누구야 도깨비지
(한겨레아이들)

[2단원] [JK6] 자유가
뭐예요? (상수리)

[3단원] [JK6] 굿모닝,
굿모닝? (미래아이)

[5단원] [JK4] 소리가
들리는 동시집
(토토북)

[5단원] [JK6]
담배 피우는 엄마
(시공주니어)

[6단원] [JK5] 지구가
100명의 마을이라면
(푸른숲주니어)

[7단원] [JK6]
잘못 뽑은 반장
(주니어김영사)

[8단원] [JK4] 생명의
역사 (시공주니어)

[9단원] [JK6] 장기려
(웅진씽크하우스)

[10단원] [JK4] 웃음총
(효리원)

[10단원] [JK6] 오세암
(창비)

국어 4-2

[1단원] [JK3] 신기한
사과나무 (시공주니어)

[1단원] [JK4]
울보 바보 이야기
(휴먼어린이)

[4단원] [JK6] 서로
달라서 더 아름다운
세상 (휴이넘)

[4단원] [JK6] 여자는
힘이 세다!: 세계편
(교학사)

[5단원] [JK4] 비가
오면 (사계절)

[7단원] [JK6] 법을
아는 어린이가 리더가
된다 (가문비)

[9단원] [JK6] 맛있는
말 (문학동네어린이)

● 초등 3, 4학년 잠수네 국어로드맵   373

[9단원] [JK5]
거인들이 사는 나라
(푸른책들)

[9단원] [JK5] 놀아요
선생님: 남호섭 동시집
(창비)

[9단원] [JK6]
만년샤쓰 (길벗어린이)

[9단원] [JK7] 초정리
편지 (창비)

국어활동 4-2

[1단원] [JK5]
덜덜이와 비단주름과
큰손발이 (웅진주니어)

[2단원] [JK7]
어린이를 위한
정의란 무엇인가
(주니어김영사)

[3단원] [JK6] 대화가
즐거워! (해와나무)

[4단원] [JK5] 국 아홉
동이 밥 아홉 동이:
설화야, 나오너라!
(미래아이)

[6단원] [JK6] 엄마의
런닝구 (보리)

[6단원] [JK6]
닭들에게 미안해
(현대문학북스)

[6단원] [JK6] 전교
네 명 머시기가 간다
(웅진주니어)

[7단원] [JK6] 나는
천재가 아니야
(시공주니어)

[9단원] [JK5] 팥죽
할머니 (우리교육)

[9단원] [JK6]
만년샤쓰 (길벗어린이)

[9단원] [JK7] 초정리
편지 (창비)

[JK5] 가방 들어주는
아이 (사계절)

[JK5] 멋지다 썩은 떡
(문학동네어린이)

[JK5] 마법사 똥맨
(창비)

[JK5] 잘한다 오광명
(문학동네어린이)

[JK5] 엄마가 사랑하는
책벌레 (아이앤북)

[JK5] 일기 감추는 날
(웅진주니어)

[JK5] 초대받은 아이들
(웅진주니어)

[JK5] 바나나가
뭐예유? (시공주니어)

[JK5] 바보 1단
(웅진주니어)

[JK5] 김 배불뚝이의
모험 1~5
(웅진주니어)

[JK5] 천 원은 너무해!
(책읽는곰)

[JK5] 삼백이의 칠일장
1, 2 (문학동네어린이)

[JK5] 내 고추는 천연
기념물 (시공주니어)

[JK5] 엄마에게는
괴물 나에게는 선물
(국민서관)

[JK5] 우리 아빠는 내
친구 (시공주니어)

[JK5] 황 반장 똥
반장 연애 반장
(문학동네어린이)

[JK5] 들키고 싶은
비밀 (창비)

[JK5] 종이밥 (낮은산)

[JK5] 엄마, 세뱃돈
뺏지 마세요!
(시공주니어)

[JK5] 밤티 마을
큰돌이네 집
(푸른책들)

[JK5] 검정 연필
선생님 (창비)

[JK5] 딱
걸렸다 임진수
(문학동네어린이)

[JK5] 고얀 놈 혼내
주기 (시공주니어)

[JK5] 지우개 따먹기
법칙 (푸른책들)

[JK5] 용이 되기
싫은 이무기 꽝철이
(주니어RHK)

[JK5] 랑랑별 때때롱
(보리)

[JK5] 신기하고 새롭고
멋지고 기막힌 (창비)

[JK5] 만복이네 떡집
(비룡소)

[JK5] 위대한 마법사
호조의 수상한 선물
가게 (국민서관)

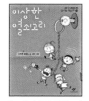

[JK5] 이상한 열쇠고리
(창비)

[JK5] 따뜻한 팬티
(시공주니어)

[JK5] 엄마, 내 생각도
물어 줘! (시공주니어)

[JK5] 밤티 마을
영미네 집 (푸른책들)

[JK5] 단추 마녀의
수상한 식당 (키다리)

[JK5] 왕창 세일! 엄마
아빠 팔아요 (창비)

[JK5] 일기 도서관
(사계절)

[JK5] 오줌 멀리싸기
시합 (사계절)

[JK5] 민우야, 넌 할 수
있어! (아이앤북)

[JK5] 욕 시험 (보리)

[JK5] 오 시쿤둥이의
학교생활 (웅진주니어)

[JK5] 난 키다리 현주가 좋아 (시공주니어)

[JK5] 마녀 옷을 입은 우리 엄마 (문공사)

[JK5] 학교에 간 개돌이 (창비)

[JK5] 화장실에서 3년 (아이세움)

[JK5] 그림 도둑 준모 (낮은산)

[JK5] 불량 아빠 만세 (시공주니어)

[JK5] 외아들 구출 소동 (봄봄)

[JK5] 우리 집에 온 마고할미 (바람의아이들)

[JK5] 호철이 안경은 이상해! (시공주니어)

[JK5] 밤티 마을 봄이네 집 (푸른책들)

[JK5] 짜증방 (거북이북스)

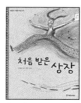

[JK5] 처음 받은 상장 (국민서관)

[JK5] 마법의 빨간 립스틱 (비룡소)

[JK5] 방귀 스티커 (푸른책들)

[JK5] 소원을 들어주는 선물 (웅진주니어)

[JK5] 축구 생각 (창비)

[JK5] 공주도 똥을 눈다 (해와나무)

[JK5] 키가 작아도 괜찮아 (아이앤북)

[JK5] 뻔뻔한 칭찬 통장 (미래아이)

[JK5] 똥 싸는 도서관 (미래아이)

[JK6] 양파의 왕따
일기 (파랑새어린이)

[JK6] 잘못 뽑은 반장
(주니어김영사)

[JK6] 또 잘못 뽑은
반장 (주니어김영사)

[JK6] 김 구천구백이
(파랑새어린이)

[JK6] 고양이 학교
시리즈 (문학동네)

[JK6] 축 졸업
송언초등학교
(웅진주니어)

[JK6] 좋은 엄마 학원
(문학동네어린이)

[JK6] 올백
(주니어김영사)

[JK6] 안내견 탄실이
(대교출판)

[JK6] 스티커 전쟁
(을파소)

[JK6] 엄마를 도둑
맞았어요 (문공사)

[JK6] 게임 파티
(시공주니어)

[JK6] 건방진 도도 군
(비룡소)

[JK6] 돌아온 진돗개
백구 (대교출판)

[JK6] 밥데기 죽데기
(바오로딸)

[JK6] 담배 피우는
엄마 (시공주니어)

[JK6] 어느 날
구두에게 생긴 일
(비룡소)

[JK6] 나와 조금 다를
뿐이야 (푸른책들)

[JK6] 수일이와 수일이
(우리교육)

[JK6] 으랏차차
뚱보클럽 (비룡소)

[JK6] 우리 반 스파이
(주니어김영사)

[JK6] 자린고비 일기
(시공주니어)

[JK6] 수상한 아파트
(북멘토)

[JK6] 세 발 강아지
종이배 (문공사)

[JK6] 속 좁은 아빠
(푸른숲주니어)

[JK6] 슬플 땐 매운
떡볶이 (비룡소)

[JK6] 과수원을
점령하라 (사계절)

[JK6] 우리 가족을
도운 도둑 (교학사)

[JK6] 책도령은 왜
지옥에 갔을까?
(예림당)

[JK6] 소나기밥 공주
(창비)

[JK6] 겁쟁이
(시공주니어)

[JK6] 깡딱지 (사계절)

[JK6] 고민
들어주는 선물 가게
(주니어김영사)

[JK6] 구멍 속 나라
(시공주니어)

[JK6] 꿈의 다이어리
(시공주니어)

[JK6] 사투리의 맛
(사계절)

[JK6] 박치기 여왕
곱분이 (문공사)

[JK6] 멍청한 편지가!
(시공주니어)

[JK6] 차이나 책상
귀신 (교학사)

[JK6] 경찰 오토바이가
오지 않던 날 (사계절)

[JK6] 생명이 들려준
이야기 (사계절)

[JK6] 위풍당당 심예분
여사 (시공주니어)

[JK6] 할머니의 레시피
(아이세움)

[JK6] 실험용 너구리
깨끔이 (교학사)

[JK6] 로봇다리 세진이
(조선북스)

[JK6] 칠칠단의 비밀
(사계절)

[JK6] 버럭 아빠와
지구 반 바퀴
(주니어김영사)

[JK6] 어른들만 사는
나라 (시공주니어)

[JK6] 어린이를 위한
흑설공주 이야기
(뜨인돌어린이)

[JK6] 말로 때리면 안
돼! (주니어김영사)

[JK6] 난 너무 잘났어!
(살림어린이)

[JK6] 내가 제일 잘
나가 (주니어김영사)

[JK6] 베컴머리 힙합
선생님 (교학사)

[JK6] 나의 린드그렌
선생님 (창비)

[JK6] 교환 일기
(푸른책들)

[JK6] 건방이의 건방진
수련기 1~3 (비룡소)

[JK6] 굿모닝, 굿모닝?
(미래아이)

[JK6] 임욱이 선생
승천 대작전 (사계절)

[JK6] 아빠는 나의
영웅 (교학사)

[JK6] 산왕부루 1, 2
(푸른책들)

영어 원서가 있는 책

[JK5] 멋진 여우 씨 (논장)
[J5] Fantastic Mr. Fox

[JK5] 조지, 마법의 약을 만들다
(시공주니어)
[J5] George's Marvelous
Medicine

[JK5] 리지 입은 지퍼 입
(시공주니어)
[J5] Lizzie Zipmouth

[JK5] 13층 나무 집
(시공주니어)
[J5] The 13-Story Treehouse

[JK5] 도서관에 가지 마,
절대로 (국민서관)
[J5] The Legend of Spud
Murphy

[JK5] 요술 손가락 (열린어린이)
[J4] The Magic Finger

[JK5] 학교에 간 사자 (논장)
[J6] Lion at School: And
Other Stories

[JK5] 에밀은 사고뭉치 (논장)
[J5] Emil and the Great
Escape

[JK5] 꿈꾸는 레모네이드 클럽
(베틀북)
[J5] The Lemonade Club

[JK5] 캄펑의 개구쟁이 1 (꿈틀)
[J6] Kampung Boy

[JK5] 공주도 학교에 가야 한다
(비룡소)
[J6] Princesses Are People,
Too

[JK5] 도둑맞은 다이아몬드
(논장)
[J4] Cam Jansen and
the Mystery of the Stolen
Diamonds

[JK5] 백만장자가 된 백설 공주
(베틀북)
[J5] Revolting Rhymes

[JK5] 레이디 롤리팝, 말괄량이
길들이기 (보림)
[J6] Lady Lollipop

[JK5] 날아라, 고물 비행기
(베틀북)
[J5] The Junkyard Wonders

[JK5] 조커 (문학과지성사)
[J6] A Book of Coupons

영어 원서가 있는 책

[JK5] 내겐 드레스 백 벌이 있어
(비룡소)
[J6] The Hundred Dresses

[JK5] 엘머 시리즈 (비룡소)
[J6] My Father's Dragon
시리즈

[JK5] 우리는 무적 남매 골치와
대장 (시공주니어)
[J4] Soupy Saturdays with the
Pain and the Great One

[JK5] 수학 천재 (크레용하우스)
[J5] The Math Wiz

[JK5] 아낌없이 주는 나무
(시공주니어)
[J4] The Giving Tree

[JK5] 화요일의 두꺼비 (사계절)
[J5] A Toad for Tuesday

[JK5] 초콜릿 터치 (예림당)
[J6] The Chocolate Touch

[JK5] 거꾸로 목사님
(열린어린이)
[J7] The Vicar of Nibbleswicke

[JK5] 킬러 고양이의 일기
(비룡소)
[J4] The Diary of a Killer Cat

[JK5] 완벽한 사람은 없어
(개암나무)
[J6] Nobody's Perfect

[JK5] 새 학년엔 멋있어질 거야!
(크레용하우스)
[J5] How to Be Cool in the
Third Grade

[JK5] 앤서니 브라운의 킹콩
(넥서스주니어)
[J6] King Kong

[JK5] 일곱 번째 새끼 고양이
(비룡소)
[J6] The Last Little Cat

[JK5] 헴록 산의 곰 (논장)
[J4] The Bears on Hemlock
Mountain

[JK5] 스튜어트 학교에 가다
시리즈 (담푸스)
[J4] Stuart's Cape 시리즈

[JK5] 피글위글 아줌마의
말썽쟁이 길들이기 시리즈
(주니어김영사)
[J6] Mrs. Piggle-Wiggle
시리즈

[JK5] 마법의 설탕
두 조각 (소년한길)

[JK5] 호첸플로츠
시리즈 (비룡소)

[JK5] 종이 공포증
(비룡소)

[JK5] 냄비와 국자
전쟁 (소년한길)

[JK5] 빈둥빈둥 투닉스
왕 (시공주니어)

[JK5] 개구리 선생님의
비밀 (푸른나무)

[JK5] 쌈짱과 얌전이의
결투 (어린이작가정신)

[JK5] 허브마녀의
신기한 레시피
(예림당)

[JK5] 겁이 날 때
불러 봐 뿡뿡유령
(웅진주니어)

[JK5] 거저먹기 외국어
(비룡소)

[JK5] 썩은 모자와
까만 원숭이
(미래아이)

[JK5] 파스칼의 실수
(비룡소)

[JK5] 3학년 2반 전원
합격! (국민서관)

[JK5] 거짓말을 먹고
사는 아이 (비룡소)

[JK5] 내 생애 최고의
캠핑 (크레용하우스)

[JK5] 나무 위의
아이들 (비룡소)

[JK5] 영리한 폴리와
멍청한 늑대 (비룡소)

[JK5] 내 동생은 렌탈
로봇 (개암나무)

[JK5] 여우 씨 이야기
(비룡소)

[JK5] 영리한 공주
(비룡소)

유럽/일본/중국

[JK5] 하얀 부엉이와
파란 생쥐 (비룡소)

[JK5] 잔소리 없는 날
(보물창고)

[JK5] 시간을 되돌리고
싶어! (키위북스)

[JK5] 양심에 딱 걸린
날 (개암나무)

[JK5] 호호 아줌마가
작아지는 비밀
(비룡소)

[JK5] 고양이 도우미
시리즈 (주니어RHK)

[JK5] 놀기 과외
(비룡소)

[JK5] 바비 클럽
(비룡소)

[JK5] 나는 너무
착해서 탈이야
(어린이작가정신)

[JK5] 아주 소중한 2등
(국민서관)

[JK5] 어느 할머니
이야기 (비룡소)

[JK5] 내 마음의 선물
(창해)

[JK5] 우리 가족
최고의 식사! (샘터)

[JK5] 너는 닥스
선생님이 싫으냐?
(비룡소)

[JK5] 사자왕 부루부루
(시공주니어)

[JK5] 진지한 씨와
유령 선생
(시공주니어)

[JK5] 모범생은 이제
싫어 (시공주니어)

[JK5] 에밀리가
조금 특별한 이유
(문학동네어린이)

[JK5] 단추들의 수다
파티 (시공주니어)

[JK5] 나를 뽑아줘!
(국민서관)

영어 원서가 있는 책

[JK6] 찰리와 초콜릿 공장
(시공주니어)
[J6] Charlie and the
Chocolate Factory

[JK6] 내 이름은 삐삐 롱스타킹
(시공주니어)
[J6] Pippi Longstocking

[JK6] 잠옷 파티 (시공주니어)
[J5] Sleep-Overs

[JK6] 마틸다 (시공주니어)
[J6] Matilda

[JK6] 멍청씨 부부 이야기
(시공주니어)
[J5] The Twits

[JK6] 찰리와 거대한 유리
엘리베이터 (시공주니어)
[J6] Charlie and the Great
Glass Elevator

[JK6] 창문닭이 삼총사
(시공주니어)
[J6] The Giraffe and the Pelly
and Me

[JK6] 프린들 주세요 (사계절)
[J6] Frindle

[JK6] 아북거, 아북거
(시공주니어)
[J5] Esio Trot

[JK6] 마녀를 잡아라
(시공주니어)
[J6] The Witches

[JK6] 조금만, 조금만 더
(시공주니어)
[J5] Stone Fox

[JK6] 로테와 루이제
(시공주니어)
[J5] Lisa and Lottie

[JK6] 삐삐는 어른이 되기 싫어
(시공주니어)
[J6] Pippi in the South Seas

[JK6] 제임스와 슈퍼 복숭아
(시공주니어)
[J6] James and the Giant
Peach

[JK6] 진짜 도둑 (베틀북)
[J7] The Real Thief

[JK6] 꼬마 백만 장자 삐삐
(시공주니어)
[J6] Pippi Goes on Board

영어 원서가 있는 책

[JK6] 엄마 돌보기 (시공주니어)
[J5] The Mum-Minder

[JK6] 천사가 된 비키
(시공주니어)
[J5] Vicky Angel

[JK6] 요술 연필 페니
(좋은책어린이)
[J6] Penny the Pencil

[JK6] 웨이싸이드 학교
별난 아이들 (창비)
[J4] Sideways Stories from
Wayside School

[JK6] 미라가 된 고양이
(시공주니어)
[J5] The Cat Mummy

[JK6] 일주일은 엄마네
일주일은 아빠네 (시공주니어)
[J6] The Suitcase Kid

[JK6] 총을 거꾸로 쏜 사자
라프카디오 (시공주니어)
[J6] Lafcadio the Lion Who
Shot Back

[JK6] 내 친구 윈딕시
(시공주니어)
[J5] Because of Winn-Dixie

[JK6] 말 안 하기 게임 (비룡소)
[J6] No Talking

[JK6] 눈밭에서 찾은 선물
(푸른나무)
[J6] Ereth's Birthday

[JK6] 조이, 열쇠를 삼키다
(비룡소)
[J6] Joey Pigza Swallowed
The Key

[JK6] 윔피키드 시리즈
(푸른날개)
[J6] Diary of a Wimpy Kid
시리즈

[JK6] 내 친구가 마녀래요
(문학과지성사)
[J6] Jennifer, Hecate,
MacBeth, William McKinley,
and Me, Elizabeth

[JK6] 웨이싸이드 학교가
무너지고 있어 (창비)
[J4] Wayside School is Falling
Down

[JK6] 생쥐 기사 데스페로
(비룡소)
[J6] The Tale of Despereaux

[JK6] 대단한 4학년 (창비)
[J5] Otherwise Known as
Sheila the Great

[JK6] 어린이를 위한
우동 한 그릇 (청조사)

[JK6] 통조림에서 나온
소인들 (웅진주니어)

[JK6] 빨간 소파의
비밀 (웅진주니어)

[JK6] 신기한 시간표
(보림)

[JK6] 최악의 짝꿍
(주니어김영사)

[JK6] 작별 인사
(시공주니어)

[JK6] 도둑맞은 성적표
(주니어김영사)

[JK6] 어린이를 위한
개와 나의 10가지 약속
(청조사)

[JK6] 옐로우 드래곤의
비밀 (거인)

[JK6] 우리 모두 꼴찌
기러기에게 박수를
(시공주니어)

[JK6] 거인 산적
그랍쉬와 땅딸보 부인
1, 2 (시공주니어)

[JK6] 교양 있는
고양이 많이있어와
루돌프 (한림출판사)

[JK6] 나는 천재가
아니야 (시공주니어)

[JK6] 콩나물 병정의
모험 (웅진주니어)

[JK6] 엄마는 해고야
(책과콩나무)

[JK6] 우리 누나
(웅진주니어)

[JK6] 친구는
잡아먹는 게 아니야!
(고래이야기)

[JK6] 나는 입으로
걷는다 (웅진주니어)

[JK6] 우리집은
마녀집안 (달리)

[JK6] 못 말리는
아빠와 까칠한 아들
(거인)

유럽/일본/중국

[JK6] 일곱 명의 괴짜 기자들 (주니어김영사)

[JK6] 치에와 가즈오 (시공주니어)

[JK6] 동물 회의 (시공주니어)

[JK6] 목요일의 사총사 (시공주니어)

[JK6] 평화는 어디에서 오나요 (웅진주니어)

[JK6] 아기 여우 헬렌 (청어람미디어)

[JK6] 모모: 국화마을의 어린 왕자 (시소)

[JK6] 사랑을 담는 지갑 (책과콩나무)

[JK6] 나는 백치다 (웅진주니어)

[JK6] 노랑 가방 (비룡소)

[JK6] 아빠가 길을 잃었어요 (비룡소)

[JK6] 꼬마 작가 폼비의 악당 이야기 (비룡소)

[JK6] 분수의 비밀 (책과콩나무)

[JK6] 초콜릿 전쟁 (중앙출판사)

[JK6] 말할까? 말까? (주니어김영사)

[JK6] 꼬마마녀 (길벗어린이)

[JK6] 아빠가 내게 남긴 것 (베틀북)

[JK6] 거짓말이 가득 (창비)

[JK6] 아슬아슬 삼총사 (사계절)

[JK6] 꽃들에게 희망을 (분도출판사)

우리 집 국어교과서 공부법입니다

작성자 : 행군하라 (초4, 5세)

잠수네 국어공부법 콘텐츠를 그대로 따라 했어요. 제가 관련 책 4권을 밤낮으로 멀미해가며 공부한 내용이 싹 요약되어 있습니다. ㅎㅎ 저는 학기 초마다 방법적인 걸 한두 번 이끌어주고요, 그 후에는 아이 혼자 해보도록 하고 있어요. 울 집 국어공부는 국어 진도 있는 날만 합니다.

1. 교과서 읽기

교과서를 2번 꼼꼼히 읽습니다. 쪽수만 빼고 모조리 읽게 합니다. 집에서 쓰는 교과서에는 답이 안 달려 있기에 말로 합니다(쓰라고 하면 기절할 듯 ㅋ). 제가 지도서나 전과나 자습서 들고 답을 확인합니다(여태까지 골고루 써보니 전과가 좋은데 전과는 전 과목 세트로만 판매하길래 이번 학기에는 《우공비》 자습서로 사봤습니다). 모르거나 틀리게 말하는 답이 있으면 본문을 다시 읽고 생각해보게 합니다. 가끔은 아이가 직접 전과나 자습서를 읽게도 합니다. 중심내용, 중심문장, 문단 나누기 이런 것은 그렇게 하라는 단원에서만 합니다(전 단원 하면 아이가 국어에 질릴까 봐). 외워야 할 부분은 함께 외워줍니다. 혼자 외우게 두면 설렁설렁 하고 맙니다. __ __;

2. 학습목표 파악하기

본문과 질문의 내용을 학습목표와 연관 지어 이해하도록 도와줍니다.

3. 모르는 단어 확인

혹시 헷갈리거나 모르는 단어가 있는지 확인합니다. 울 집은 그냥 책에 동그라미 치거나 형광펜 긋고 사전 찾기를 해보는 편인데 아직까지 그렇게 찾아볼 단어는 많지 않았어요(단어 뜻 쓰기 이런 건 안 합니다. 찾아서 아~ 하면 끝~). 혹시 귀찮아서 표시를 안 했나 싶을 때는 모를 만한 단어를 골라 물어봅니다.

4. 문제집 풀기

서술형이나 단원평가는 안 풀고 그날 배운 부분만 풀고 채점을 바로 해줍니다(국어에 올인할 시간이 없기에 그냥 기본만 풀게 합니다). 주관식에서 너무 간략하게 적는 것 외에는 거의 맞아요(교과서를 잘 읽었기에). 이런 방식으로 학기 초에 두어 번 함께하고요, 이 방법을 적어서 국어교과서 앞에 붙여줍니다. 그러면 학기 중엔 혼자 굴러갑니다(답은 아이가 말하고 제가 들으면서 확인). 초1부터 이렇게 계속했습니다. 그래서 이제 혼자서도 곧잘 하는 겁니다. 마구 여러 번 읽는 건 의미가 없어 보이고요, 전과를 몽땅 읽는 것도 시간 낭비로 보입니다. 딱 교과서에 있는 내용만 단단히 짚고 가면 되지 싶습니다~. 제가 작년에 이런저런 자격증 공부를 좀 했어요. ㅎㅎ 그 전부터 독서지도 관련 책을 혼자 읽었는데 제대로 해보자 하고 도전했더랬지요. 다 알고 나니 그냥 국어교과서로 잘 공부하면 되겠구만 싶었네요.

> ### 한글책을 많이 읽었더니 덕 본 이야기 나갑니다~
> 작성자: 헤르미온느 (초4) … 현재 중1

1. 시험준비 시간이 별로 안 든다

이제 고작 초4이니 뭐 시험이랄 것도 없지만, 그래도 학교시험을 대하는 겸손한 자세(1등이 아니라, 만점을 목표로 하라)나 최선을 다해 준비하는 습관(평소 공부습관 강조. 전날 벼락치기 절대 안 됨), 엉덩이 힘 등은 조금씩 키워줘야 한다 생각해요.

• 국어과목의 경우, 한 단원당 전과 읽고 문제까지 푸는 데 45분 이내면 되더라구요.
제대로 준비할 때는
1) 국어책으로 꼼꼼히 복습한 후(활동까지 하면서)
2) 전과/딸린 문제들로 총정리한다 하더라도 2~3시간 정도면 충분하니 얼마나 편한지 몰라요.

정독하면서도 속독이 동시에 되니(텍스트 처리량) 효율성이 높아지는 것이겠지요? 특히 문학 쪽 책(명작/창작) 많이 읽은 후로 독해력이 한 단계 점프하는 걸 확실히 느끼겠더라구요(1학년 때인가? 어휘, 독해문제집을 잠시 시도해보긴 했지만, 간 보기만 하고 여기에 집중해서 시간투자 안 한 건 참 잘했다 싶어요. 시간 아까우니까요. 물론, 독해력이 어느 수준인지 확인용으로 잠시 시도해보는 건 괜찮겠지만요).

• 과학과목은 어려서부터 과학책을 많이 읽은 덕분인지 아직 별도로 공부해본 적이 없어요. 그래도 부족함 느끼지 않고요. 초등에서의 과학이야 별 내용이 없기 때문에 따로 공부하고 말 것도 없지만 과학책 자체를 아예 접해보지 않아 용어부터 어렵게 느끼는 아이들(특히, 과학에 관심 없는 딸내미들)도 꽤 있더군요.

• 사회과목도 배경지식이 깔려 있어서 용어 정도만 복습하고 문제를 풀면 되니 정말 편하더라구요. 일일이 설명해줄 필요도 없고. '전통문화, 지리, 세계문화, 경제, 정치/제도 → 역사, 세계사, 철학' 등으로 자연스레 확장되고 있어서 참 편하게 가고 있어요. 초3, 4학년 때 사회가 의외로 내용도 많

고 난이도도 높아서 골탕 먹는 경우가 많더라구요. 초3, 4때 담임들께서도 사회과목은 공부를 좀 해야 시험 볼 수 있다며 챙겨주라고 조언하실 정도로요(배경지식이 적다면 개념도 정확히 모른 채 어쩔 수 없이 외우게 되고, 외워야 되면 뭔 재미가 있겠어요? 울 아이들이 우리 배울 때처럼 역사/세계사를 암기과목으로 접근하게 하고 싶진 않으시죠?).

2. 잠수네 영어 할 때 책 골라주기 엄청 편하고, 한글책 읽기 ↔ 영어책 읽기 간에 시너지가 난다

잠수네 영어를 하는데 〈적응〉에서 〈발전〉과정 진입까지는 속도도 무지 안 나고(나아지는 게 잘 안 보이더라구요), 재미난 책도 많지 않아서(한글책과의 갭이 너무 심했던 점도 영향을……) 어려움이 많았어요. 그런데 〈발전1~2〉과정에 들어서면서 J3~J4단계를 리더스/그림책/논픽션으로 탄탄히 지평선 읽기 하고 나니, J4~J5단계로 올라오게 되고 읽을 만한 재미난 책이 많아지니 이제는 진행이 너무 편한 거예요. 한글책 읽을 때와 비슷한 모습도 많이 보여주고요(책 내용에 대해 뭐라뭐라 쫑알거리고, 읽다가 큭큭대는 등. 전 이것이 가장 긍정적인 신호라고 느껴지더군요. 시각형 아이라 어쩌나 귀가 늦게 트이는지 마음이 좀 답답했었는데 쉬운 책, 재미난 책으로 넓게 넓게 읽고 났더니 갑자기 흘듣 수준이 쑥~ 점프. 어무이 눈을 의심하게 될 정도예요).

뒤이어 고민 많던 집듣까지 《해리포터》를 만나면서 물이 오르게 되었답니다. 그러더니 읽기에도 변화가 느껴지는 중이고요(흘듣 → 집듣 → 읽기. 3개의 축바퀴가 맞물려 돌아가면서 서로 이끌어주는 것이 얼마나 절묘한지요. 무릎을 탁 쳤답니다). 그래서 저학년 때는 모두 골고루 1, 1, 1이 아니라 몰입 중인 걸로 더 밀어주라는 선배님들 말씀이 정말 맞는 듯해요.

한글책으로 다양한 분야를 즐겼던 아이라, 영어책도 이야기책, 논픽션 가리지 않고 잘 보고요. 좋아하는 책 분야가 넓으니, 영어책 들여주기가 어렵지 않더라구요. 지식책(과학/위인/사회)도 거부감 없이 쉬운 걸로 덥석덥석 읽더라구요. 그러니 영어책 읽기가 정체되고 있다 싶으면 우선 한글책 읽기가 정체되지 않았나 살펴보고 한글책으로 좋아했던 분야부터 영어책으로 찾아 쫙쫙 밀어주라는 게 정답 아니겠어요?

다양한 일기쓰기 – 소소한 TIP!!!
작성자: 재이마미 (초4, 7세) … 현재 초6, 초2

제목은 거창하게 다양한 일기쓰기이나 뭐 특별한 팁은 없습니다. 다른 친구들 쓴 일기들도 책으로 많이 나와 있지만 그래도 보통의 또래 아이가 쓴 일기를 보는 게 아이들에게는 자극도 되고 금방 따라 할 수도 있는 것 같아요. 요리 선생님의 레시피보다는 어설픈 아지매의 밥숟가락 레시피가 더 만만한 것처럼 자~ 기대 없이 보세요. 거친 레시피 나갑니다.

〈NIE 일기〉
① 글자/문장 오리기
NIE 일기 첫 단계에서 누구나 시도해볼 수 있는 방법입니다. 부담 없이 신문에서 주제에 맞는 단어나 문장을 찾아 붙여넣는 방법이지요. 신문에서 두세 단어를 골라서 이야기를 지어보는 방법도 좋습니다.

② 마음에 드는 기사 찾기

신문을 보다가 마음에 드는 기사가 나오면 스크랩해서 일기장에 붙이고 그 기사를 선택한 이유를 간단히 적는 방법입니다. 초등 저학년에서부터 부담 없이 시도할 수 있으며 오히려 ①번 방법보다 더 쉽고 간단하답니다.

③ 기사를 읽고 요약하기

다음은 기사를 읽고 요약하는 단계입니다. 처음에는 기사에서 1H5W(육하원칙)를 찾아내는 연습을 합니다. 기사를 읽고 누가, 언제, 어디서, 무엇을, 어떻게, 왜 했는지 찾아내는 연습을 하다 보면 자연스레 기사를 요약하는 능력이 길러지고 거기에 자신의 생각을 덧붙일 수 있게 됩니다.

④ 기사를 읽고 주장하는 글쓰기

사회적으로 이슈가 되는 주제를 다루기는 아직 초등학생이라 한계가 있습니다만 그래도 환경이나 독도에 관한 문제라면 할 말이 많아지더라구요.

〈여행 일기〉

아무리 가까운 곳이라도 여행을 다녀오면 항상 사진과 함께 일기를 씁니다. 3학년까지는 필리핀 곳곳을 여행했던 것들을 일기로 남겨서 가끔씩 꺼내보며 추억을 더듬곤 한답니다. 일기 쓰는 재미는 이렇게 들춰보는 것이 제일이지요.

〈만화 일기〉

제일 신나게 일기 쓰는 시간입니다. 저는 아이가 여기저기 낙서해놓은 그림들을 버리지 않고 일기장에 붙이게 합니다. 초등 6년 동안 모아놓으면 그림이 점점 정교해지는 게 눈에 보이고 펼쳐보면 소소한 재미가 있을 거예요.

〈주제 일기〉

3학년 들어서면서부터 한번씩 써보는 일기입니다. 신문이나 책을 같이 보다가 관심 있는 주제가 나오면 인터넷으로 더 찾아보기도 하고 관련 책도 읽어보고 일기를 쓰게 한답니다.

〈수학 일기〉

《수학귀신》을 읽더니 삼각형 넓이 구하는 공식이 궁금하다고 하더군요. 사각형 넓이 구하는 방법만 알면 원의 넓이까지 구할 수 있다며 시작한 설명을 일기에 그대로 담았습니다. 색종이 오려 붙이고 이해한 만큼 일기장에 정리하고……. 수학 일기도 재미있게 일기쓰기는 방법 중 하나입니다. 오른쪽 사진은 1학년 때 쓴 일기인데 게임방법과 이길 수 있는 전략이 적혀 있네요.

가르치는 일이 업이긴 하지만 제가 제 아이를 앉혀놓고 가르칠 시간이 많

지 않아서(사실 좋아하지도 않고요) 일기 쓰는 시간만큼은 공부라고 생각하고 1학년 때부터 공을 들여서 쓰게 했습니다. 그렇다고 지금 딱히 잘 쓰는 건 아니지만 앞으로 2년만 더하면 6학년 땐 좀 나아지지 않을까요?

초등 3, 4학년을 위한

잠수네
사회, 과학
공부법

4

초등 **3, 4** 학년을 위한

잠수네
사회공부법

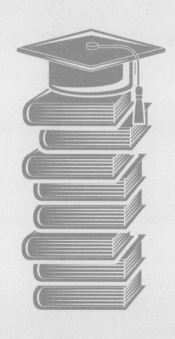

사회를
공부하기 전에

• • • •

사회는 우리 주변의 사회를 알아가는 과목입니다. 사회 속에서 어울려 살아가는 방법을 배우기도 하고요. 지금 아이들이 배우는 사회교과서는 부모 세대의 것에 비하면 많이 다릅니다. 사회가 복잡하고 다양해졌기 때문입니다. 내가 이 사회의 주인이라는 의식이 커지고, 컴퓨터나 인터넷 등 기술의 발달로 접하는 세계가 넓어진 까닭도 있습니다.

사회는 내가 알고 있는 것, 경험해본 것이 많으면 쉽게 다가옵니다. 그래서 체험을 많이 한 아이들은 사회교과서의 내용이 친숙합니다. 다양한 방면의 책을 읽은 경우에도 내용의 상당 부분을 알아 잘 모르는 부분만 조금 더 배우면 되니 사회공부가 쉽습니다. 아이들이 궁금해하는 사회의 여러 문제에 대해 같이 대화하는 집이라면 사회교과서의 주제들이 낯설지 않습니다. 반면 다양한 경험이나 배경지식이 없다면 사회가 어렵게 느껴집니다. 일상생활에서 생각해보지 않던 지리, 문화, 정치와 경제, 역사 등 낯선 분야를 공부할 뿐 아니라 평소 접해보지 못한 생소한 개념이나 어휘가 나오기 때문입니다.

사회는 전체를 보고 공부해야 하는 과목입니다. 왜 그런지, 어떻게 그렇게 됐는지 차근차근 생각해보면서 전체를 이해하면 암기에 도움이 됩니다. 자연스럽게 머릿속에도 오래 기억되고요. 이런 과정을 꾸준히 하다 보면 사회교과서의 내용이 상식으로 남습니다. 나중에 중고등학교 사회과목도 쉽게 공부할 수 있습니다. 그러나 무턱대고 외우면 시험이 끝나는 즉시 잊어버립니다. 매번 새로운 것을 외우려니 사회가 어려운 과목이 되고 맙니다.

아이가 사회를 쉽고 재미있는 과목이라고 느끼게 하려면 다음 3가지를 유념하면 됩니다.

1. 많이 경험한다.
2. 책으로 배경지식을 쌓는다.
3. 아이가 궁금해하는 일상의 문제에 대해 같이 이야기를 나눈다.

사회교과서 공부를 제대로 하는 것은 당연하겠죠?

사회교과서 구성과
편집 체계

● ● ●

초등 사회교과서는 학년별로 다음 내용을 담고 있습니다.

[3학년] 내가 사는 고장 알기

[4학년] 지역사회 알기('시'와 '도')

[5학년] 우리나라 알기(우리나라 역사)

[6학년] 세계 속의 우리나라 알기

3학년에서는 1학기에 '우리가 살아가는 곳', '이동과 의사소통', '사람들이 모이는 곳'을 배우고, 2학기에 '우리 지역, 다른 지역', '달라지는 생활 모습', '다양한 삶의 모습들'을 공부합니다. 사회가 쉬워지는 제일 좋은 방법은 체험입니다. 아이와 같이 동네를 다녀보세요. 경찰서, 구청, 주민센터, 은행, 시장 등 생활에 필요한 장소를 가보는 거죠. 버스나 전철을 타고 노선도도 같이 살펴보세요. 민속박물관에서 옛날 사람들의 모습을 살펴보기도 하고, 옛날 사람들의 생활모습을 담은 지식책을 읽게 해주세요. 처음 접하는 사회과목을 친근하게 느낄 수 있습니다.

4학년에서는 1학기에 '촌락의 형성과 주민 생활', '도시의 발달과 주민 생활', '민주주의와 주민 자치'를, 2학기에 '경제생활과 바람직한 선택', '사회 변화와 우리 생활', '지역 사회의 발전'을 배웁니다. 3학년에서 그림지도를 공부한 것을 바탕으로 4학년에서는 등고선 등 지도를 좀 더 깊게 공부합니다. 주변을 살피면 지도가 유용하게 쓰이는 곳이 있습니다. 지하철역 주변 지도, 자동차에 있는 내비게이션 지도, 산 입구의 등산로 안내지도 등을 아이와 자세히 보세요. 교과서에 지도가 나와도 낯설지 않습니다. 경제와 정치 영역은 아이들이 어렵게 느낄 수 있습니다. 실제 경제활동이 일어나는 시장, 마트에서 물건이 진열되기까지 어떤 과정을 거쳤을지 이야기를 나눠보거나, 알뜰시장에서 직접 중고물품을 판매하는 경험을 해보면 경제 단원을 이해하는 데 도움이 됩니다. 기초단체장 선거, 교육감 선거, 시장 선거, 국회의원 선거 등이 있을 때 아이들을 데리고 투표하러 가세요. 민주주의 절차를 체험해보는 소중한 기회입니다.

사회교과서의 각 단원은 〈단원 도입〉 → 〈주제학습〉 → 〈단원 정리〉로 이루어져 있습니다.

1. 단원명과 주제는 나침반입니다

교과서를 볼 때는 〈단원명〉과 단원의 〈주제〉를 늘 생각해야 합니다(단원 도입에 있는 〈학습내용〉은 이 단원에서 배울 주제를 다시 상기시키는 질문입니다). 3학년 1학기 1단원 '우리가 살아가는 곳'의 첫 번째 주제는 '우리 고장의 위치'입니다. 우리 고장의 위치를 알기 위해 주제학습에서 '위치가 무엇인지 알아봅시다', '고장의 위치를 여러 가지 방법으로 알아봅시다'를 공부합니다. 단원명과 주제를 생각하면서 공부하면 교과서의 내용을 좀 더 확실하게 이해할 수 있습니다.

2. 사회 관련 주요 용어는 굵은 글씨(볼드체)로 되어 있습니다

사회과목은 주요 용어를 정확하게 아는 것이 중요합니다. 3학년 1학기 1단원에 처음 나오는 주요 용어는 '위치'입니다. 국어사전에는 '일정한 곳에 자리를 차지함'으로 되어 있지만, 교과서에서는 '무엇이 어디에 있는지 나타내는 것'이라고 설명되어 있습니다. 아이들은 아무래도 교과서의 설명을 더 쉽게 이해합니다. 주요 용어의 뜻을 설명하는 문구에 밑줄을 긋도록 해주세요. 정확한 의미가 생각나지 않을 때 찾아볼 수 있도록요.

3. 사진, 그림, 도표, 지도는 매우 중요합니다

사회교과서에 사진, 그림, 지도, 그래프, 표 등의 자료가 많은 것은 글로 설명하기 어려운 부분을 쉽게 전달하기 위해서입니다. 그러나 대부분의 아이들은 글만 읽고 자료는 건성으로 봅니다. 자료를 간과하면 사회공부는 헛수고입니다. 자료 읽기를 잘해야 사회과목을 잘할 수 있습니다. 자료가 어떤 의미인지 주제나 설명글과 연결해서 생각하는 습관을 갖도록 해주세요.

4. 〈읽기자료〉는 이해가 우선입니다

〈읽기자료〉는 단원의 각 주제에 담긴 내용을 폭넓게 이해하도록 도와줍니다. 〈읽기자료〉의 제목은 질문 형식입니다. 질문의 답을 찾다 보면 전체 흐름을 이해하는 데 도움이 됩니다.

5. 〈할 수 있어요〉는 아이들이 하는 활동입니다

사회과목은 아이들이 다양한 활동을 하도록 되어 있습니다. 학교에서 숙제로 내주면 아이 스스로 하게 하세요. 처음에는 서툴러도 자꾸 하면서 익숙해지고 잘하게 됩니다.

6. 단원 맨 마지막의 〈정리 콕콕〉을 잘 활용하세요

〈정리 콕콕〉은 단원의 각 주제별로 중요 내용을 몇 줄로 요약 정리한 것입니다. 시험 때 총정리하는 용도로 활용하면 좋습니다.

사회교과서 공부 &
사회시험 준비

. . .

3학년에서 처음 사회과목을 배우면 걱정이 늘어갑니다. '국영수만 공부하기도 바쁜데 사회까지?' 하고요. 스스로 알아서 공부해주면 좋으련만 대부분의 아이들은 사회과목이 낯설기만 합니다.

사회는 다른 과목처럼 제대로 공부하지 않으면 구멍이 뻥 뚫립니다. 공부방법을 몰라 헤매다 보면 점수는 안 나오고 점점 힘든 과목으로 전락하고 맙니다. 처음 사회를 배우는 3, 4학년 때 공부방법을 익히도록 해주세요. 공부습관이 자리 잡으면 시간이 갈수록 부모가 도와주는 부분이 줄고 아이 스스로 공부하게 됩니다. 나중에 사회가 어려워져도 수월하게 공부할 수 있습니다.

사회를 공부할 때 요점정리를 잘 해놓은 참고서(전과, 자습서)를 반복해서 읽게 하거나 암기하는 것은 피해주세요. 당장 코앞의 시험은 잘 볼지 모르나 시험이 끝나는 순간 암기했던 내용이 기억에서 거의 사라지고 맙니다. 학년이 올라가면 더 많은 양을 처음부터 다시 암기해야 하는 악순환이 되풀이됩니다. 전과는 부모가 참고용으로 보세요. 교과서의 질문에 답을 찾기 어렵거나, 아이의 물음에 답변하기 힘들 때 찾아보는 용도로 활용하기 바랍니다.

사회공부는 교과서가 기본입니다. 교과서의 글과 자료를 이해하고 머릿속에 정리하는 것이 진짜 공부입니다. 교과서를 보면서 핵심내용이 무엇인지, 무엇이 더 중요하고 덜 중요한지 파악하는 능력을 키우면 기억에도 오래 남고 사고력도 자랍니다. 사회교과서 공부는 국어교과서의 설명문 학습과도 연계됩니다. 고등학생이 되면 많은 아이들이 국어의 비문학 지문독해를 힘들어합니다. 사회탐구 영역의 표, 그래프 해석이 안 돼서 쩔쩔매는 경우도 많습니다. 초등 3, 4학년 사회교과서 공부는 비문학 지문독해, 자료해석의 첫발을 떼는 것이나 마찬가지입니다.

사회교과서 공부는 이렇게⋯⋯

1. 사회교과서를 소리 내서 읽습니다

교과서로 공부하라고 하면 아이들은 본문만 대충 읽고는 다 읽었다고 합니다. 공부습관이 자리 잡을 때까지는 아이 옆에 앉아 교과서의 모든 내용을 소리 내서 읽도록 해주세요. 사회교과서는 단원명이나 주제,

학습내용 같은 단원의 핵심사항은 물론, 내용까지 꼼꼼하게 읽어야 합니다. 매 쪽마다 나오는 '~해봅시다, ~알아봅시다' 같은 학습목표도 꼭 읽게 하세요. 학습목표만 머릿속에 담아두면 공부의 반은 해결됩니다.

2. 그림, 사진, 지도, 그래프, 표는 본문과 연결해서 봅니다

사회교과서를 읽을 때는 본문뿐 아니라 그림, 사진, 지도, 말풍선, 그래프 등의 자료를 숨은그림찾기 하듯 빠짐없이 봐야 합니다. 자료는 단원명, 주제, 학습목표와 연결해서 어떤 의미인지 이해하면서 보도록 해주세요. 대부분의 아이들이 처음에는 자료 보기에 익숙하지 않습니다. 나중에 문제를 풀면서 자료를 어떻게 읽어야 할지 깨닫게 되지요. 자료 읽기가 익숙해지면 처음 볼 때와 2번째, 3번째 볼 때 매번 새로운 내용을 발견합니다.

3. 모르는 단어 뜻을 이해하도록 합니다

사회교과서에는 한자 용어들이 종종 섞여 나옵니다. 평소에 쓰지 않는 단어도 많습니다. 굵은 글씨(볼드체)로 된 주요 용어만 확실하게 이해해도 교과서 내용 이해가 쉽습니다. 주요 용어 외에 모르는 단어는 따로 표시해놓고 교과서를 보며 어떤 의미인지 찾아보게 하세요. 그래도 모르는 단어는 사전을 찾아 확실하게 알고 넘어가는 것이 좋습니다.

 ※ 사회교과서는 복습만 해도 충분해요.
 사회공부는 사회수업이 있는 날 집에 와서 학교에서 배운 내용을 이야기해

보는 것이 가장 이상적인 방법입니다. 부모에게 이야기해도 좋고, 인형이나 강아지한테 말해봐도 좋아요. 처음 할 때는 어색하기도 하고 시간도 좀 걸릴 수 있습니다. 그러나 몇 번 하다 보면 점점 시간이 줄어들고, 익숙해지면 그날 배운 내용을 짚어보는 데 5~10분 정도면 충분합니다. 이렇게 하는 것이 여의치 않으면 1~2주에 1번 정도라도 복습을 해두세요. 시험공부할 때 훨씬 수월합니다(사회교과서를 학교에 두고 다니면, 금요일에 집에 갖고 오게 하거나 1권 더 구입하는 것이 좋습니다).

사회시험 공부방법

1. 교과서를 전체적으로 꼼꼼하게 다시 읽으면서 모르는 단어가 없나 확인합니다.
2. 교과서의 질문에 답할 수 있는지 확인합니다.
3. 1번 더 읽으면서 모르는 단어, 답변 못한 질문, 꼭 필요한 개념을 짚어봅니다. 처음부터 외우려고 하지 마세요. 반복해서 읽다 보면 자연스럽게 아는 것이 하나둘 늘어갑니다.
4. 문제집을 푼 뒤 틀린 문제는 답을 보지 말고 교과서에서 답을 찾도록 해주세요. '아하, 이런 것이 문제로 나오는구나! 이런 것을 알아야 문제를 풀 수 있네?' 깨닫고 나면 다음번 교과서를 공부할 때 한결 수월해집니다.

※ 지금은 공부하는 방법을 알아가는 때입니다. 억지로 암기시켜서 100점을 맞기보다 하나씩 알아가며 조금씩 성장할 수 있도록 해주세요.

1단원. 우리가 살아가는 곳

[JK4] 코끼리 똥으로
종이를 만든 나라는?
(시공주니어)

[JK4] 지도는 보는 게
아니야, 읽는 거지!
(토토북)

[JK4] 초롱이와
함께 지도 만들기
(미래아이)

[JK4] 일과 사람
시리즈 (사계절)

[JK4] 우리 가족이
살아온 동네 이야기
(열린어린이)

[JK4] 지도를 따라가요
(웅진주니어)

[JK4] 내가 사는
곳은 바로 여기!
(웅진주니어)

[JK4] 마법의 지도야,
세상을 다 보여줘!
(초록아이)

[JK4] 세상을 담은
그림 지도 (보림)

[JK5] 신통방통 플러스
지도 (좋은책어린이)

[JK5] 세상을 보는 눈,
지도 (문학동네)

[JK5] 사회가
재미있는 그림 교과서
(한솔수북)

[JK5] 직업 옆에 직업
옆에 직업 (미세기)

[JK5] 지도 탐험대
(다산기획)

[JK5] 어린이를 위한
우리 나라 지도책
(아이세움)

[JK5] 10살에 떠나는
미래 직업 대탐험
(중앙북스)

[JK6] 우리 땅 기차
여행 (책읽는곰)

[JK6] 알면 보물
모르면 고물, 지도
(아르볼)

[JK6] 손수 지은 집:
세계 각지의 전통가옥
(현암사)

[JK6] 세상에 단
하나뿐인 지도
(북멘토)

2단원. 이동과 의사소통

[JK4] 달려라, 꼬마
보발꾼 (웅진주니어)

[JK4] 인터넷에 빠진
병아리 (담푸스)

[JK4] 신통방통 인터넷
세상 (웅진주니어)

[JK5] 옛사람들의
교통과 통신
(주니어중앙)

[JK5] 달구지랑
횃불이랑 옛날의 교통
통신 (해와나무)

[JK6] 이선비, 한양에
가다 (아이세움)

[JK6] 클릭, 세상을
바꾸는 통신 (아르볼)

[JK6] 우리 반 선플
특공대 (북스토리)

[JK6] 말 달리고 횃불
피우고 옛 교통과 통신
(주니어RHK)

[JK6] 떴다! 지식
탐험대 25: 160살
소년이 들려주는
교통과 통신 이야기
(시공주니어)

3단원. 사람들이 모이는 곳

[JK4] 우리나라 지도책
(상상의집)

[JK4] 우리나라 별별
마을 (웅진주니어)

[JK5] 방방곡곡 우리
특산물 (주니어중앙)

[JK5] 시골 장터
이야기 (진선출판사)

[JK5] 나의 사직동
(보림)

[JK5] 우리 옛 장날
(문학동네)

[JK6] 남대문의 봄
(책과함께어린이)

[JK6] 역사가 흐르는
강 한강 (웅진주니어)

[JK6] 한눈에 펼쳐보는
우리나라 지도 그림책
(진선아이)

[JK6] 세계의 모든 집
이야기 (상수리)

● 초등 3, 4학년을 위한 잠수네 사회공부법

초등 3학년 사회 연계도서 ─■ 3-2

1단원. 우리 지역, 다른 지역

[JK4] 물건을
사고 파는 곳 시장
(아이세움)

[JK5] 역사가 살아있는
남산 이야기 (마루벌)

[JK5] 신명 나는 우리
축제 (주니어중앙)

[JK5] 꼭 가 보고
싶은 역사 유적지
(주니어중앙)

[JK5] 나라의
자랑, 국보 이야기
(주니어중앙)

[JK5] 지도 들고
우리나라 한 바퀴
(마루벌)

[JK5] 우리나라가
100명의 마을이라면
(푸른숲주니어)

[JK5] 60억 인구
(삼성당)

[JK5] 열려라
남대문학교: 600년
전통의 숭례문 이야기
(창비)

[JK5] 백두에서
한라까지 우리나라
지도 여행 (사계절)

[JK6] 그래서 이런
지명이 생겼대요
(길벗스쿨)

[JK6] 한국사
탐험대 3: 교통 통신
(웅진주니어)

[JK6] 너는 어느
나라에서 왔니?
(초록개구리)

[JK6] 독도박물관
이야기 (리젬)

[JK6] 아하! 그땐 이런
문화재가 있었군요
(주니어김영사)

[JK6] 우리의
유네스코 세계유산
(과학동아북스)

[JK6] 한국사
탐험대 10: 대외 교류
(웅진주니어)

[JK6] 그래서 이런
문화유산이 생겼대요
(길벗스쿨)

[JK6] 귀신들의
지리공부 (조선북스)

[JK6] 우리 문화재
도감 (예림당)

2단원. 달라지는 생활 모습

[JK4] 이엉차! 땅에
집을 짓자꾸나
(대교출판)

[JK4] 너도나도 숟갈
들고 어서 오너라
(대교출판)

[JK4] 아름다운 우리
옷 (꿈꾸는달팽이)

[JK4] 북촌 나들이:
정겨운 한옥마을
(낮은산)

[JK4] 밥상마다
깍둑깍둑
(웅진주니어)

[JK4] 내가 진짜
조선의 멋쟁이
(웅진주니어)

[JK4] 북적북적 우리
집에 김장하러 오세요
(푸른숲주니어)

[JK5] 조상들은
어떤 도구를 썼을까
(주니어중앙)

[JK5] 가마솥과
뚝배기에 담긴
우리 음식 이야기
(해와나무)

[JK5] 빛깔 고운 우리
옷 이야기 (토토북)

[JK5] 놀자, 노세! 전통
놀이 이야기 (토토북)

[JK5] 신통방통 플러스
전통 의례 (좋은책
어린이)

[JK5] 김치네 식구들
(삼성당)

[JK5] 김치는 영어로
해도 김치 (푸른책들)

[JK5] 천년 지혜가
담긴 우리 음식 이야기
(토토북)

[JK5] 자연이 고스란히
담긴 우리 한옥
(주니어RHK)

[JK5] 마루랑 온돌이랑
신기한 한옥 이야기
(해와나무)

[JK6] 내가 원래
뭐였는지 알아?:
이야기로 배우는 옛날
살림살이 (창비)

[JK6] 옛날처럼 살아
봤어요 (사계절)

[JK6] 이선비, 한옥을
짓다 (아이세움)

3단원. 다양한 삶의 모습들

[JK4] 나의 첫 세계
여행 (계림북스)

[JK4] 출동! 마을은
내가 지킨다: 경찰
(사계절)

[JK5] 요리조리 맛있는
세계 여행 (창비)

[JK5] 나이살이
(문학동네어린이)

[JK5] 관혼상제,
재미있는 옛날 풍습
(주니어중앙)

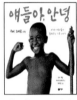
[JK5] 얘들아, 안녕
(비룡소)

[JK5] 너와 나는 정말
다를까? (푸른숲)

[JK5] 마법의
시간여행 27: 처음
맞는 추수 감사절
(비룡소)

[JK5] 신나게 자유롭게
뻥! (베틀북)

[JK5] 청사초롱이랑
꽃상여랑 관혼상제
이야기 (해와나무)

[JK5] 신나는 열두 달
명절 이야기
(주니어중앙)

[JK5] 지구마을 어린이
요리책 (한겨레아이들)

[JK6] 세계의 이민
이야기 (상수리)

[JK6] 지구촌의 불평등
(그린북)

[JK6] 그런 편견은
버려! (주니어RHK)

[JK6] 얼쑤 우리명절
별별 세계명절
(해와나무)

[JK6] 왕의 어린 왕비
(한솔수북)

[JK6] 세계지도로
보는 세계, 세계인
(계림북스)

[JK7] 둥글둥글 지구촌
관혼상제 이야기
(풀빛)

[JK7] 지구는
둥그니까 우리는 친구
(초록개구리)

1단원. 촌락의 형성과 주민 생활

[JK5] 강화도
(파란자전거)

[JK5] 여우골에 이사
왔어요 (창비)

[JK5] 갯마을 하진이
(보리)

[JK5] 콩 네 알 심는
아빠 (그린북)

[JK5] 갯벌 (우리교육)

[JK5] 강은 어떻게
흘러가나 (다산기획)

[JK6] 전교 네 명
머시기가 간다
(웅진주니어)

[JK6] 우리 역사를
그린 9가지
지도 이야기
(어린이작가정신)

[JK6] 세계를 바꾸는
착한 똥 이야기
(북멘토)

[JK6] 어린이가 지구를
구하는 50가지 방법
(우리교육)

[JK6] 밭에선 배추
뽑고 갯벌에선 조개
캐요 (와이즈아이)

[JK6] 룰루랄라
사회과부도 (청년사)

[JK6] 방과 후
사회교과서 3:
똑똑한 우리 지리
이야기 (대교출판)

[JK6] 지도로 만나는
우리 땅 친구들
(뜨인돌어린이)

[JK6] 지리 첫발
(문공사)

[JK6] 떴다! 지식
탐험대 10: 지도 소년
지오, 오라오라 섬을
구하라! (시공주니어)

[JK6] 안드로메다에서
찾아온 사회 개념 1:
촌락, 중심지, 교류
(과학동아북스)

[JK7] 손으로 그려
봐야 우리 땅을 잘
알지 (토토북)

[JK7] 미리 가 본
국립민속박물관
(한림출판사)

[JK7] 사회교과서도
신나하는 맛있는 지리
이야기 (청년사)

2단원. 도시의 발달과 주민 생활

[JK5] 어떻게 도시를 건설할까? (비룡소)

[JK5] 김수근: 자연과 사람의 만남을 꿈꾼 건축가 (파란자전거)

[JK5] 고기왕 가족의 나쁜 식탁 (스콜라)

[JK5] 책이 있는 마을 (파란자전거)

[JK5] 숨 쉬는 도시 꾸리찌바 (파란자전거)

[JK5] 우리 집 쓰레기통 좀 말려 줘 (스콜라)

[JK6] 2060년, 우리는 어떻게 살고 있을까? (초록개구리)

[JK6] 초등학생이 꼭 알아야 할 도시 이야기 33가지 (을파소)

[JK6] 위대한 발명품이 나를 울려요 (사계절)

[JK6] 한뫼벌 갈마바람 (대교출판)

[JK6] 어린이를 위한 한국의 문화유산 (영교출판)

[JK6] 쓰레기는 어떻게 재활용될까? (다산기획)

[JK7] 대한민국 도시 탐험 (아이세움)

[JK7] 세계를 바꾸는 착한 마을 이야기 (북멘토)

[JK7] 왜 너희만 먹는 거야? (풀빛미디어)

3단원. 민주주의와 주민 자치

[JK4] 우리 엄마는
청소노동자예요!
(고래이야기)

[JK5] 피자 반장
(푸른나무)

[JK5] 바쁘다 바빠,
우리 대통령 (아르볼)

[JK6] 오봉, 삼권분립
랜드에 가다 (북멘토)

[JK6] 잘못 뽑은 반장
(주니어김영사)

[JK6] 정치가 궁금할
때 링컨에게 물어봐
(아이세움)

[JK6] 사회는 쉽다 1:
왕, 총리, 대통령 중
누가 가장 높을까?
(비룡소)

[JK6] 떴다! 지식
탐험대 18: 도르프와
떠나는 민주주의 역사
여행 (시공주니어)

[JK6] 정정당당 선거
(과학동아북스)

[JK6] 정치가: 국민을
먼저 생각하는 일꾼
(다산교육)

[JK6] 나라의 주인은
바로 나 (아르볼)

[JK6] 대통령,
어디까지 아니?
(고래가숨쉬는도서관)

[JK6] 너구리 판사
퐁퐁이 (창비)

[JK6] 넬슨 만델라
(두레아이들)

[JK6] 정정당당
해치의 그렇지! 정치
(상상의집)

[JK6] 위기에 빠진
발랄라 공화국
민주주의를 부탁해
(한솔수복)

[JK7] 기호 3번
안석뽕 (창비)

[JK7] 질문을 꿀꺽
삼킨 사회 교과서:
정치편 (주니어중앙)

[JK7] 꼬불꼬불나라의
정치이야기
(풀빛미디어)

[JK7] 우리 민주주의가
신났어! (아이세움)

1단원. 경제생활과 바람직한 선택

[JK5] 10원으로 배우는
경제이야기 (영교출판)

[JK5] 들키고 싶은
비밀 (창비)

[JK5] 신통방통
플러스 시장과 경제
(좋은책어린이)

[JK5] 용돈은 항상
부족해! (리틀씨앤톡)

[JK5] 천 원은 너무해!
(책읽는곰)

[JK5] 부자되는
경제일기 (진선출판사)

[JK6] 광고의 비밀:
왜 자꾸 사고 싶을까?
(미래아이)

[JK6] 100원의 여행
(자람)

[JK6] 그래서 이런
경제가 생겼대요
(길벗스쿨)

[JK6] 나쁜 회사에는
우리 우유를
팔지 않겠습니다
(책속물고기)

[JK6] 돈이 많으면
행복할까?: 경제
(웅진주니어)

[JK6] 부자 될래,
가난뱅이 될래?
(영림카디널)

[JK6] 생명을 살리는
윤리적 소비 (상수리)

[JK6] 시장에 간
홍길동, 경제의 역사를
배우다 (파란자전거)

[JK6] 아하! 그땐 이런
경제생활을 했군요
(주니어김영사)

[JK6] 어린이를
참부자로 만드는 돈
이야기 (주니어김영사)

[JK6] 영차영차 생산과
산업, 나누어서 척척
분업 (북멘토)

[JK6] 예담이는 열두
살에 1,000만 원을
모았어요 (명진출판)

[JK6] 장바구니는 왜
엄마를 울렸을까?:
찾아라! 생활 속 숨은
경제 (풀빛)

[JK6] 유대인들은
왜 부자가 되었나
(문공사)

2단원. 사회 변화와 우리 생활

[JK5] 가방 들어주는
아이 (사계절)

[JK5] 우리 아빠는
피에로 (비룡소)

[JK5] 열린 마음
다문화 시리즈
(한솔수북)

[JK5] 나는 입으로
걷는다 (웅진주니어)

[JK5] 내 마음의 선물
(창해)

[JK5] 아빠 딸은
어려워 (한겨레아이들)

[JK5] 옛날엔 이런
직업이 있었대요
(주니어중앙)

[JK5] 우리는 몇
촌일까? (아이세움)

[JK6] 차이는 있어도
차별은 없어요
(웅진주니어)

[JK6] 먹통 가족의
소통 캠프 (길벗스쿨)

[JK6] 까매서 안 더워?
(파란자전거)

[JK6] 꽝포 아니야!
남북 공동 초등학교
(문원)

[JK6] 좀 다를 뿐이야
(미래아이)

[JK6] 경찰 오토바이가
오지 않던 날 (사계절)

[JK6] 지켜줘요 완전
소중한 인권 (아르볼)

[JK6] 돈, 너는
누구니? (현암사)

[JK6] 딱친구 강만기
(푸른숲주니어)

[JK6] 왜 사이좋게
지내야 해?
(웅진주니어)

[JK7] 아빠는 전업
주부 (비룡소)

[JK7] 커피우유와
소보로빵
(푸른숲주니어)

3단원. 지역 사회의 발전

[JK5] 늘보 가족,
검은 바다로 가다!
(아이앤북)

[JK5] 친절한 쌤
사회 첫걸음: 정치편
(주니어중앙)

[JK6] 강마을에
한번 와 볼라요?
(문학동네어린이)

[JK6] 그래서 이런
정치가 생겼대요
(길벗스쿨)

[JK6] 산골 마을
아이들 (창비)

[JK6] 서로 돕고
살아요 공동체
(상수리)

[JK6] 세상에서 가장
작은 논 (푸른책들)

[JK6] 출동! 도와줘요
공공기관 (아르볼)

[JK6] 초등학생
자원봉사: 나누고
즐겁고 행복하고!
(초록우체통)

[JK6] 내가 처음
만난 대한민국 헌법
(을파소)

[JK6] 세빈아, 오늘은
어떤 법을 만났니?
(토토북)

[JK6] 이재만
변호사의 리틀 로스쿨
(동아일보사)

[JK7] 어린이
시사마당: 정치
(주니어RHK)

[JK7] 아빠, 법이
뭐예요? (창비)

[JK7] 열두 살에
처음 만난 정치
(주니어김영사)

[JK5] 레몬으로 돈
버는 법 1, 2 (비룡소)

[JK5] 아이, 달콤해
(비룡소)

[JK5] 스마트폰 왕국
(파란정원)

[JK5] 천사 특공대,
공룡 선생님을 지켜라!
(길벗스쿨)

[JK5] 사고 싶은
게 너무 많아!
(초록개구리)

[JK5] 돈 잔치 소동
(문학동네어린이)

[JK5] 빨래 바구니,
꿈과 희망을 담아요!
(담푸스)

[JK5] 똥눌 때 보는
신문 (삼성출판사)

[JK5] 관을 짜는 아이
(가교)

[JK5] 숨 쉬는 도시
꾸리찌바 (파란자전거)

[JK5] 나는 자랑스러운
이태극입니다
(파란정원)

[JK5] 나누면 행복해요
(문학동네어린이)

[JK5] 고기왕 가족의
나쁜 식탁 (스콜라)

[JK5] 어느 날 우리
반에 공룡이 전학 왔다
(길벗스쿨)

[JK5] 암탉 한 마리
(키다리)

[JK5] 돈이 머니?
화폐 이야기 (톡)

[JK5] 지구촌 사람들의
별난 음식 이야기
(채우리)

[JK5] 쓰레기의 행복한
여행 (사계절)

[JK5] 금화 한 닢은
어디로 갔을까?
(개암나무)

[JK5] 왜 아껴 써야
해? (스콜라)

[JK6] 너구리 판사
퐁퐁이 (창비)

[JK6] 100원의 여행
(자람)

[JK6] 먹통 가족의
소통 캠프 (길벗스쿨)

[JK6] 적정기술:
세상을 행복하게 하는
작은 노력 (미래아이)

[JK6] 그런 법이
어딨어?! (상상의집)

[JK6] 토끼는 화장품을
미워해 (스콜라)

[JK6] 어린이를
위한 아마존의 눈물
(밝은미래)

[JK6] 세빈아, 오늘은
어떤 법을 만났니?
(토토북)

[JK6] 강치가 들려주는
우리 땅, 독도 이야기
(가문비어린이)

[JK6] 청라 이모의
오순도순 벼농사
이야기 (토토북)

[JK6] 그래서 이런
법이 생겼대요
(길벗스쿨)

[JK6] 화폐로 배우는
세계의 문화 1, 2
(가교)

[JK6] 여자는 힘이
세다!: 한국편 (교학사)

[JK6] 우리 집
물 도둑을 잡아라
(스콜라)

[JK6] 네 죄를 네가
알렸다! (한솔수북)

[JK6] 차이는 있어도
차별은 없어요
(웅진주니어)

[JK6] 부자 나라의
부자 아이, 가난한
나라의 가난한 아이
(아이세움)

[JK6] 법을 아는
어린이가 리더가 된다
(가문비어린이)

[JK6] 원더랜드 전쟁과
법의 심판 (한솔수북)

[JK6] 착한 소비가
뭐예요? (상상의집)

한국사 전반

[JK5] 안녕? 한국사
시리즈 (풀빛)

[JK5-역사일반]
큰 그림으로 보는
우리역사 (사계절)

[JK5-역사일반] 처음
나라가 생긴 이야기
(해와나무)

[JK6] 용선생의
시끌벅적한국사
시리즈 (사회평론)

[JK6] 역사스페셜
작가들이 쓴 이야기
한국사 시리즈
(한솔수북)

[JK6] 마법의 두루마리
시리즈 (비룡소)

[JK6] 재미있는 이야기
살아있는 역사 시리즈
(어린이작가정신)

[JK6] 역사 일기
시리즈 (사계절)

[JK6] 행복한 한국사
초등학교 시리즈
(휴먼어린이)

[JK6] 한국사 탐험대
시리즈 (웅진주니어)

[JK6] 그림으로
보는한국사 시리즈
(계림북스)

[JK6] 역사야,
나오너라! (푸른숲)

[JK6] 사회는 쉽다!:
모두 우리나라야!
(비룡소)

[JK6] 초등 저학년을
위한 처음 한국사
시리즈 (주니어RHK)

[JK6] 초등학교
선생님이 함께 모여 쓴
한국사 이야기 시리즈
(늘푸른아이들)

[JK6] 발로 배우는
우리 역사 시리즈
(아이세움)

[JK6] 처음으로
만나는 한국사 시리즈
(녹색지팡이)

[JK7] 신나는 노빈손
한국사 시리즈
(뜨인돌)

[JK7] 한국사
편지 시리즈
(책과함께어린이)

[JK7] 한눈에 펼쳐보는
한국사 연표 그림책
(진선아이)

우리문화

[JK4] 역사 속 우리
이야기 달마루 시리즈
(웅진주니어)

[JK4] 빛나는 유네스코
우리 유산 시리즈
(웅진주니어)

[JK4] 아름다운 우리
땅 우리 문화 시리즈
(파란자전거)

[JK5] 전통문화 즐기기
시리즈 (문학동네)

[JK5] 옛 물건으로
만나는 우리 문화
시리즈 (해와나무)

[JK5] 신통방통
우리나라 시리즈
(좋은책어린이)

[JK5] 오십 빛깔 우리
것 우리 얘기 시리즈
(주니어중앙)

[JK5] 우리 문화 첫발
(문공사)

[JK6] 한눈에 펼쳐
보는 전통문화 시리즈
(주니어RHK)

[JK6] 토토 우리문화
학교 시리즈 (토토북)

[JK6] 손에 잡히는 옛
사람들의 지혜 시리즈
(채우리)

[JK6] 소중한 우리
문화 지식여행 시리즈
(현문미디어)

[JK6] 속속들이
우리문화 시리즈
(웅진주니어)

[JK6-우리문화]
역사가 흐르는 강 한강
(웅진주니어)

[JK6] 내가 원래
뭐였는지 알아?:
이야기로 배우는 옛날
살림살이 (창비)

[JK6] 아하! 그땐
시리즈 (주니어김영사)

[JK6] 역사가 보이는
우리 문화 이야기
시리즈 (가나출판사)

[JK6] 한눈에 반한
우리 문화 20
(아이세움)

[JK7] 밥 힘으로
살아온 우리 민족
(아이세움)

[JK7] 우리 조상들은
얼마나 멋있게
살았을까? (청년사)

선사시대

[JK4] 고인돌
(웅진주니어)

[JK6] 구석기 시대
홍수 아이 (한솔수북)

[JK6] 석기 시대
아이들 (대교출판)

[JK6] 석기 시대로
떨어진 아이들
(비룡소)

[JK7]
한국생활사박물관 1:
선사생활관 (사계절)

고조선

[JK4] 단군 신화
(현암사)

[JK6] 고조선을
왜 비파형 동검의
나라라고 하나요?
(다섯수레)

[JK6] 고조선 건국신화
(한겨레아이들)

[JK6] 고조선 소년
우지기, 철기 공방을
지켜라 (사계절)

[JK7] 한민족 최초의
나라 고조선 이야기
(청년사)

삼국시대

[JK6] 삼국유사
(서울문화사)

[JK6] 어린이 삼국유사
시리즈 (주니어김영사)

[JK6] 삼국 역사
속 숨은 영웅들
(뜨인돌어린이)

[JK6] 사랑해요
삼국시대
(주니어김영사)

[JK7] 삼국시대
과학자들은 정말
대단해 (계림북스)

고구려

[JK4] 고구려 이야기
그림책 시리즈 (창비)

[JK5] 고구려 사람들은
왜 벽화를 그렸나요?
(다섯수레)

[JK6] 어린이박물관
고구려 (웅진주니어)

[JK6] 신화의 땅
고구려 (고래실)

[JK6] 벽화로 보는
고구려 이야기 (리젬)

백제

[JK5] 백제를 왜
잃어버린 왕국이라고
하나요? (다섯수레)

[JK6] 어린이박물관
백제 (웅진주니어)

[JK6] 금동대향로의
비밀 (한솔수북)

[JK6] 얘들아, 백제
여행 떠나 볼래?
(살림어린이)

[JK7] 백제
700년 동안 무슨
일이 있었을까
(주니어김영사)

신라

[JK4] 경주: 천 년의
이야기를 품은 땅
(파란자전거)

[JK5] 신라를 왜
황금의 나라라고
했나요? (다섯수레)

[JK6] 신라 천년의
도읍지, 경주 (그린북)

[JK7] 신라에서 온
아이 (와이즈아이)

[JK7] 마지막 왕자
(푸른책들)

가야

[JK6] 가야를 왜 철의
왕국이라고 하나요?
(다섯수레)

[JK6] 쉿, 우리 동네에
가야 무사가 살아요
(파란자전거)

[JK6] 가야사 이야기
(리젬)

[JK6] 가야 건국신화
(한겨레아이들)

[JK7]
한국생활사박물관 6:
발해 · 가야생활관
(사계절)

발해

[JK6] 발해를 왜
해동성국이라고
했나요? (다섯수레)

[JK6] 발해의 사신들
(한솔수북)

[JK6] 어린이박물관
발해 (웅진주니어)

[JK7] 아, 발해
(우리교육)

[JK7] 바람의 아이
(푸른책들)

고려

[JK5] 사라진
로켓 병기 신기전
(미래아이)

[JK6] 어린이박물관
고려 (웅진주니어)

[JK6] 어린이 고려사
시리즈 (주니어김영사)

[JK6] 고려 역사 속
숨은 영웅들
(뜨인돌어린이)

[JK7]
한국생활사박물관 7:
고려생활관 1 (사계절)

조선

[JK4] 창덕궁
(웅진주니어)

[JK5] 명량 해전의
파도 소리
(길벗어린이)

[JK6] 어린이
조선왕조실록 시리즈
(주니어김영사)

[JK6] 어린이박물관
조선 (웅진주니어)

[JK6] 차별을
뛰어넘은 조선 영웅들
(뜨인돌어린이)

근대

[JK5] 폭죽소리
(길벗어린이)

[JK5] 슬픈 미루나무
(봄봄)

[JK6] 가짜 독립투사의
가면을 벗겨라
(한솔수북)

[JK6] 조선이 품은
근대 국가의 꿈
(휴먼어린이)

[JK7] 다큐동화로
만나는 한국
근현대사 시리즈
(주니어김영사)

[JK4] 프리즐 선생님의
신기한 역사 여행
시리즈 (비룡소)

[JK4] 우리는 아시아에
살아요 (웅진주니어)

[JK4] 토끼와 거북이의
세계 일주 (비룡소)

[JK4] 세계 음식
지도책 (상상의집)

[JK4] 세계와 만나는
그림책 (사계절)

[JK4] 피라미드는
누가 만들었을까?
(아이세움)

[JK4] 호야와 곰곰이의
세계지도 여행
(계림북스)

[JK4] 나의 첫 세계
여행 (계림북스)

[JK4] This is 시리즈
(열린생각)

[JK4] 나의 첫 유럽
여행 (계림북스)

[JK4] 펠릭스의 세계
요리 여행 (사랑이)

[JK5] 마법의 시간여행
시리즈 (비룡소)

[JK5] 왜 그런지 정말
궁금해요 시리즈:
사회(세계)(다섯수레)

[JK5] 열린 마음
다문화 시리즈
(한솔교육)

[JK5] 요리조리 맛있는
세계 여행 (창비)

[JK5] 옛날 여자들은
어떤 옷을 입었을까?
(시공주니어)

[JK5] 이집트 미라
이야기 (미래아이)

[JK5] 지구마을 어린이
요리책 (한겨레아이들)

[JK5] 한자의 나라
중국 (비룡소)

[JK5] 얘들아, 안녕
(비룡소)

[JK5] 티베트 (마루벌)

[JK6] 좌충우돌
타임머신 세계여행
시리즈 (가나출판사)

[JK6] 지도로 만나는
세계 친구들 (뜨인돌)

[JK6] 지구마을 어린이
리포트 (한겨레아이들)

[JK6] 세계지도로
보는 세계, 세계인
(계림북스)

[JK6] 샌드위치
백작과 악어 스테이크
(아이세움)

[JK6] 세계의 모든 집
이야기 (상수리)

[JK6] 화폐로 배우는
세계의 문화 시리즈
(가교)

[JK6] 어드벤처북
시리즈 (작은책방)

[JK7] 노빈손
세계역사탐험 시리즈
(뜨인돌)

[JK7] 앗, 이렇게
생생한 역사가! 시리즈
(주니어김영사)

[JK7] 앗, 이렇게
생생한 역사 · 고전이!
시리즈 (주니어김영사)

[JK7] 꼬들꼬들
마법의 세계 음식책
(조선북스)

[JK7] 잔혹한 세계사
(문학동네)

[JK7] 동화 작가
조성자와 떠나는
시리즈 (시공주니어)

[JK7]
세계도시파노라마
시리즈 (국민서관)

[JK7] 옛 이야기로
읽는 세계 시리즈
(교학사)

[JK7] 세계를 사로잡은
지혜의 나라 티베트
이야기 (아이세움)

[JK7] 엄마의 역사
편지 (책과함께어린이)

[JK8] 교양있는
우리아이를 위한 세계
역사 이야기 시리즈
(꼬마이실)

박물관

국립중앙박물관
www.museum.go.kr
서울특별시 용산구
서빙고로 137

국립어린이민속박물관
www.kidsnfm.go.kr
서울특별시 종로구
세종로 1-1

경기도어린이박물관
www.gcmuseum.or.kr
경기도 용인시
기흥구 상갈로 6

서대문자연사박물관
namu.sdm.go.kr
서울특별시 서대문구
연희로32길 51

과학관

국립서울과학관
www.ssm.go.kr
서울특별시 종로구
창경궁로 185

국립과천과학관
sciencecenter.go.kr
경기도 과천시
상하벌로 110

국립중앙과학관
www.science.go.kr
대전광역시 유성구
대덕대로 481

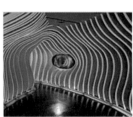

LG사이언스홀
www.lgscience.co.kr
서울특별시 영등포구
여의대로 128
부산광역시 부산진구
새싹로 165

초등 3, 4 학년을 위한

잠수네
과학공부법

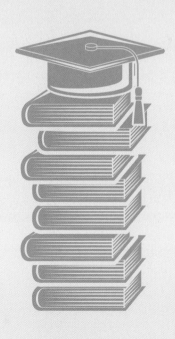

과학을
잘하려면?

• • • •

3학년 과학교과서를 처음 받아본 부모들은 깜짝 놀랍니다. 교과서 체계가 부모 때와 많이 달라서요. 용어와 설명이 어렵고, 교과서 구성이 복잡해서 아이 혼자 공부하기에는 벅차지 않을까 걱정스러운 마음도 살짝 듭니다. 아이가 과학을 재미있는 과목으로 생각하게 하려면 평소에 과학과 친근해지도록 하는 것이 우선입니다. 미리미리 준비해두면 아이들이 과학과 친해질 수 있습니다.

1. 생활에서 다양한 체험하기

과학교과서에 나오는 내용은 주변을 살펴보면 얼마든지 체험할 수 있는 것들이 대부분입니다. 봄나들이를 가면 파릇파릇 싹이 돋아나는 것도 관찰하고 개울가에 개구리 알은 없나 살펴보세요. 여름방학 때 계곡이나 강, 바다에 놀러 가면 물고기나 곤충을 잡아 관찰해보는 것도 좋습니다. 천문대가 있는 지역을 여행하면서 밤하늘의 별도 관측해보고요. 마트에 가면 수족관에 든 열대어도 보고 재래시장에 가서 소라, 멍게, 게, 바다가재나 여러 가지 생선도 구경해보세요.

2. 재미있는 과학책으로 과학에 한 걸음 다가가기

평소에 과학책을 많이 읽은 아이들은 과학지식이 풍부합니다. 주변 환경에 호기심을 갖고 관찰하고 탐구하기를 즐깁니다. 이런 아이들은 과학교과서가 재미있고 학교수업도 금방 이해합니다. 반면 과학책을 안 읽는 아이들은 과학에 관련된 지식이나 호기심이 적을 수밖에 없습니다. 자연스레 과학이 어렵고 지루한 과목이 돼버립니다. 아이가 지금 읽는 책보다 더 쉬운 수준으로 재미있는 과학책을 읽어주세요. 처음에는 그림이 많고 흥미로운 내용의 과학그림책이 좋습니다. 과학그림책에 흥미를 느끼면 그때 조금씩 글밥 있는 책으로 넘어가세요.

3. 과학관, 자연사박물관에 놀러 가서 과학과 친해지기

과학관, 자연사박물관에는 신기한 실험이나 모형, 사진들이 가득합니다. 아이들은 이것저것 눌러보기도 하고, 직접 체험도 해보면서 여러 가지 과학현상에 대해 알게 됩니다. 방학 때 정기적으로 과학관에 가보세요. 여러 번 봐서 익숙한 것도 있지만, 똑같은 전시물이라도 새롭게 다가오기도 합니다. 과학원리는 본체만체하고 신나게 노는 아이를 보며 과연 얼마나 도움이 될까 의아하겠지만 그래도 괜찮습니다. 수영을 배울 때 물과 친해지는 것이 먼저인 것처럼 과학에 친숙해지는 것이 우선이니까요. 대신 아이가 어느 분야에 흥미를 갖나 유심히 살펴본 후, 해당 분야의 쉬운 책을 구해 읽어주세요. 한번 본 내용이 책에 나오면 아이도 귀를 쫑긋하며 듣게 됩니다.

> **어드바이스**

과학을 좋아하는 아이라면……

① 과학실험을 해보세요

과학실험은 아이들의 호기심과 관심을 자극합니다. 그러나 소수를 제외하고는 대부분의 아이들에게 과학실험은 신기한 마술 정도일 뿐입니다. 정말 과학을 좋아한다면 과학관이나 과학학원의 실험교실에 다니거나, 방학 때 과학캠프에 보내보세요. 집에 초등학생용 간단한 실험방법을 담은 책과 실험도구를 갖추고 직접 실험을 해보고 기록을 남기는 것도 좋습니다.

② 과학잡지를 보여주세요

과학에 관심 있는 아이라면 과학잡지를 보는 것이 도움이 됩니다. 최신 과학뉴스, 아이들의 호기심을 불러일으키는 기사나 실험이 들어있기 때문입니다. 《과학소년》,《어린이 과학동아》등 여러 가지 어린이 과학잡지가 있습니다. 처음부터 덜컥 정기구독하지 말고 1권씩 살펴본 후, 아이 취향이나 수준에 맞는 것을 보여주세요.

과학 학습만화는 다방면의 책을 잘 읽는 아이에게만 유용합니다

과학 학습만화를 읽으면 약간의 과학 지식을 얻는 대신 잃는 것이 훨씬 더 많습니다. 평소에 책을 잘 안 읽는 아이라면 자극적인 만화에 빠져 글밥이 많은 책을 더 외면하게 됩니다. 글을 읽어야 어휘와 독해력이 느는데, 만화만 본다면 과학이 점점 더 어려운 과목이 되고 맙니다. 과학교과서에 나오는 어려운 단어와 문장을 이해 못해서지요. 책을 안 읽는다면 학습만화가 아니라, 쉬운 창작책부터 읽는 것이 해법입니다.

과학교과서 구성과
편집체계

. . . .

과학교과서는 주교재인 교과서와 부교재인 실험관찰책 2권입니다. 과
학교과서는 여러 가지 탐구활동을 하면서 주요 개념을 이해하도록 짜
여졌습니다.

3학년 1학기에는 '우리 생활과 물질', '자석의 이용', '동물의 한살이',
'지표의 변화'를 배웁니다. 2학기에는 '동물의 생활', '지층과 화석', '액
체와 기체', '소리의 성질'을 공부합니다.

4학년에서는 1학기에 '무게 재기', '식물의 한살이', '화산과 지진', '혼
합물의 분리'를 배우고, 2학기에 '식물의 생활', '물의 상태 변화', '거울
과 그림자', '지구와 달'을 공부합니다.

물질, 에너지, 생명, 지구라는 4개 분야를 골고루 돌아가면서 6학년
까지 배우고 나면, 중학교에서는 같은 내용을 좀 더 심화해서 배웁니다.

고등학교 역시 심화의 정도가 다를 뿐입니다.

〈과학교과서〉

과학교과서의 각 단원은 〈단원 도입〉→〈본문〉→〈과학 이야기〉로 이루어져 있습니다.

1. 맨 앞의 〈기초 탐구활동 익히기〉와 〈재미있는 나의 탐구〉

1학기에는 〈기초 탐구활동 익히기〉에서 '관찰, 측정, 분류, 추리, 예상, 의사소통'과 같은 탐구활동 방법을 배웁니다. 2학기에는 〈재미있는 나의 탐구〉에서 '나만의 탐구주제를 정해 계획을 세운 후, 실행한 결과를 보고서로 쓰고 발표'까지 하도록 합니다.

2. 〈학습목표〉와 〈탐구활동〉

본문 좌측 상단의 〈학습목표〉에 맞춰 〈탐구활동〉과 〈해보기〉를 하도록 되어 있습니다. 주요 용어는 굵은 글씨(볼드체)로 되어 있습니다. 이 용어는 수학의 개념처럼 확실히 알아야 합니다.

〈실험관찰〉

실험관찰책은 과학교과서의 부교재입니다.

1. 과학교과서 활동 기록과 확인

과학교과서에 제시된 〈탐구활동〉, 〈해보기〉를 공부하는 과정과 그 결과를 기록합니다. 탐구활동과 같이 나오는 〈되짚어보기〉로 주요 용어나 개념을 확인할 수 있습니다.

2. 단원정리와 확인

〈정리하기〉는 그 단원에서 배운 것을 깔끔하게 도표로 정리한 것입니다. 〈확인하기〉에는 '기초-발전-심화'의 3단계 문제가 나옵니다.

과학교과서 공부 &
과학시험 준비

• • •

과학공부 역시 교과서가 기본입니다. 처음 과학교과서를 보면 '무엇을 공부하라는 거야?' 하며 갸우뚱할 수 있습니다. 교과서의 단원명과 학습목표를 중심으로 실험관찰책과 연계해서 차분히 들여다보세요. 과학교과서에서 무엇을 중점적으로 다루는지 알 수 있습니다. 참고서(전과, 자습서)는 말 그대로 참고용입니다. 교과서와 실험관찰책으로 공부하며 잘 모르는 내용이 있을 때 참고하는 것이 좋습니다.

과학교과서 공부는 이렇게……

1. 과학교과서를 소리 내서 읽습니다

아이 스스로 공부하는 습관이 자리 잡힐 때까지는 과학교과서를 소리 내서 읽는 것이 좋습니다. 과학교과서는 '대단원-중단원-학습목표'의 흐름으로 되어 있습니다. '~알아봅시다, ~하여 봅시다'와 같은 교과서 좌측 상단의 큰 제목이 학습목표입니다. 교과서를 읽을 때는 단원 제목은 물론 대단원 도입 부분의 작은 글씨로 된 질문, 중단원 제목 아래의 작은 글씨, 각 장의 학습목표와 탐구활동, 과학 이야기까지 빼먹지 말고 읽습니다.

2. 탐구활동은 각 장의 학습목표와 연관 지어 읽습니다

수업시간에 탐구활동을 했어도 왜 했는지 모르는 아이들이 대부분입니다. 탐구활동을 하는 이유는 단원명이나 학습목표에 다 나와 있습니다. 탐구활동을 읽을 때는 '무엇을 알려고 하는 거지?' 생각하도록 일깨워주세요. 그림, 사진, 표를 볼 때는 학습목표와 주요 용어를 생각하며 꼼꼼하게 봐야 합니다.

3. 모르는 단어 뜻을 이해하도록 합니다

과학교과서에는 한자어나 평소 쓰지 않는 어려운 단어가 많이 나옵니다. 주요 용어는 물론, 읽으면서 모르는 단어는 따로 표시해두고 사전을 찾아 확실하게 알도록 해주세요.

4. 실험관찰책에서 교과서와 연계된 부분에 답을 해봅니다

과학교과서의 탐구활동을 보며 실험관찰책의 질문에 답해보세요. 빈칸에 답을 다 적을 수 있으면 교과서의 개념과 탐구활동을 이해했다고 보면 됩니다. 단, 실험관찰책의 질문에 답을 못 쓴다고 전과(자습서)에서 답을 베껴 쓰게 하지 마세요. 틀리더라도 직접 써보는 것이 중요합니다. 전과는 아이의 답과 비교해보는 용도로 활용하세요. 비슷한 답이면 좀 더 정확한 답이 어떤 것인지 생각해보게 하고, 틀리다면 알고 있는 것과 어떻게 다른지 비교하며 읽도록 하는 것이 좋습니다.

5. 교과서 내용 중 관심을 보이거나 잘 모르는 부분은 관련 책을 찾아보세요

아이가 관심 있는 분야의 책을 찾아 읽으면 과학에 대한 흥미도 높일 수 있고 더 많은 과학지식을 갖출 수 있습니다. 과학교과서만으로 이해가 잘 안 되는 영역은 관련 책을 읽도록 해주세요. 교과서 내용을 쉽게 이해할 수 있습니다.

※ 교과서에 나온 실험을 집에서 일일이 해보기에는 여력이 많지 않습니다. 그러나 학교에서 너무 재미있게 해서 아이가 해보고 싶어하거나, 안 하고 넘어가서 꼭 해보고 싶어하면 원하는 대로 해주세요. 직접 실험하면 실험한 내용을 오래 기억할 수 있고, 과학에 대한 흥미도 높일 수 있습니다.

※ 과학은 학교에서 배운 후 복습하는 정도면 충분합니다. 학교 수업이 있는 날 집에 와서 배운 것을 이야기해보는 것이 가장 이상적이겠지만, 여의치 않으면 1~2주 단위로 주말에 복습을 하도록 해주세요. 한 단원이 끝나면 문제를 풀어본 뒤 어디를 더 공부해야 하는지 알아두면 나중에 시험공부할 때 편합니다.

과학시험 준비

1. 교과서와 실험관찰책을 꼼꼼하게 공부합니다

질문에 답을 하면서 잘 모르는 부분은 참고서를 보며 확인합니다. 모르는 단어가 없는지도 살펴봅니다. 두꺼운 글씨로 된 주요 용어는 물어보면 바로 대답할 수 있을 정도로 확실하게 알아야 합니다.

2. 문제집을 풀면서 구멍을 메꿉니다

교과서와 실험관찰책 공부를 충분히 한 후, 문제집을 풀어봅니다. 틀린 문제는 답을 보지 말고 한 번 더 생각하도록 해주세요.

1단원. 우리 생활과 물질

[JK4] 우리 집은
자연박물관
(고래이야기)

[JK4] 금속은 어디에?
(웅진주니어)

[JK4] 고무랑 놀자
(웅진주니어)

[JK4] 플라스틱
공장에 놀러 오세요
(웅진주니어)

[JK4] 데굴데굴 공을
밀어 봐 (웅진주니어)

[JK4] 단단하고
흐르고 날아다니고
(웅진주니어)

[JK5] 우리가
자동차를 만들었어요
(웅진주니어)

[JK5] 킹콩 신발
만들기 대작전: 초등
과학 3학년 (대교출판)

[JK5] 뜨거운 것과
차가운 것 (승산)

[JK5] 3학년
스토리텔링 과학동화
(예림당)

2단원. 자석의 이용

[JK4] 흥미롭고
창의적인 방법으로
처음 과학을 배워요 4
(세상모든책)

[JK4] 과학동화로
크는 아이 2:
빛 · 자석 · 전기
(소년한길)

[JK5] 나침반
(길벗어린이)

[JK5] 자석 인간 마티
(을파소)

[JK5] 자석 총각
끌리스 (해와나무)

[JK6] 자석은 마술쟁이
(주니어김영사)

[JK6] 밀고 당기는
자석 (이치사이언스)

[JK6] 자석 수수께끼를
풀어라 (비룡소)

[JK6] 자석과 전자석,
춘천가는 기차를 타다
(북멘토)

[JK6] 초등학교
선생님이 알려주는
교과서 속 실험관찰
(길벗스쿨)

3단원. 동물의 한살이

[JK4] 권혁도 세밀화
그림책 시리즈
(길벗어린이)

[JK4] 알과 씨앗
(아이세움)

[JK4] 세밀화로 보는
왕잠자리 한살이
(길벗어린이)

[JK4] 꼬물꼬물 땅속
작은 벌레 (다림)

[JK4] 개미 지옥에
빠진 돼지: 곤충의
한살이 (내인생의책)

[JK5] 새 생명이 색색
숨 쉬는 알 이야기 (톡)

[JK5] 나비의 과거는
묻지 말아 줘!
(밝은미래)

[JK5] 집요한 과학씨:
성장의 신비를 벗기다
(웅진주니어)

[JK6] 공부가 되는
파브르 곤충기
(아름다운사람들)

[JK6] 우리와 함께
살아가는 동물이야기
(아이세움)

4단원. 지표의 변화

[JK3] 침대 밑에는
뭐가 있을까? (그린북)

[JK4] 지렁이
울음소리를 들어 봐!
(창비)

[JK4] 흙 (풀빛)

[JK4] 꿈틀꿈틀 흙이
있어요 (웅진주니어)

[JK4] 꾸물꼬물
지렁이를 키워봐
(대교출판)

[JK5] 사하라 사막
(비룡소)

[JK5] 땅 파다가
콩구멍에 흙 들어간
두더지의 지구 이야기
(종이책)

[JK5] 생명의 보물
창고 우리 생태지
(주니어중앙)

[JK6] Science
신비한 지구 속으로
(아이앤북)

[JK6] 늪은 누가
만들었나 (다산기획)

1단원. 동물의 생활

[JK4] 명품 가방
속으로 악어들이
사라졌어
(와이즈만북스)

[JK5] 우리 동네 자연
관찰 (사계절)

[JK5] 집요한 과학씨:
동물 행동을 관찰하다
(웅진주니어)

[JK5] 공벌레
박사의 곤충 관찰기
(바다출판사)

[JK5] 사라지는 동물의
역사 (문학동네)

[JK5] 사계절 생태
도감 (사계절)

[JK5] 우리와 함께
살아가는 곤충이야기
(아이세움)

[JK5] 신통방통
플러스 동물 이야기
(좋은책어린이)

[JK5] 봄이의
동네 관찰 일기
(길벗어린이)

[JK5] 고래는 왜
바다로 갔을까 (창비)

[JK5] 지구에서 가장
독한 동물들 (비룡소)

[JK5] 곤충 없이는 못
살아 (토토북)

[JK6] 꿈틀꿈틀 꼼지락
무척추동물 (토토북)

[JK5] 동화로 읽는
시튼 동물기 시리즈
(파랑새어린이)

[JK5] 사냥을 하는
동물들: 동물의 공격과
방어 (다산어린이)

[JK6] 하늬와 함께
떠나는 갯벌 여행
(창조문화)

[JK6] 우리 한강에는
무엇이 살까?
(청어람미디어)

[JK6] 흙 속의 작은
우주 (사계절)

[JK6] 동물 탐험
(다섯수레)

[JK6] 멸종동물 얘기
좀 들어볼래? (토토북)

2단원. 지층과 화석

[JK4] 지구는 커다란
돌덩이 (웅진주니어)

[JK4] 지구의 나이테
(아이세움)

[JK4] 지구는 대단해
(아이세움)

[JK4] 공룡의 똥을
찾아라! (책빛)

[JK5] 지구 속은
어떻게 생겼을까?
(청어람미디어)

[JK5] 공룡상상:
화석이 보여주는 공룡
이야기 (영교출판)

[JK5] 집요한 과학씨:
빙글빙글 화석 속으로
들어가다 (웅진주니어)

[JK5] 지구에 새겨진
역사 화석과 암석
(시공주니어)

[JK5] 세상의 온갖
돌들 (비룡소)

[JK5] 화석이 된
빅 마마 (밝은미래)

[JK5] WHAT?
초등과학편 15: 화석과
지층 (왓스쿨)

[JK5] 화석이 맺어 준
우정 (을파소)

[JK5] 암석과 광물
(키즈돔)

[JK5] 집요한 과학씨:
돌멩이를 찾아 떠나다
(웅진주니어)

[JK6] 우리의 행성
지구는 안녕한가요?
(다섯수레)

[JK6] 화석 탐정, 공룡
화석의 비밀을 풀어라!
(봄나무)

[JK6] 떴다! 지식
탐험대 30: 지구가
요동친다, 과학 탐정
출동! (시공주니어)

[JK6] 그런데요,
공룡은 어디로
갔나요? (토토북)

[JK6] 화석 오래된 내
친구야 (꿈소담이)

[JK6] 떴다! 지식
탐험대 15: 지층이와
단층이, 지질 시대로
출동! (시공주니어)

3단원. 액체와 기체

[JK3] 물은 어디서
왔을까? (길벗어린이)

[JK3] 물방울의 모험
(담푸스)

[JK4] 집에서
해보는 교과서 실험
(크레용하우스)

[JK4] 흠~ 흠 공기가
있어요 (웅진주니어)

[JK4] 동실둥실 공기랑
날아 봐 (대교출판)

[JK5] 신기한 스쿨
버스: 지구 온난화를
막아라! (비룡소)

[JK5] 킹콩 신발
만들기 대작전: 초등
과학 3학년 (대교출판)

[JK6] 돼지 삼총사
보글보글 화학 레시피
(다림)

[JK6] 기체, 태양계로
드라이브 떠나다
(북멘토)

[JK6] 뱀파이어의
미스터리 실험과학
(글송이)

4단원. 소리의 성질

[JK4] 빛 속으로
날아간 돼지: 빛과
소리 (내인생의책)

[JK4] 소리 박물관
(교학사)

[JK4] 딩동댕동 소리
실험실 (비룡소)

[JK4] 소리가 움직여요
(웅진주니어)

[JK5] 시끌벅적 소리
쿵짝쿵짝 음악: 소리의
과학 (주니어김영사)

[JK5] 큰 소리와 작은
소리 (승산)

[JK5] WHAT?
초등과학편 13: 빛과
소리 (왓스쿨)

[JK5] 에디슨: 빛과
소리의 마법사
(주니어RHK)

[JK6] 공기를
타고 달리는 소리
(웅진주니어)

[JK6] 쿵! 소리로
깨우는 과학 (다림)

1단원. 무게 재기

[JK5] 원자부터
우주까지 측정의 기술
(비룡소)

[JK5] 술술 읽으면
개념이 잡히는
통합교과 수학책 4:
길이 측정, 무게와
부피 측정 (계림북스)

[JK5] 뉴턴: 달이
지구로 떨어지고
있다니! (길벗어린이)

[JK5] 놀이동산에서
뉴턴 찾기 (을파소)

[JK5] 우리
수학놀이하자! 4:
길이와 무게
(주니어김영사)

[JK6] 공이 굴러가지?
그게 물리야! (토토북)

[JK6] 나를 끌어당기는
힘, 중력! (한림출판사)

[JK6] 무게가 없는
무중력 (이치사이언스)

[JK6] 몸무게가
줄어드는 달
(이치사이언스)

[JK6] 중력이 우리를
끌어당긴다고?
(주니어김영사)

[JK6] 정말이야? 중력
(명진출판)

[JK6] 천하무적
물리 쾌도 홍길동
(함께읽는책)

[JK6] 돼지 삼총사
와글와글 물리 캠프
(다림)

[JK6] 초등학교
선생님이 알려주는
교과서 속 물리
(길벗스쿨)

[JK7] 내일은
실험왕 2: 힘의 대결
(아이세움)

2단원. 식물의 한살이

[JK4] 우리 교실에 벼가 자라요 (살림어린이)

[JK5] 과일과 채소를 어떻게 키우지? (비룡소)

[JK5] 풀이 좋아 (보리)

[JK5] 작지만 단단한 꿈 씨앗 (푸른숲)

[JK5] 내 이름은 파리지옥 (해그림)

[JK5] 식물과 함께 놀자 (비룡소)

[JK5] 호미 아줌마랑 텃밭에 가요 (보리)

[JK6] 내가 키운 채소는 맛있어! (한림출판사)

[JK6] 씨앗박사 안완식 우리 땅에 생명을 싹 틔우다 (청어람미디어)

[JK6] 민들레 씨앗에 낙하산이 달렸다고? (시공주니어)

[JK6] 꼬마 정원 (미래사)

[JK6] 나무 의사 큰손 할아버지 (사계절)

[JK6] 우리 동네 숲에는 무엇이 살까? (청어람미디어)

[JK6] 콩 농사짓는 마을에 가 볼래요? (철수와영희)

[JK6] 식물 학교에 오세요! (북멘토)

[JK6] 우리와 함께 살아가는 식물 이야기 (아이세움)

[JK6] 떴다! 지식 탐험대 2: 식물에 숨어 있는 비밀을 찾아라! (시공주니어)

[JK6] 아파트 옆 작은 논 (창비)

[JK6] 신기한 식물일기 (미래사)

[JK7] 꿈꾸는 씨앗 이야기 (산하)

3단원. 화산과 지진

[JK5] 거문오름의
동굴들 (웅진주니어)

[JK5] 부글부글 땅속의
비밀 화산과 지진
(웅진주니어)

[JK5] 거대한 불꽃
화산 (시공주니어)

[JK5] 화산이
들썩들썩! 백두산이
폭발한다면?
(살림어린이)

[JK5] 지구가
흔들흔들! 해운대에
지진이 일어난다면?
(살림어린이)

[JK5] 지진 해일이
왜 일어날까요?
(다섯수레)

[JK5] 지진 해일
(사계절)

[JK5] 화산은 왜
폭발할까? (비룡소)

[JK5] 지구의 뚜껑을
열면 무엇이 있을까?
(대교출판)

[JK5] 척척박사
과학교실
(주니어김영사)

[JK5] 지구의 나이는
몇 살인가요?
(다섯수레)

[JK5] 폼페이의 마지막
시간 (을파소)

[JK5] 무서운 지진
해일 (비룡소)

[JK6] 살아 있는
백두산 (과학동아북스)

[JK6] 대륙이 꿈틀
바다가 빙그르르
(아르볼)

[JK6] 대지진이 나던
날 (자유로운상상)

[JK6] 갈라파고스:
섬의 탄생과 생물의
진화 이야기 (스콜라)

[JK6] 화산은 어떻게
폭발할까? (다산기획)

[JK7] 별똥별 아줌마가
들려주는 화산 이야기
(미래아이)

[JK7] 재미있는
화산과 지진 이야기
(가나출판사)

4단원. 혼합물의 분리

[JK3] 맛있는
구름콩: 두부 이야기
(국민서관)

[JK4] 케이크에
먹히다: 부엌에서 찾는
화학의 원리 (비룡소)

[JK4] 뿡뿡 방귀도
혼합물이야!
(웅진주니어)

[JK5] 쓰레기
반장과 지렁이 박사
(키위북스)

[JK5] 달콤 쌉쌀한
설탕의 진실
(풀과바람)

[JK5] 아찔아찔 화학,
황금 비밀을 찾아라!
(한솔수북)

[JK5] 화끈화끈
화학 번쩍번쩍
반응: 생활 속 화학
(주니어김영사)

[JK5] WHAT?
초등과학편 14: 물질의
혼합과 산과 염기
(왓스쿨)

[JK5] 신선하고 맛있는
우유 (비룡소)

[JK5] 소금을 조심해
(아이세움)

[JK6] 돼지 삼총사
보글보글 화학 레시피
(다림)

[JK6] 화학아 화학아
나 좀 도와줘 (삼성당)

[JK7] 앗, 이렇게
재미있는 과학이!:
화학이 화끈화끈
(주니어김영사)

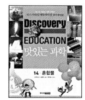

[JK7] 디스커버리
에듀케이션 맛있는
과학: 혼합물
(주니어김영사)

[JK8] 혼합물 분리
(성우주니어)

초등 4학년 과학 연계도서 — 4-2

1단원. 식물의 생활

[JK5] 꽃들이
들려주는 옛이야기
(한겨레아이들)

[JK5] 우리 국토
수놓은 식물 이야기
(주니어중앙)

[JK5] 벌레잡이 식물의
비밀 (진선출판사)

[JK5] 열두 달 나무
이야기 (풀빛)

[JK6] 세상에서 젤
푸릇푸릇한 식물책
(웅진씽크하우스)

[JK6] 초등학생이 가장
궁금해하는 소중한
우리꽃 이야기 30
(하늘을나는교실)

[JK6] 초등학생이 가장
궁금해하는 숨겨진
식물 이야기 30
(하늘을나는교실)

[JK6] 식물의 세계는
신비로워라! (채우리)

[JK6] 나무들이
재잘거리는 숲 이야기
(풀과바람)

[JK6] 생명의 나무
(비룡소)

[JK6] 신기하고 특이한
식물이야기 (오늘)

[JK6] 늘 푸른 우리
소나무 (해와나무)

[JK6] 식물,
어디까지 아니?
(고래가숨쉬는도서관)

[JK6] 오자마자
가래나무 방귀 뀌어
뽕나무 (주니어김영사)

[JK6] 재미있는 숲
이야기 (다른세상)

[JK6] 나무가 좋아지는
나무책 (다른세상)

[JK6] 풀꽃과 친구가
되었어요 (창비)

[JK6] 아름다운 사진과
이야기가 있는 풀꽃
이야기 (예림당)

[JK6] 이렇게나 똑똑한
식물이라니! (토토북)

[JK7] 재미있는 식물
이야기 (가나출판사)

2단원. 물의 상태 변화

[JK5] 물 한 방울
(소년한길)

[JK5] 돌고 도는
소중한 물 (푸른숲)

[JK6] 물고기도
아프다! (물과바람)

[JK6] 물을 물로 볼 수
없는 세상 (물과바람)

[JK6] 수돗물은 어디서
왔을까? (다산기획)

[JK6] 초등학생이 꼭
알아야 할 물 이야기
33가지 (을파소)

[JK6] 변신 재주꾼 물
이야기 (밝은미래)

[JK6] 꽁꽁! 영하
10도에서 대탈출
(휴이넘)

[JK6] 똑똑
융합과학씨, 물을
생각해요 (스콜라)

[JK7] 디스커버리
에듀케이션
맛있는 과학 2:
고체·액체·기체
(주니어김영사)

3단원. 거울과 그림자

[JK4] 비룡소 홈
사이언스: 번쩍번쩍 빛
실험실 (비룡소)

[JK4] 꼬마 과학자의
맛있는 실험: 거울
놀이 (아이세움)

[JK5] 영재과학 물리 1:
빛과 어둠 (승산)

[JK5] 뒤죽박죽 마리
퀴리, 라듐을 찾아봐요
(디딤돌)

[JK6] 반사하고
굴절하는 빛
(이치사이언스)

[JK6] 빛에
에너지가 있다고?
(주니어김영사)

[JK6] 세상을
꾸민 요술쟁이 빛
(웅진주니어)

[JK6] 앗, 이렇게
신나는 실험이!:
번쩍번쩍 빛 실험실
(주니어김영사)

[JK6] 똑똑
융합과학씨, 빛과
놀아요 (스콜라)

[JK7] 빛의 모든
것을 알려주는 책
(웅진주니어)

4단원. 지구와 달

[JK4] 갈릴레오,
목성의 달을 발견하다
(비룡소)

[JK5] WHAT?
초등과학편 2: 지구와
달은 얼마나 친할까?
(왓스쿨)

[JK5] 하늘은 왜
파랗죠? (풀과바람)

[JK5] 밤 하늘의 신비
달 (시공주니어)

[JK5] 마귀할멈 지구
속으로 사라지다
(채우리)

[JK5] 재미있는 우주
과학 캠프: 달 (미세기)

[JK6] 지구의 마법사
공기 (풀빛)

[JK6] 별똥별 아줌마
우주로 날아가다
(웅진주니어)

[JK6] 우주를 누벼라
(사파리)

[JK6] 달: 지구의
하나뿐인 위성
(열린어린이)

[JK6] 우주 탐험,
별에서 파티를! (책빛)

[JK6] 우주는
어떻게 생겼을까?
(청어람미디어)

[JK6] 지구는 오늘도
바빠요! (토토북)

[JK6] 달 이야기 (승산)

[JK6] 초등학생이
가장 궁금해하는 살아
있는 지구 이야기 30
(하늘을나는교실)

[JK7] 별똥별 아줌마가
들려주는 지구 이야기
(창비)

[JK7] 과학이
재미있어지는 우주
이야기 (밝은미래)

[JK7] 별똥별 아줌마가
들려주는 우주 이야기
(창비)

[JK7] 우주에서 콜라를
마시면 어떻게 될까?
(다림)

[JK7] 디스커버리
에듀케이션 맛있는
과학 36: 지구와 달
(주니어김영사)

[JK5] 소금아 고마워!
(영교출판)

[JK5] 공룡을
사랑한 할아버지
(문학동네어린이)

[JK5] 눈속임
(소년한길)

[JK5] 오늘부터 NO
채소 클럽 (스콜라)

[JK5] 왜 아플까?
(창비)

[JK5] 내 이름은
파리지옥 (해그림)

[JK5] 새 생명이 색색
숨 쉬는 알 이야기 (톡)

[JK5] 방귀 스타 전학
오다! (스콜라)

[JK5] 달에 맨 처음
오줌 눈 사나이
(담푸스)

[JK5] 늑대왕 로보
(청어람주니어)

[JK5] 떡볶이 따라 몸
속 구경 (대교출판)

[JK5] 몬스터과학:
공주의 뇌를 흔들어라
(해그림)

[JK5] 로봇 반란을
막아라! (한솔수북)

[JK5] 생명은 어떻게
시작되었나 (다산기획)

[JK5] 괴짜 도둑들의
생태계 여행
(한솔수북)

[JK5] 소인국 사람들의
시끌벅적한 과학 여행
(비룡소)

[JK5] 갈릴레오를
가르친 소년
(내인생의책)

[JK5] 물 한 방울
(소년한길)

[JK5] 집에서 하는
우리아이 첫 과학실험
(푸른길)

[JK5] 노벨상 수상자가
들려주는 미생물
이야기 (톡)

과학 베스트 ── 4학년

[JK6] 과학자와 놀자!
(창비)

[JK6] 꼬물꼬물
세균대왕 미생물이
지구를 지켜요 (풀빛)

[JK6] 화학 원소
아파트 (아이세움)

[JK6] 박테리아 할머니
물고기 할아버지
(창비)

[JK6] 광합성 소년
(책과콩나무)

[JK6] 아찔아찔
놀이동산에서 배우는
과학이야기 (이가서)

[JK6] 얘들아, 정말
과학자가 되고 싶니?
(풀빛)

[JK6] 세상에서 가장
아름다운 동물병원
(청어람미디어)

[JK6] 우당탕탕,
우주 비행사학교
(다산어린이)

[JK6] 시튼 동물기
시리즈 (논장)

[JK6] 아주 특별한 몸
속 여행 (토토북)

[JK6] 앗, 우리집은
과학탐험대! 시리즈
(주니어김영사)

[JK6] 썩었다고? 아냐
아냐! (창비)

[JK6] 집 나간
코딱지를 찾습니다
(아르볼)

[JK6] 돼지 삼총사
와글와글 물리 캠프
(다림)

[JK6] 열려라!
거미나라 (지성사)

[JK6] 세상에
장수풍뎅이가 되다니!
(사파리)

[JK6] 세상의 모든
펭귄 이야기 (창비)

[JK6] 과학대소동
(다산어린이)

[JK6] 헬로우, 로봇
(을파소)

작성자: 비비드Dream (초5, 6세) … 현재 초6, 7세

저도 3학년 올라갈 때 사회, 과학이 정말 걱정되더라구요. 어찌해야 하나 하면서 제 경우는 이렇게 했었어요(현재 초6 올라가요). 아이들이 사회, 과학을 힘들어하는 이유는 처음 나오는 용어가 낯설어서라고 생각해요. 체험 등을 통해 미리 접하는 것도 매우 중요하지만, 처음 접하는 것들을 쉽게 이해할 수 있는 능력이 바로 독서에 있지요.

본론으로 들어가서 3월 한 달간 매주 사회, 과학은 복습을 했어요. 그 주에 배운 것은 그 주말을 이용해 사회 1시간, 과학 1시간 동안 교과서를 꼼꼼하게 읽고, 전과를 보았어요(전과를 보는 건 선택사항이지만 저희는 했어요). 처음엔 어찌나 양이 많던지 진짜 힘들었던 기억이 나네요. 복습을 1주에 1회씩 하니 1개월이 되면 그 양이 꽤 되더라구요. 그렇게 익숙하도록 했어요. 처음엔 반드시 엄마가 같이 해주세요. 습관이 잡혀가면 4, 5학년…… 너무 잘 이해하고 좋아요.

3학년 첫 한 달을 사회, 과학 복습으로 조금 탄탄하게 시작하면 3년이 편하다는 것. 강조하고 싶어요~. ^^ 독서, 체험, 직접해보는 실험 등은 당연히 더 중요하구요~. 과학을 정리하자면,

1. 과학실험 꼭 겸하시고,
2. 과학 관련 책은 꼭 많이 읽으셔야 해요.
3. 《과학소년》이나 《과학동아》 같은 월간지도 추천해드리구요.
4. 3학년 학기 시작하면 처음 2~4주는 매주 복습해주세요. 그러면 자신감 팍팍 붙을 거예요~.

책을 읽는다고 국어점수가 잘 나오는 거 아니고 역사책 읽는다고 사회시험 잘 보는 거 절대 아니거든요. 점수를 잘 받으려면 교과서를 가지고 공부해야 합니다. 이건 너무 당연한 진리이지요. 평소에 책을 좀 읽었다고 아무준비도 안 하고 시험을 보면 당연히 점수가 안 나와요. 아니 책 무지하게 읽는다고 하는 아이들도 공부 안 하면 100점 받기 힘들어요.

일단 교과서를 읽히세요. 소리 내서 읽히시면 좋아요. 단어 모르는 거 있음 설명해주시구요. 엄마도 모르겠다면 전과나 자습서 보면 됩니다. 두세 번 반복해서 읽히면 좋아요. 그리고 교과서에 나오는 활동들, 문제들 하나도 빼지 말고 다 풀리시구요. 이때 말로 대답하는 거 말고 직접 쓰게 하세요. 그리고 문제집 1권을 풀리세요. 시험기간이 아닌 평소에는 쉬운 책부터 읽히시구요.

뭐니뭐니 해도 교과서 정독이 가장 중요합니다. 그림 아래 설명까지 모조리 읽히세요. 초등 때 뭐 하러 국어, 사회, 과학을 배우러 학원에 가나요? 돈 낭비, 시간 낭비, 에너지 낭비입니다~.

과학교과서. ㅎㅎㅎ 처음 볼 때 당최 뭘 봐야 할지 모르죠. 전과는 1권에 다 있는 게 아니라 과목별로 별책이구요. 전 전과만 사봤는데 주변에서 《우공비》자습서가 전과 역할도 하고 문제집이기도 해 스스로 공부하기 좋게 되어 있다고 하던데 벌써 아시는지도 모르겠네요.

과학교과서도 중요하지만 실험관찰책도 중요해요. 과학교과서 활동을 빠짐 없이 읽어본 뒤 실험관찰책을 스스로 다 적어넣을 줄 알면 되는 걸로 저흰 공부했어요. 과학 전과는 내용이 너무 많고 다 중요한 것처럼 느껴져서 중요 내용을 추리질 못해요. 처음에는요. 그래서 교과서 읽고 이해한 다음 실험관찰을 적어본 뒤 확인차 전과를 읽으면 실험관찰 내용이 가장 중요하고 나머지는 그 실험관찰 결과를 이해하기 위한 배경지식이라는 걸 알게 됩니다.

여기서 하나 더 말씀드리자면 결국 과학교과서가 '답정너'라는 걸 알게 될 거예요. 결국은 흐지부지해 보이는 내용들(뭘 하라는지 모르겠는 부분)이 과학적 사실을 알려주기 위해 실험이나 관찰하는 부분인 거죠. 이 과정을 읽으면 아이들은 어쩌라는 거야 하는 반응이 대부분입니다. 그러니 아이에게 살짝 가르쳐주세요. 그래서 결국 뭘 알려고 이러는 건지를 찾으라고. 이런 실험을 왜 하는지는 단원명이나 학습목표에서도 바로 나옵니다. 그런 다음 실험관찰책을 완벽히 쓸 수 있으면 '공부 끝'입니다.

전과는 실험관찰의 답과 전과의 답을 비교하는 용도로 사용하면 되구요. 만약 틀리다면 그때 전과를 훑으며 머릿속으로 본인이 알고 있는 내용과 비교하며 읽어보게 하면 됩니다. 만약 답이 전과와 비슷하다면 "우리는 같은 결과를 이렇게 표현했는데 전과에서는 이런 식으로 표현했구나. 만약 시험에 이 문제가 나오면 어떻게 써야 더답(더더답)일까?" 하면 욕심 있는 아이들은 더더답을 찾으려 노력해요.

> ### 유진이의 사회시험 대비법~
> 작성자: 윙키맘 (초3, 5세)

유진이가 3학년 올라와 젤 먼저, 그리고 강력하게 한 말이 "사회가 어려워요"였네요. 그랬던 아이가 요즘은 사회시험이 넘 쉽다로 바뀌었답니다. 시험 4일 전쯤 사회교과서를 갖고 오래서 저랑 둘이 책을 펴놓고 목차부터 살펴보며 학습목표가 뭔지 확인 후 차근차근 같이 읽어나갑니다. 이렇게 해보니 단원 내 목차 간 상호연관관계가 있음을 알겠더라구요. 읽다 보면 볼드체로 쓰인 것들 나오는데 그건 무조건 그 자리서 암기시키고 재미와 이해를 위해 필요한 건 인터넷 검색도 해가며 한번 대충 같이 훑고 나서 유진이에게 혼자서 첨부터 끝까지 다시 읽어보라고 했어요.

그런 후 문제집(아이가 고른 ebs총정리 문제집) 해당 부분을 혼자서 풀어보라고 하구요. 그렇게 했더니 지난 중간고사와 이번 기말고사 때 사회 만점을 맞았네요. 엄마랑 같이 교과서 정독하는 데 드는 시간이 2~3시간 정도니 할 만하지요? 과학도 이렇게 해요. 유일하게 시험공부하는 2과목이네요. 역시 교과서 정독이 중요하단 말이 맞는듯……

제가 1년간 3학년 아이들과 생활하면서 느낀 건 역시 기본은 책읽기라는 거예요. 한글책 읽기 수준이 높은 아이들은 국, 수, 사, 과의 모든 교과 성취도도 높은 편이에요. 이번에 교과서가 바뀌었지만 작년 교육과정 내용과 크게 달라지는 점은 없더군요.

사회는 3학년부터 지역교과서가 도입되니, 지역에 있는 문화재, 산, 시장 등등 체험 중심으로 계획하면 되고, 2학기에는 우리나라 전통 물건에 대해 공부하니 우리 문화에 관한 책을 미리 읽혀도 될 것 같아요.

과학은 절대 과학문제집을 미리 풀게 하지 않으셨음 해요. 학교에서 실험할 때 "우와~ 신기하다"라는 반응을 보이는 아이가 실험 결과도 오래 기억하는 거 아시죠? 문제집은 학교에서 공부하고 난 후 복습 차원으로 풀어보는 게 좋을 것 같아요. 그리고 '동물' 관련 단원이 나오니 동물의 한살이나 생태에 관한 책을 미리 읽혀주시면 학교 공부하는 데 도움이 됩니다. 그리고 마지막으로 국어! 음…… 한글책 많이 읽히시면 됩니다. 우리 딸이 지금 4학년인데, 책 읽는 것을 좋아해요. 지금껏 국어시험 볼 때 문제집 한번 안 풀어도 점수는 잘 나오는 편이에요. 저도 이번에 잠수 가입하고, 많이 반성하고 있는 엄마 중에 1명이지만 그래도 위안 삼는 건 아이가 책을 좋아한다는 거예요(이제는 그 좋아하는 책에 영어책도 포함시키고 싶어요 ^^;;).

올해부터 초등학교에서는 일제고사가 없어집니다. 대신 담임선생님이 가르친 내용을 아이들이 얼마나 이해하고 있는지 확인하는 상시평가만 이루어집니다. 수업시간에 집중하여 잘 들으면 3학년 수업내용은 어려운 게 없습니다. 걱정하지 말고 한글책을 꾸준히 읽히세요. 초등학교에서는 책읽기 +기본생활태도 익히기+자기주도학습태도 키우기 3가지가 가장 중요하다 고 생각해요.